古代美術史研究

四 編

第 **8** 冊

「韓熙載夜宴圖」研究
——一幅圖畫的故事、傳播及衍生

彭仁君 著

花木蘭文化事業有限公司

國家圖書館出版品預行編目資料

「韓熙載夜宴圖」研究——一幅圖畫的故事、傳播及衍生
／彭仁君 著— 初版 — 新北市：花木蘭文化事業有限公司，
2019〔民108〕
目 4+200 面；19×26 公分
（古代美術史研究 四編：第 8 冊）
ISBN 978-986-485-193-5（精裝）
1. 水墨畫 2. 畫論 3. 文學與藝術
618   106014300

古代美術史研究
四 編 第 八 冊   ISBN：978-986-485-193-5

「韓熙載夜宴圖」研究——一幅圖畫的故事、傳播及衍生

著　　者　彭仁君
總 編 輯　杜潔祥
副總編輯　楊嘉樂
編　　輯　許郁翎、王筑　美術編輯　陳逸婷
出　　版　花木蘭文化事業有限公司
發 行 人　高小娟
聯絡地址　235 新北市中和區中安街七二號十三樓
　　　　　電話：02-2923-1455／傳真：02-2923-1452
網　　址　http://www.huamulan.tw 信箱 hml810518@gmail.com
印　　刷　普羅文化出版廣告事業
初　　版　2019 年 3 月
全書字數　152637 字
定　　價　四編 23 冊（精裝）台幣 66,000 元

「韓熙載夜宴圖」研究
——一幅圖畫的故事、傳播及衍生

彭仁君　著

作者簡介

彭仁君
民國七十六年六月三十日生。
逢甲大學中國文學研究所碩士。

提　　要

　　本論文以北京故宮博物館所藏之〈韓熙載夜宴圖〉為研究對象，旨在探討該畫本身的意義與價值。此畫主角為南唐名士韓熙載，其狎妓宴飲的人物形象一直深植人心。然而，韓熙載的人格形象歷來又有兩種說法，一為韓熙載確實是耽溺於酒歡女色中，完全不問世事，二則認為韓熙載的狎妓宴飲只是一種出於自汙以自保的行為。對於韓熙載的夜宴記錄，除了文字記載外，尚可由〈韓熙載夜宴圖〉窺見，此畫將韓熙載的夜宴活動依時間順序仔細地記錄下來，畫中除可見參與夜宴的人物外，亦可看見當時的室內場景布置、人物服裝、傢俱器用、樂器等生活器物。此外，在人物的神態上，亦有精細地刻畫，使人物性格、心情躍然紙上。〈韓熙載夜宴圖〉對後世產生了不少影響，除了在古代的詩畫文作品中可見其影子，在現代文創產業中亦可看見以此畫作為創作的元素。因此，本文便以此為研究切入點，先分析〈韓熙載夜宴圖〉中的各項元素，再探討此畫與現代小說與戲劇的交集為何，從中呈現出〈韓熙載夜宴圖〉歷久不衰的豐富性。最後再統整本文的研究結果，並反思〈韓熙載夜宴圖〉在古今時空的不同價值。

目
次

第一章　緒　論

第一節　論題之提出與文獻討論

一、論題之提出

　　五代南唐顧閎中奉旨繪製的〈韓熙載夜宴圖〉，是以南唐韓熙載爲主角所繪製的一幅長卷連環圖，這一幅圖畫的背後，關涉到南唐後主李煜與韓熙載之間的微妙關係，特別是牽連到君臣互動與家國興亡，乃至夜宴聚會與歌舞表演等士人夜生活，故事與繪畫本身已極引人注意，後人多有臨摹者，近人更以之創作小說與歌舞劇。可以這麼說，由〈韓熙載夜宴圖〉所映現的故事，及其傳播與衍生的文創作品，恰可交互映現出更爲繁富而豐厚的意涵，值得深入探究。

　　在顧閎中〈韓熙載夜宴圖〉的長卷連環圖中，以屏風作爲劃分，用人物的顧盼作爲聯繫，依活動內容可分爲五個情節，目前學術界大致將其分爲聽樂、觀舞、歇息、清吹、送別五個場景。張目寒於《雪盦隨筆》中認爲依《宣和畫譜》的記載，此圖雖不是純粹寫實性的，至少是部分寫實的，因此韓熙載與圖中人物的樣貌，也應是眞實的。〔註1〕由宣和畫譜可知〈韓熙載夜宴圖〉是皇帝命顧閎中到韓府竊觀夜宴，目識心記，圖繪以上，使皇帝得以看見韓熙載於觥籌交錯間的態度。〔註2〕故此圖最重要的就是呈現韓熙載夜宴時的神情態度，藉由韓熙載在夜宴中的神情，可看出他是否眞是耽溺於酒歡女色中，

〔註1〕張目寒：《雪盦隨筆》（台北：暢流半月刊社），頁47。
〔註2〕不著人撰：《宣和畫譜》卷七（嚴一萍輯：《百部叢刊集成》，台北：藝文，1971年），頁4。

亦或只是藉著放蕩宴樂的活動來作秀，讓自己韜光養晦、明哲保身。從圖中的五個場景中，皆可看見韓熙載的人物相貌，隨著場景或坐或站，或動或靜，然而面部的神情卻都籠罩著一層憂傷，惆悵中帶有不經心，有時又露出神遊物外的神情，從〈韓熙載夜宴圖〉中可看出韓熙載自開始到結束，都是同樣的神態，歡樂的活動絲毫沒有感染到他，由此可知韓熙載對於夜宴的活動似乎不是很熱衷，身旁的家妓與賓客們調笑或肢體接觸，韓熙載也不加干預，對於女色似乎也不是很看重，圖中的韓熙載人物形象，與宋齊丘上奏皇帝時所說的「醉酒披猖」〔註3〕相去甚遠。因此韓熙載在〈韓熙載夜宴圖〉中所呈現的表情則成了耐人尋味的議題，可藉由此圖來探討韓熙載是否只是藉著酒歡女色的夜宴活動來作為明哲保身的煙霧彈。

　　〈韓熙載夜宴圖〉對後世的影響亦相當大，北宋已有摹本，臺北故宮博物院所藏的〈韓熙載夜宴圖〉相傳為明代唐寅所繪，唐寅另有以韓熙載之家妓秦蒻蘭與陶穀的故事為主題，另繪了一幅「陶穀贈詞圖」〔註4〕，儘管韓熙載遣秦蒻蘭勾引陶穀，以顯出陶之真性情之記錄，都只見於古人筆記小說中，真實性不高，但唐寅以此為創作題材，亦是一種文創之表現。〈韓熙載夜宴圖〉不只在古代有影響力，其影響力在今日社會中亦可看見，多以文創的形式做呈現。以文學方面來說，大陸作家吳蔚便以此圖為對象，創作《韓熙載夜宴》的歷史小說，並融合了懸疑與偵探的元素在內，賦予〈韓熙載夜宴圖〉中人物鮮明的個性。在戲曲方面，台灣的漢唐樂府則根據〈韓熙載夜宴圖〉編了一齣同名的戲劇，融合了南音與梨園科步，在服裝、舞蹈、情節上亦有創新，既古典又現代，使靜態的圖一躍為立體的動態畫面。這樣的仿擬、改編與創作，提供了探討一幅圖書的故事、傳播及衍生很好的研究素材。

二、文獻回顧

　　有關〈韓熙載夜宴圖〉及其文創的相關研究成果，自1994年後便有了蓬勃發展，以繪畫的年代考據占最大宗，分別由畫中人物之髮飾、服飾、山水畫、傢俱、畫風等方向來做繪畫年代的考證。另一部分的研究文獻則是由〈韓熙載夜宴圖〉的繪畫功能性來做探討，如畫中表現出的蒙太奇與男女性別議

〔註3〕宋·馬令：《南唐書·儒者傳上》卷十三（傅璇琮、徐海榮、徐吉軍主編：《五代史書彙編》玖，杭州：杭州出版社，2004年5月），頁5347。
〔註4〕台北故宮博物院所藏之〈陶鼓贈詞圖〉：
ttp://www.npm.gov.tw/exh99/aesthetics9907/img_05.html

題。另有一部分研究文獻是以南唐畫院是否眞實存在來做考據，有些研究文獻是探討南唐繪畫的承先啓後與風格，亦有一些研究文獻是由社會學角度來對南唐的黨爭與宴飲文化做研究，研究韓熙載文章和漢唐樂府表演的〈韓熙載夜宴圖〉戲劇的研究論文甚少，二者皆僅有一篇。以下試分類陳述：

（一）年代考證

考證〈韓熙載夜宴圖〉年代的相關研究頗豐，多以畫中出現之人物、場景、器用作爲研究分析對象，得出三種年代的結論，一派認爲此圖爲五代南唐時的畫作，另兩派則分別持北宋與南宋兩個觀點，目前尚無出現確切的完整定論，相關的研究文獻依時先後茲列如下：

余輝：〈史彌遠與《韓熙載夜宴圖》〉《收藏家》1994 年 4 期（1994 年），頁 59～61。

靳青方：〈從《韓熙載夜宴圖》看我國青白瓷的史燒年代〉《漢中師範學院學報》72，（2002 年），頁 92～94。

邵曉峰：〈《韓熙載夜宴圖》斷代新解——中國繪畫斷代的視角轉換〉《南京藝術學院學報》（美術與設計版）2006 年 1 期，（2006 年），頁 10～16。

張立川：〈從《韓熙載夜宴圖》看五代服飾〉《裝飾》168 期，（2007 年 4 月），頁 37～39。

張朋川：〈中國古代山水畫構圖模式的發展演變——續議《韓熙載夜宴圖》制作年代〉《南京藝術學院學報》（美術與設計版），2008 年 2 期，（2008 年），頁 8～16。

陳劍鋒：〈從山水之變考《韓熙載夜宴圖》年代〉《藝術探索》22 卷 4 期，（2008 年 8 月），頁 45～46。

張朋川：〈中國古代花鳥畫構圖模式的發展演變——再議《韓熙載夜宴圖》制作年代〉《南京藝術學院學報》（美術與設計版），2008 年 6 期，（2008 年），頁 34～42。

徐小兵、溫建嬌：〈《韓熙載夜宴圖》中的衣冠服飾考〉《藝術探索》23 卷 2 期，（2009 年 4 月），頁 31～33。

張朋川：〈晉唐粉本宋人妝——四議《韓熙載夜宴圖》圖像〉《南京藝術學院學報》（美術與設計版），2009 年 2 期，（2009 年），頁 41～52。

田俐力：〈《韓熙載夜宴圖》中舞者王屋山服式考〉《藝術探索》23 卷 5 期，（2009 年 10 月），頁 15～16+28。

宋莉莉：〈從服飾角度鑒定《韓熙載夜宴圖》〉《大眾文藝》2009 年 13 期，（2009 年），頁 106。

張朋川：〈《韓熙載夜宴圖》反映的室內陳設的發展變化〉《南京藝術學院學報》（美術與設計版），2010 年 6 期，（2010 年），頁 1～16。

張朋川：〈漢晉唐宋美術作品中人物造型的演變 ── 兼談《韓熙載夜宴圖》的人物造型〉《南京藝術學院學報》（美術與設計版），2011 年 4 期，（2011 年），頁 1～17。

李偉：〈《韓熙載夜宴圖》繪製年代研究綜述〉《藝術探索》26 卷 3 期（2012 年 6 月），頁 25～27。

李成富：〈也談《韓熙載夜宴圖》的斷代問題 ── 兼與余輝先生商榷〉《唐山學院學報》25 卷 4 期，（2012 年 7 月），頁 63～65。

李琳：〈有關《韓熙載夜宴圖》的鑑定問題〉《文物世界》2012 年 4 期，（2012 年），頁 61～62。

（二）繪畫之解析與延伸

此部分的研究是以〈韓熙載夜宴圖〉作為繪畫研究上的對象，由〈韓熙載夜宴圖〉來剖析性別議題、蒙太奇等時間議題，另有以六法來品評〈韓熙載夜宴圖〉的藝術成就，以及當今傳世多幅〈韓熙載夜宴圖〉的比較研究，茲列如下：

王玲：〈西方音樂圖像研究者眼中的《韓熙載夜宴圖》〉《民族藝術研究》2005 年 5 期，（2005 年 5 月），頁 4～11。

黃玉清：〈父權制度下的特殊的「看」──《韓熙載夜宴圖》中男性對女性凝視〉《藝術探索》19 卷 3 期，（2005 年 8 月），頁 46～47。

于德山：〈《韓熙載夜宴圖》的敘事傳播〉《江西社會科學》2007 年 9 期（2007 年），18～21。

張凡：〈用「六法」的標準品評《韓熙載夜宴圖》〉《東南傳播》2007 年 9 期，（2007 年 7 月），頁 166～167。

段煒：〈肆情坦率　傷時憂國 ── 由《韓熙載夜宴圖》引發的對韓熙載個人命運的分析〉《科技訊息》2009 年 17 期，（2009 年 7 月），頁 27。

李合民：〈傳神寫真之傑作 ── 淺談《韓熙載夜宴圖》的藝術特色〉《美術大觀》2009 年 4 期，（2009 年 7 月），頁 72。

趙耀：《從《韓熙載夜宴圖》到中國屏風畫》（陝西：西安美術學院碩士

論文，張小琴先生指導，2009 年）

范艷芬：《從《韓熙載夜宴圖》談傳統繪畫中色彩的意象性》（河北：河北師范大學碩士論文，朱興華先生指導，2009 年）

屈玫均：《關於《韓熙載夜宴圖》繪畫寫實性的研究運用》（湖北：湖北美術學院碩士論文，陳運權先生指導，2010 年）

郭靜：《五代人物畫研究》（山西：山西師范大學碩士論文，李曉庵先生指導，2012 年）

梁爽：〈論《韓熙載夜宴圖》對時間的展開和凝聚〉《青年文學家》2010 年 5 期（2010 年），頁 137～138。

張朋川：〈《韓熙載夜宴圖》系列圖本的圖像比較〉《南京藝術學院學報》2010 年 3 期（2010 年），頁 17～30。

馬震：〈《韓熙載夜宴圖》中屏風的多重價值初探〉《才智》2011 年 17 期，吉林：才智，（2011 年），頁 207。

施建中：〈南唐繪畫的文人化傾向及文人畫「五代萌生說」初探〉《東南文化》2011 年 4 期，（2011 年），頁 123～125。

盛亞軍：〈淺評《韓熙載夜宴圖》〉《青年文學家》2011 年 14 期，（2011 年），頁 115。

張治彬：〈中國古代繪畫中的「蒙太奇」思維 —— 以《韓熙載夜宴圖》為例〉《現代裝飾理論》2012 年 9 期，（2012 年 9 月），頁 195。

郭靜：〈五代人物畫的特點〉《劍南文學》2012 年 4 期，（2012 年），頁 154.156。

（三）南唐畫院考辨

南唐畫院是否存在的相關研究較少，韓剛於 2005 年發表的〈南唐畫院有無考辨〉一文認為南唐並無畫院存在，李裕民以 2006 年發表〈南唐畫院新考〉做為回應，並舉出史例證明南唐畫院的存在，認為韓剛於〈南唐畫院有無考辨〉所提之論點無法證明南唐沒有畫院存在，施建中於〈南唐畫院考辨〉一文中亦是認同南唐確實有畫院之存在，以下將此三人之研究論文羅列如下：

韓剛：〈南唐畫院有無考辨〉《藝術探索》2005 年 4 期（2005 年），頁 5～12。

李裕民：〈南唐畫院新考〉《廣西藝術學院學報》20 卷 3 期（2006 年），頁 13～14。

韓剛：〈南唐畫院有無考〉《美術觀察》2006 年 1 期（2006 年），頁 93～98。

韓剛：〈南唐畫院有無再考辨〉《藝術探索》2006 年 4 期（2006 年），頁15～19。

施建中：〈南唐畫院考辨〉《當代中國畫》2007 年 1 期（2007 年），頁 81～86。

（四）南唐繪畫之研究

南唐繪畫的風格研究在數量上亦較少，茲列如下：

吳新哲：〈南唐畫院院外畫家考略〉《紫金歲月》1997 年 1 期（1997 年），頁 53～54。

霞光：〈南唐畫院及繪畫成就〉《江蘇地方志》2002 年 5 期（2002 年），頁 43～44。

蔣高君：〈初探南唐繪畫盛況的成因〉《電影評介》2008 年 20 期（2008年），頁 86。

周安慶：〈承前啓后的南唐繪畫風格〉《收藏界》2009 年 2 期（2009 年），頁 87～90。

陳葆眞：〈南唐中主的政績與文化建設〉《國立臺灣大學美術史研究集刊》（1996 年 3 月），頁 41～93。

陳葆眞：〈從南唐到北宋——期間江南和四川地區繪畫勢力的發展〉《國立臺灣大學美術史研究集刊》（2005 年 3 月），頁 155～208+234。

（五）南唐社會之研究

南唐社會的相關研究是以黨爭為主，高峰與楊娟娟皆有相關論述，傅玉蘭則是以南唐的宴飲文化為研究出發點，茲列如下：

傅玉蘭：〈南唐飲宴文化繁榮原因淺探〉《東南文化》2008 年 5 期（2008年），頁 38～42。

高峰：〈南唐黨爭與文人心態〉《南京師范大學文學院學報》2010 年 4 期（2006 年），頁 15～18。

楊娟娟：〈南唐黨爭中的文人心態轉變論略〉《漳州師范學院學報》（哲學社會科學版）2006 年 4 期（2006 年），頁 51～56。

（六）韓文之研究

韓熙載的詩文，仍保存於《全五代詩》和《全唐文》中，但研究者甚寡，僅有一人以韓熙載的〈上睿帝行止狀〉一文做爲研究對象：

劉心：〈論韓熙載的形象演繹——從《江北行止》談起〉《常州大學學報》13 卷 4 期（2012 年 10 月），頁 84～88。

（七）樂舞方面之研究

吳少靜：〈對南音樂舞創新表演形式的思考——以台灣南音樂舞《韓熙載夜宴圖》爲例〉《浙江藝術職業學院學報》10 卷 4 期（2012 年），頁 55～59。

由以上之研究分類可看出有關韓熙載的研究論文相當多，其中又以張明川和邵曉峰所做之研究論文最具參考價值，然而此二人大多是以〈韓熙載夜宴圖〉的繪製年代做爲研究方向。儘管近年來有關韓熙載的研究文獻大約可分爲七大類，其中仍以考據年代者占大多數，對該畫的解析及延伸探討則次之，南唐畫院、繪畫、社會的相關研究亦不多，對於韓熙載詩文的研究文獻僅有一篇，而台灣漢唐樂府以〈韓熙載夜宴圖〉爲主題表演的同名樂舞亦僅有一篇研究文獻，以〈韓熙載夜宴圖〉做爲研究對象所撰寫出的學位論文，大多是主修美術的研究生，論文中對於韓熙載本人及史籍上的資料蒐羅的不甚詳盡，大多將論述重點放在〈韓熙載夜宴圖〉的構圖、設色等解析上，並與自己所創作之工筆人物畫做對照，因此在韓熙載和〈韓熙載夜宴圖〉的論述部份顯得較爲單薄。對於吳蔚以〈韓熙載夜宴圖〉爲主題所撰寫的同名小說則無相關研究文獻，由此可看出，目前學術界的研究重心大多將焦點放在〈韓熙載夜宴圖〉的時代考據上，對於韓熙載的詩文、史書給韓熙載的定位，以及〈韓熙載夜宴圖〉衍生出的一系列影響皆無關注，因此可做爲本文研究〈韓熙載夜宴圖〉的新切入點。

第二節　選題之義界與研究徑路

本文主要關涉到韓熙載其人及事蹟，以及顧閎中〈韓熙載夜宴圖〉、吳蔚《韓熙載夜宴》與漢唐樂府《韓熙載夜宴圖》，研究文本包括文字書寫、圖畫、小說創作與戲曲演出，屬於跨時性與跨媒材的研究，茲說明選題之義界與取材範圍如下：

一、選題之義界

（一）唐代長卷圖畫

　　長卷圖畫之源頭來自於長橫式壁畫，雖無法斷定長卷畫產生的年代，但由現今所見之傳世畫作，可看出長卷和立軸在表現上的差異。以山水畫而言，南北兩派的山水畫在風格上大相逕庭，北方多名山大川，故畫作常以直幅構圖，以顯出峻峭巍峨的氣勢，南方景物較秀麗，山勢平緩，故多用橫軸表現平淡閒適的意境。關於唐代南北兩派的山水畫，董其昌於《畫旨》中言：「禪家有南北二宗，唐時始分，畫之南北二宗，亦唐時分也，但人非南北耳。北宗則李思訓父子著色山水，流傳而為宋之趙幹、趙伯駒、伯驌，以至馬夏輩；南宗則王摩詰始用渲淡，一變鉤斫之法，其傳為張璪、荊、關、郭忠恕、董、巨、米家父子，以至元之四大家，亦如六祖之後，馬駒、雲門、臨濟兒孫之盛，而此北宗微矣。」〔註5〕從引文中可看出唐代山水畫南北二派的傳承人物，由其畫作更可看出二派在表現上的差異性。相傳為王維的「輞川圖」、「長江積雪圖」即為長卷之橫幅構圖，而李思訓「江帆樓閣圖」則為直幅構圖，儘管畫作可能為後人仿擬，但比較橫幅與直幅的構圖方式，仍可明顯看出其中所欲表現的精神意涵大不相同。直幅的構圖方式，雖可見氣勢，但僅就一景作描寫，觀畫時目光的游移僅是定點的上下觀看，無法容納周圍的更多景物。長卷的構圖方式則較俱敘述性，不以單一定點作描寫，隨著橫幅的延展，畫中所繪之景物也隨之鋪展，觀畫時的目光也隨著畫面而產生橫向游移。

　　唐代的長卷畫不僅表現於南方山水畫中，在人物畫中亦可看見。閻立本「布輦圖」與「歷代帝王圖」與「索諫圖」、張萱「虢國夫人遊春圖」與「搗練圖」、周昉「揮扇仕女圖」與「簪花仕女圖」、孫位「高逸圖」、顧閎中〈韓熙載夜宴圖〉、阮郜「閬苑女仙圖」等圖皆為以長卷創作之人物畫。周文矩「重屏會棋圖」、「文苑圖」亦為橫幅構圖之人物畫，但幅度與上述之閻立本、張萱、周昉等人之畫作要短小許多，是以一局部之景作為繪畫對象，寫真記錄的成分較濃，畫中的敘事成分較低。以美國弗利爾美術館所藏傳為周文矩所繪之「文苑圖」為例，此圖寬 31.4 公分，長 53.7 公分，畫中的人物構圖模式與美國大都會美術館藏為周文矩所繪之「琉璃堂人物圖」極為相似，

〔註 5〕董其昌著：《容臺別集・畫旨》卷四，收錄《四庫全書叢書存目・集部》171 冊（影印清華大學圖書館藏明崇禎三年董庭刻本），濟南：齊魯書社，1996 年，頁 6。

「琉璃堂人物圖」寬 34 公分，長 125.7 公分，在長度上較「文苑圖」多出一倍，「文苑圖」的構圖方式與「琉璃堂人物圖」的左半部完全相同，在人物的神態、動作、姿勢上完全相同，場景亦相同，二幅畫的不同處在於「琉璃堂人物圖」還多了左側以几案爲場景所繪的六位人物。儘管此二圖皆可能爲後人仿擬，但由此卻可看出橫幅圖畫的長度決定了畫中敘事成分的多寡。

　　長卷圖畫的敘事性較高，以張萱所繪之「虢國夫人遊春圖」、「搗練圖」爲例，由此二圖可看出畫中所呈現的是同一時間場景中人物的動態描寫，但因採長卷構圖，篇幅較多，故可容納較多人事在內，畫面的豐富性因此相對提高。顧閎中〈韓熙載夜宴圖〉亦爲長卷形式的畫作，與其餘長卷圖在表現手法上有所不同，此畫是將不同時空場景中的人物活動集於一圖中，除觀舞與歇息兩場景中是使用留白做爲區隔外，其餘場景皆以屛風作隔，再以畫中人物顧盼做爲聯繫，各個畫面雖可各自獨立，但又不失其連續性。閻立本「歷代帝王圖」與周昉「簪花仕女圖」雖亦是將不同時空場景中的人物即於一圖，但人物彼此間無明顯之場景區隔，僅以留白手法做處理，彼此間的關聯性便較不明顯，如同〈韓熙載夜宴圖〉的分鏡處理模式在唐代長卷畫作中仍尙未見到類似者。

　　除了山水畫、人物畫之外，唐代的走獸圖亦有以長卷形式爲創作者，可以韓滉「五牛圖」爲例。此圖是以五頭姿態不同的牛排列構成，以中間正面呈現的牛隻爲中心點，形成左右對齊的布局。

（二）詩文與圖畫的界限

　　與韓熙載有關的文獻記錄來源有三，一爲史書記載、二爲古人筆記小說之記載、三爲韓熙載傳世之詩文作品。而韓熙載的人物相貌則藉由古畫〈韓熙載夜宴圖〉保留下來。

　　文字記載的韓熙載，在史書中詳細記載了籍貫、政途、興趣等，亦記錄了撰史者對韓熙載的人格評價。古人筆記小說中的韓熙載，是屬於民間對他的形象評價，從中可看出許多富有趣味、故事性，形象鮮活的韓熙載人物形象。但韓熙載人物形象最公正的記載應是他的傳世詩文作品，藉由分析這些作品中，可更加了解他的個人精神意志。

　　〈韓熙載夜宴圖〉是以圖畫方式將韓熙載記錄下，與文字記載最大不同處是圖畫更具有具象化的功能，藉由文字記載雖可得知韓熙載留有美髯，但對於「美髯」二字的認知，卻不盡人人相同，也無法藉由「美髯」二字即可

精確在腦海中呈現韓熙載的鬍子形貌。但〈韓熙載夜宴圖〉便具有具象的作用，從圖中可看出韓熙載的外在人物形象，也對夜宴活動的參與賓客、家伎們在外表上有初步認識，對於人物的巾帽服飾亦可由畫作中的表現與文獻上的記載做一對照，二者互相參看，可藉由互補彼此的不足而得到證實。

文字與圖像為兩種不同媒介，文字可記載當時的歷史事件、風俗民情，藉由各種文字手法做人物外表的敘述描寫，並容易保存留傳。而以圖像呈現的畫作在保存流傳上則不若文字容易且廣，畫作的備份亦不若文字只是抄寫工作，尚需具備一定的繪畫素養，故難廣為流傳。但畫作在客觀事實的呈現上卻起著重大作用，藉由觀看與分析畫作，可初步了解人物的長相，再仔細深入分析，則可藉由人物神情之描摹以推測該人之心情，此點則非文字記載所能比擬。

（三）文創：故事的傳播及衍生

〈韓熙載夜宴圖〉為中國傳世名畫，雖長時間藏於深宮、束之高閣，可以想從滿清結束統治流傳而出，再到張大千購得此畫，最後回到北京故宮所藏，再加上處在資訊公開、網路發達的現代，這一百年間看過此圖的人，恐怕比歷代曾親眼見過這幅畫的人累加起來還要多。畫作雖為秘府之寶，難以輕易示外，但依文獻所載判斷，關於韓熙載的故事，歷代卻也從未間斷過。其中以宋朝的記錄為大宗，因時間距離較近，議論者多，導致文獻亦多，蘇東坡更曾以「乞食歌妓院」為本事作詩，〔註6〕元代戴善夫則有雜劇《陶學士醉寫風光好》，其中便也參考了韓熙載的事蹟。到了明代，則仍有人探討韓愈的畫像實為韓熙載，〔註7〕即便降及滿清，仍有吳任臣撰寫《十國春秋》，其充分整理前人的資料，在韓熙載本傳中有紮實的介紹。由此可知，韓熙載在現代雖以畫聞名，但在過往歷史中，其事蹟仍以不同的樣貌、方式展現出來。

基於畫作的盛名，細細欣賞〈韓熙載夜宴圖〉的人所在多有，從中進一步關注到韓熙載本人事蹟的，亦不可說無，更進一步，參酌了韓熙載的事蹟，反過來對〈韓熙載夜宴圖〉再創作的人，最廣為人知的有二：一為大陸歷史

〔註6〕《邵氏聞見後錄》卷十八：「韓熙載畜妓樂數百人，俸入為妓爭奪以盡，至貧乏無以給。夕則敝衣屨，作瞽者，負獨弦琴，隨房歌鼓以丐飲食。東坡〈謝元長老衲裙詩〉云：『欲教乞食歌姬院，故與雲山舊衲衣。』用其事也。然予獨未達東坡之意。」（北京：中華書局，1983年），頁139。

〔註7〕見明‧朱國禎：《湧幢小品》卷十八（北京：中華書局，1959年11月），頁408。

小說家吳蔚，一為臺灣的表演藝術團體「漢唐樂府・梨園舞坊」。二者不約而同以畫為本事，以小說和樂舞為創作體裁，不僅對韓熙載故事有所繼承，其所衍生發揮的空間，更值得注意，如小說以偵探懸疑的角度出發，樂舞則秉著發揚南管樂和梨園戲的信念，將音樂、科步、舞蹈貫穿其中，各有各的巧思與精彩。

從韓熙載故事的流傳脈絡，可發現以〈韓熙載夜宴圖〉為中心所衍生出的或繼承、或改造、或創新的種種跡象，統稱之為「文化創意」，即是汲取一個既有的傳統文化，加以發揮創造所得到的結果。〈韓熙載夜宴圖〉和韓熙載的事蹟，是後來所有創意表現的母體，透過吸收這個母體的養分，再給與不同的成長激素，如小說家給予嶄新的情節，樂舞表演則把它與另一個傳統文化結合，方式雖不一而足，卻恰恰見證了人文思維的多元性與創發性。甚至也可以說，〈韓熙載夜宴圖〉本身亦是文化創意的產物，因為它將韓熙載夜宴的情節，跳脫了文字書寫與口語描述，以繪畫的方式展現出來，而這幅畫經過歷史的淬煉，轉而成為現代小說與樂舞表演的傳統，此無非即是「漢唐樂府」創辦人陳美娥女士所言的「立足傳統，再造傳統」的絕佳表現。

透過文創，〈韓熙載夜宴圖〉有了不同的欣賞角度，但目前的所有結果，卻也絕對不是觀賞這幅圖的最佳方式，也絕非是感官接收後的最佳結果，人人都可以有自己的想像與創造，沒有制式的限界，不存在任何如學識、經驗的區別，這是文創所許可自由空間。故本論文在研究析論上，盡可能以客觀的標準看待小說與戲劇，並在此對其傳統再造、再造傳統的努力，予以高度的肯定。

二、取材範圍

本文是以北京故宮博物院所藏之〈韓熙載夜宴圖〉為研究底本，由本文副標題「一幅圖畫的故事、傳播及衍生」即可看出本文的研究對象除畫作本身外，亦對畫中的故事、傳播方式與其衍生的相關文化產業有所關注。對於〈韓熙載夜宴圖〉的故事，本文採兩方面來進行，一由史書、筆記小說、韓熙載傳世詩文作品三者來分析其中所蘊含的韓熙載人物形象。二則由〈韓熙載夜宴圖〉中的人物和場景為對象，藉由畫中所呈現的五個場景：聽樂、觀舞、歇息、清吹、送別，配合人物的神情動作來做分析。

（一）文獻記載中的韓熙載

韓熙載的文獻記錄共分三方面，一為史書，二為古人筆記小說，三為韓熙載本人所撰寫的詩文作品，藉由這些歷史文獻，能夠拼湊出史學與民間的韓熙載人物形象，而韓熙載的個人精神則較多保留在他本人所撰寫的詩文作品裡。藉由他的詩文，可看出他曾胸懷大志，欲以一己所學來輔佐君王改善國家困境，但又可從一些詩作中看出，他心中存在著一種飄零漂泊，對故土感到陌生的惆悵感。

（二）顧閎中〈韓熙載夜宴圖〉

今日可見的傳世〈韓熙載夜宴圖〉版本，據張朋川所統計約有八種版本，〔註 8〕北京故宮博物院所藏的〈韓熙載夜宴圖〉，是當今傳世的諸多圖本中被公認為年代最早且最完整的版本，相傳為五代南唐時期顧閎中所繪，但今日對於北京故宮所藏之〈韓熙載夜宴圖〉繪製年代及作者，學術界仍無法確切定論是否為五代南唐時的顧閎中所繪。據《宣和畫譜》記載，南唐時顧閎中奉旨繪製〈韓熙載夜宴圖〉，後藏於御府。〔註 9〕現今於北京故宮所藏的〈韓熙載夜宴圖〉版本，相傳為南唐時期顧閎中所繪製，但學術界對此畫之創作年代頗為存疑，持有三種說法，一種認為此畫確實應是南唐時期顧閎中所繪製，二則認為此畫為北宋時期所仿擬的作品，三則認為是南宋時期的仿擬作品。三方各持己見，對於此畫的繪製年代亦尚無確切的定論產生，此畫的歷來流傳也只能由畫作上的鈐印來考證。

儘管該畫的繪製時間和繪者尚未確認，但就今日所見，北京故宮所藏的〈韓熙載夜宴圖〉，在年代上確實是較古老的版本，距離南唐的時間點亦較近，儘管有可能是後人所繪之摹本，但摹寫的時間較早，對於角色的面部神情刻畫很是細膩，因此相對也保留了較高的真實性。故本論文亦隨前人腳步選擇了北京故宮所藏之〈韓熙載夜宴圖〉作為研究底本。

（三）吳蔚《韓熙載夜宴》

〈韓熙載夜宴圖〉的傳播和衍生，在古代的筆記小說、文學、繪畫中皆可看見，不勝其數，除了以丹青模仿繪製〈韓熙載夜宴圖〉外，對文學亦有

〔註 8〕張朋川：〈《韓熙載夜宴圖》系列圖本的圖像比較〉《南京藝術學院學報》2010 年 3 期（2010 年），頁 17～30。

〔註 9〕不著人撰：《宣和畫譜》卷七（嚴一萍輯：《百部叢刊集成》，台北：藝文，1971 年），頁 4。

相當影響，在詞、曲、古典小說中，常可看見〈韓熙載夜宴圖〉或其相關故事的元素。在現代社會，因傳播媒體更爲發達，韓熙載夜宴圖的衍生產物數量則更多，除了相關的研究論文外，最值得注意的便是它對現代小說和戲曲創作的影響，吳蔚《韓熙載夜宴》與漢唐樂府《韓熙載夜宴圖》皆是受古畫〈韓熙載夜宴圖〉影響而生的產物。在文學創作上，除了吳蔚的《韓熙載夜宴》外，亦有些極短篇小說是以〈韓熙載夜宴圖〉爲底本來進行創作的作品，但因只刊登於大陸所發行的雜誌上，普及性不高，且篇幅架構短小，故本文便不予以討論〔註 10〕。大陸作家吳蔚所創作的《韓熙載夜宴》除了在大陸發行外，台灣亦有簽約販售，普及性較高，故納入本文的討論對象之一。

（四）漢唐樂府《韓熙載夜宴圖》

〈韓熙載夜宴圖〉雖爲靜態的圖像作品，但其本身所具有的豐富故事性，仍能使它對樂舞表演上有所影響。漢唐樂府在海峽兩岸所表演的《韓熙載夜宴圖》，便是由古畫〈韓熙載夜宴圖〉改編而來，從中雖可明顯看出樂舞表演仍保留劇團本身的傳統，但卻又不悖離古畫中所呈現的故事情境，融合了古典與新穎的兩種韻味。

本文對於〈韓熙載夜宴圖〉的故事、傳播與衍生，便是由畫作本身與以它爲創作元素而衍生的文創產業爲研究對象。

三、研究方法與步驟

本論文主要是探討〈韓熙載夜宴圖〉這幅古畫本身的意義，與它對後世產生的影響。由這幅圖可解讀韓熙載對夜宴活動的心態，故本文先由文獻記錄來剖析韓熙載的人物形象，再對〈韓熙載夜宴圖〉的畫作做解讀，以釐清

〔註10〕 梵獅子：〈韓熙載：南唐國祚的人格投影〉《國學》2010 年 12 期（2010 年），頁 42～45。
陳幼民：〈韓熙載夜宴圖〉《西湖》2009 年 1 期（2009 年），頁 80～88。
此二篇極短篇只刊載於大陸所發行的雜誌上，雖台灣亦可通過網路檢索閱讀，但普及性不及吳蔚《韓熙載夜宴》一書高。簡體字版本的《韓熙載夜宴》一書於 2010 年 1 月 1 日由中國民主法制出版社出版，台灣正體字版本的《韓熙載夜宴》於 2011 年 7 月 13 日由好讀出版，並於 2013 年 9 月 11 日推出新版。台灣好讀出版的新舊版本《韓熙載夜宴》在內容上並無差異，僅有封面設計不同。由出版管道和印刷量可明顯可出吳蔚的《韓熙載夜宴》較梵獅子、陳幼民的極短篇易普羅於大眾，故本篇論文在分析〈韓熙載夜宴圖〉對後世文學創作的影響便以吳蔚《韓熙載夜宴》一書爲研究對象。

韓熙載在畫作中對夜宴的感受。而〈韓熙載夜宴圖〉對後世的影響與傳播，則以吳蔚所創作的同名文學作品，和漢唐樂府所演出的同名樂舞表演爲研究對象，望能從中看出古代的畫作，搬演到現代小說和樂舞表演中會產生何種的改變與影養力。

〈韓熙載夜宴圖〉雖記錄韓熙載夜宴的具體過程，但當中所揭示如服飾、家具、畫風，以及人物關係、歷史背景等種種資訊，卻有待進一步的挖掘與分析，本論文以文獻作爲依據，蒐羅歷代相關的文史資料，包含史書如《唐書》、《五代史》、《宋史》，《南唐書》、《十國春秋》、《資治通鑑》、《宋史記事本末》，筆記小說與野史如《南唐近事》、《南唐拾遺記》、《江表志》、《江南舊事》、《釣磯立談》、《湘山野錄》、《玉壺清話》、《癸辛雜識》、《千百年眼》……等二十幾種，務求盡力網羅歷代有關韓熙載事蹟的記載，藉此大量的文本，企圖從中歸納分析出韓熙載的個人特質、政治能力、仕宦歷程、交遊情況、蓄妓緣由，乃至於歷史定位等面向，並依此判斷〈韓熙載夜宴圖〉中的韓熙載，是抱著如何的心態召開夜宴？基本上是以較客觀的史書爲主，而筆記小說爲輔，期許能突破韓熙載因圖的傳世，而被塑造出的風流、荒淫的刻板印象。再者，對於畫作本身，在名物的判定與畫風的嬗遞等方面，皆盡量引用前人觀察、累積的成果，雖論述的發揮較少，但求能給予客觀正確的解析。

至於〈韓熙載夜宴圖〉所衍生的相關創作，以吳蔚的同名小說和「漢唐樂府」的同名樂舞表演爲主要對象，在擁有龐大資訊爲基礎的前提下，分析小說的文本與樂舞表演的主題內容時，獲得事半功倍的顯著效果，大致上能確實掌握情節的鋪排與人物的心理，並經由比較歸納出二者與〈韓熙載夜宴圖〉的異同之處，雖然畫、小說、樂舞是三種不同的表現形式，但由於其本事來源於一處，故可發現其中對韓熙載這位主人翁的形象塑造，有異曲同工的妙合之處。

綜上所言，掌握文獻是本論文的營構中，最爲重要的一項基礎建設，進而運用文獻間的比較、歸納，再配合對文本本身的分析，最後提出看法與結論，即是本論文的研究步驟與方法。

第二章　文字書寫所映現的韓熙載

　　五代十國中的南唐，建都於金陵，為韓熙載大半生所生活的時空背景。韓熙載所創作的文學作品，流傳至今的數量雖為數不多，但仍可散見於《全唐文》、《全五代詩》等，至於韓熙載的個人事蹟，在史書和筆記中亦有相關之生平事蹟記載，以下試就史書與筆記中所記錄的韓熙載人物形象，與韓熙載所創作的文學作品中流露的個人形象做一分析，期望能從兩種不同的書寫角度來客觀了解韓熙載的人物形象。

第一節　史書所記錄之韓熙載

　　有關韓熙載的個人事蹟，在史書中的記載堪稱豐富，宋·薛居正《舊五代史》、歐陽修《新五代史》、元·脫脫《宋史》等史書上皆有記載。此外，馬令《南唐書》、陸游《南唐書》也有詳細的傳，同時也散見於《十國春秋》、司馬光《資治通鑑》等史書中，詳略各異，敘述的角度也不盡相同。而徐鉉奉旨所作韓熙載墓誌銘，也提供了珍貴的訊息，有助於形塑韓熙載人物形象。

　　正史上最早出現有關韓熙載的記錄應為薛居正《舊五代史》，於〈僭偽列傳〉中記載了韓熙載的些許事蹟：

> 韓熙載仕江南，官至諸行侍郎。晚年不羈，女僕百人，每延請賓客，而先令女僕與之相見，或調戲，或毆擊，或加以爭奪靴笏，無不曲盡，然後熙載始緩步而出，習以為常。復有醫人及燒煉僧數輩，每來無不升堂入室，與女僕等雜處。偽主知之，雖怒，以其大臣，不

> 欲直指其過，因命待詔畫爲圖以賜之，使其自愧，而熙載視之安然。
> 〔註1〕

相較於《舊五代史》著重描繪韓熙載私生活的放浪不羈，歐陽修《新五代史》雖未特別就韓熙載一人做個別記錄，僅零星出現於〈南唐世家〉第二中，卻能凸顯韓熙載在仕宦上的表現：

> 韓熙載上書切諫，請誅覺等，齊丘惡之，貶熙載和州司馬。〔註2〕

> 景困於用兵，鍾謨請鑄大錢以一當十，文曰「永通泉貨」。謨嘗得罪，而大錢廢。韓熙載又鑄鐵錢，以一當二。〔註3〕

> 乾德二年，始用鐵錢，民間多藏匿舊錢，舊錢益少，商賈多以十鐵錢易一銅錢出境，官不可禁，煜因下令以一當十。拜韓熙載中書侍郎、勤政殿學士。〔註4〕

《舊五代史》和《新五代史》上有關韓熙載的記載，呈現的是不同面向的韓熙載人物形象，相同的是兩部史書皆無記載韓熙載的家庭背景和籍貫，僅就事件作記錄。相形之下，《宋史》對韓熙載所作的記錄則有補足的功能，〔註5〕大概可分爲幾個階段，首先介紹韓熙載的籍貫，以及南奔的原因：

> 韓熙載字叔言，濰州北海人。後唐同光中，舉進士，名聞京、洛。父光嗣，爲平盧軍節度副使。同光末，青州軍亂，逐其帥符習，推光嗣爲留後。明宗即位，誅光嗣，熙載奔江南，歷僞吳滁、和、常三州從事。

韓熙載本是後唐進士，且名重一時，未來若順遂的話，必然大有可爲。然而在前景一片看好的勢態下，他父親擁兵自重，最後成爲權力鬥爭下的犧牲者，韓熙載懼而南奔，在當時的吳國擔任了官職不大的從事，並不受到重用。等到吳國被李昇篡代之後，才開始有些作爲：

〔註1〕宋・薛居正：《舊五代史・僭僞列傳》冊六，卷一百三十四（北京：中華，1976年5月），頁1790。

〔註2〕宋・歐陽修撰，宋・徐無黨註：《新五代史・南唐世家第二》冊三，卷六十二，頁771。

〔註3〕宋・歐陽修撰，宋・徐無黨註：《新五代史・南唐世家第二》冊三，卷六十二，頁772。

〔註4〕宋・歐陽修撰，宋・徐無黨註：《新五代史・南唐世家第二》冊三，卷六十二，頁778。

〔註5〕元・脫脫《宋史・世家一》卷四百七十八（北京：中華，1977年11月），頁13865～13867。

李昇僭號，爲秘書郎，令事其子景於東宮。景嗣位，遷虞部員外郎、
史館修撰。熙載自言：「受昇知遇，不得顯位，是以我屬嗣君也。」
遂上章，言事切直，景嘉納之。又改吉凶儀禮不如式者十數事，大
爲宋齊丘、馮延巳所忌。昇將葬，以熙載知禮，令兼太常博士。時
江左草創，典禮多闕，議者以昇繼唐昭宗之後，廟號合稱宗。熙載
建議，以爲古者帝王已失之，己得之，謂之反正；非我失之，自我
復之，謂之中興，中興之君廟號稱祖。以爲昇興既墜之業，請號烈
祖。景由是益加恩禮，擢知制誥。熙載性懶慢，朝直多闕，未幾罷
去。

此時爲南唐開國之初，一切方興未艾，韓熙載以其豐厚的學識涵養，和過人
的觀察見地，加上直言敢諫的個性，針對當時一些不合宜的禮法做了修訂，
隨後中主李璟〔註6〕即位，從太常博士，再加知制誥，受到重用的韓熙載，本
該仕途如一馬平川，但他身爲北人，又鋒芒畢露，於是遭受到開國元老宋齊
丘等一黨的猜忌，這也成爲後來他總無法攀上南唐政治最高點的主要原因。
再者，此處又點出其「性懶慢」的缺點，這是他身爲北方士人的陋習，驕傲
而不羈，但換個角度想，可以說他也是因爲受到猜忌，害怕自己重蹈父親的
覆轍，才如此以消極的「朝直多闕」爲遮掩，讓中主主動將他罷去。中主在
位不久，開始大動干戈，韓熙載對此，亦有所應對：

晉開運末，中原多事，江南方盛，其臣陳覺、馮延魯建討福州，師
敗而還，景釋不問罪。熙載與徐鉉同上疏，請置于法。覺、延魯，
宋齊丘之黨也。熙載爲齊丘所排，貶和州司馬，語在徐鉉傳。久之，
召爲虞部郎中、史館修撰，拜中書舍人。世宗平淮甸，景患國用不
足，熙載請鑄鐵錢。及煜襲位，卒行其議，以熙載爲兵部尚書，充
鑄錢使。錢貨益輕，不勝其弊，熙載頗亦自悔。

先是陳覺討閩失利，中主原意將之軍法處死，但因受到朋黨的解救，只是貶
官了事，不久又回任如故，韓熙載對此相當不滿意，認爲陳覺等人拖累國力，
不該輕饒，但終究不如宋齊丘的勢力，反遭到外放處置。而後周世宗占領南
唐在長江以北的淮地，南唐於是上表稱臣，且必須時常向其納貢，國庫消耗
甚巨，銅錢因此短缺，韓熙載於是建議鑄鐵錢，這個議案到李煜時正式實施，

〔註6〕李璟（916～961），字伯玉，原稱徐景通，南唐建立後，復本姓李，改名璟。
　　　　對後周稱臣後，又爲避後周信祖諱，而改名景。

但是鐵錢幣值不佳，在使用上頗有不便。另者，李煜相當重視韓熙載，先是拜其為兵部尚書，且幾乎要將他拔擢為宰相：

> 熙載善為文，江東士人、道釋載金帛以求銘誌碑記者不絕，又累獲賞賜，由是畜妓妾四十餘人，多善音樂，不加防閑，恣其出入外齋，與賓客生徒雜處。煜以其盡忠言事，垂欲相之，終以帷薄不修，責授右庶子，分司洪州。熙載盡斥諸妓，單車即路，煜留之，改秘書監，俄而復位。向所斥之妓稍稍而集，頃之如故。煜歎曰：「吾亦無如之何！」遷中書侍郎、光政殿學士承旨。開寶三年，卒，年六十。煜痛惜之，贈左僕射、平章事，諡文靖，葬於梅嶺岡謝安墓側，命徐鍇集其遺文。

可惜的是，韓熙載早就看透了南唐早晚覆滅的情勢，怎也不肯當這亡國的宰相，於是納妓四十多人，鎮日裡縱情逸樂，耽於酒色，這樣的舉動，讓李煜十分不耐，將他貶官外放，當此消息一出，韓熙載於是散盡諸妓，李煜對此相當感動，很快將他復位，而那些原本被遣散的妓女們又紛紛回籠，李煜為此慨歎不已，終究在韓熙載有生之年，都無法如願拜他為相，只能在他死後追贈之。《宋史》最後，對於韓熙載如此評價：

> 熙載才氣俊逸，機用周敏，性高簡，無所卑屈，未嘗拜人。雖被遣逐，終不改節，江左號為「韓夫子」。顯德中，熙載來朝廷，歸，景問中國大臣，時太祖方典禁兵，熙載對曰：「趙點檢顧視不常，不可測也。」及太祖登極，景益重之。頗以文章自負，好大言。

雖說是褒多於貶，也點出韓熙載過人的遠見，認為趙匡胤必是將來左右天下的人，但是他的驕傲雖是他的自信，卻也是他的不幸，才氣過人，卻不能服人，雖有達識，卻無法顧及當下，甚至要避免當亡國宰相，想留下清名，卻反而留下一幅〈韓熙載夜宴圖〉，以及往後一千多年的風流名聲。

由上可見，《宋史》中的韓熙載，人物形象明顯比《舊五代史》和《新五代史》鮮明許多，由此記錄可得知韓熙載的籍貫、於南唐任官時的官位升降和同僚間的相處、對國家的關心和私生活等等。

馬令和陸游兩人，分別寫了兩本《南唐書》，此二人雖在文學筆法上各自的色彩和風格，但對於韓熙載的人生簡歷和評價卻具一致性。而馬令《南唐書》中儒者傳裡對韓熙載所做的記載較陸游的《南唐書》完整，馬令除了記載韓熙載的生平事蹟外，還另外錄有韓熙載所作的詩。

關於韓熙載的仕宦生平，在馬令和陸游在《南唐書》中皆記載頗詳，韓熙載是以北人的身分進入南唐，儘管是北人，但卻能在南唐任官，也許是因父親之死而使他心中有所警惕，因此不汲汲營營於仕宦的升遷追求上，文中寫到韓熙載到吳後，是呈現「放蕩嬉戲，不拘名節」的形象，這似乎是一種出於自汙以保身的生活態度，正史中並無記載韓熙載的個人性情，但在馬令和陸游的文章中卻可看見：

> 放蕩嬉戲，不拘名節。里民趙氏女有美色，熙載娶爲正室。連補和、常、滁三州從事，亦晏然不介意。烈祖受禪，除秘書郎，輔元宗於東宮，熙載談笑而已，不預世務。〔註7〕

> 熙載年少放蕩，不守名檢，補和、常、滁三州從事。時人士自中原至者，多已擢用，熙載在京洛，早負才名，乃獨落魄不偶，亦不以介意。烈祖受禪，召爲秘書郎，使事元宗於東宮，諭之曰：「以卿早奮名場，然未更事，故使歷州縣之勞，今用卿矣。宜善自修飭，輔吾兒也。」熙載亦不謝，在東宮，談燕而已，不預世務。〔註8〕

此二段引文，皆是韓熙載入南唐後的事件記錄，藉由馬令和陸游兩人文字所記錄下來的韓熙載是個思想和行爲都不受拘束，對於名聲、名節等事亦不甚看重的灑脫個性。在李昪統治南唐時，由中原入南唐的人士多已任有官職，而韓熙載卻仍不受重用，但他也不以爲意，當他受命去東宮陪同李璟時，也只是談笑而已，對於朝政事務似乎漠不關心。李璟即位後，韓熙載便升官爲虞部員外郎、史館修撰，此時便可對朝政時事提出自己的看法和建議，韓熙載一改前期默不作聲、漠不關心的行爲，對國家大事和朝政內務積極地提出自己的看法：

> 於是始言朝廷之事所當條理者，前後數上。又吉凶禮儀不如式者，隨事舉正。由是宋齊丘之黨大忌之。〔註9〕

> 元宗即位，拜虞部員外郎、史館修撰，兼太常博士。乃慨然曰：「先帝知我而不顯用，是以我爲慕容紹宗也。」始數言朝廷事所當施行

〔註7〕 宋・馬令：《南唐書・儒者傳上》卷十三（傅璇琮、徐海榮、徐吉軍主編：《五代史書彙編》玖，杭州：杭州出版社，2004年5月），頁5347。

〔註8〕 宋・陸游：《南唐書・列傳》卷十二（傅璇琮、徐海榮、徐吉軍主編：《五代史書彙編》玖，杭州：杭州出版社，2004年5月），頁5558。

〔註9〕 宋・馬令：《南唐書・儒者傳上》卷十三（傅璇琮、徐海榮、徐吉軍主編：《五代史書彙編》玖，杭州：杭州出版社，2004年5月），頁5347。

> 者，盡無所回隱。宋齊丘、馮延巳等皆側目。元宗意獨嘉之，命權
> 知制誥。書命典雅，有元和之風，與徐鉉齊名，時號韓徐。〔註10〕

這時可看出韓熙載非常積極地輔佐君王治理國家，有種極欲大展身手，欲憑
著自己的才幹作為改善南唐的政治環境，以使人民得到更好生活的正向意
念。但韓熙載的積極努力，卻引起宋齊丘之黨大忌之。然而，元宗對於韓熙
載很是信賴，以韓熙載知禮的知識學養，讓他兼任太常博士，後來又因陳覺
喪師南閩的事件與宋齊丘產生衝突，馬令和陸游皆有記錄：

> 陳覺等喪師南閩，特赦不誅。熙載上書請置於法，元宗手箚敦諭，
> 而宋齊丘大怒，乃誣以醉酒披猖，黜為和州司馬，其實熙載生平不
> 能飲。〔註11〕

> 熙載不能飲酒，齊丘誣以酒狂，貶和州司士參軍。〔註12〕

宋齊丘誣陷韓熙載嗜酒，致使韓熙載貶為和州司馬，離開朝廷權力中心，據
馬令和陸游各自在《南唐書》上的記載，韓熙載其實不能飲酒，卻被誣陷醉
酒披猖，此時心情必定很是苦鬱，曾經手中握有可以協助改善南唐的政治權
力，但卻因莫須有的罪名而消失，而人們都相信他就是宋齊丘所誣陷的「醉
酒披猖」，就連後主也相信，還予以貶官，內心定是苦痛。人格操守被誣陷後
的生活，似乎也和韓熙載早年到南唐時「放蕩嬉戲」的態度有所關連，只是
元宗上任後，韓熙載是想透過政治上的權力而對國家有所作為，早已不是「放
蕩嬉戲，不拘名節」的心理。被誣陷後，韓熙載便不再高調積極的上書，此
後韓熙載的官職又有所變動，由虞部郎中、史館修撰，拜中書舍人，後又遷
為兵部尚書，然而這些官位的工作職掌並非他所擅長，因此在他管轄期間內，
錢貨漸弊，韓熙載亦十分懊悔。

韓熙載雖不擅長治理國家經濟，但是他的文才卻十分出名：

> 熙載才名遠布，四方建碑表者，皆載金帛求為之文。而常俸賜賚，
> 月不下數千緡。廣納儒生，苟有才藝，必延致門下。以舒雅之徒為
> 門生，高第凡數十輩。由是所用之資，月入不供。及奉使臨川，借

〔註10〕宋・陸游：《南唐書・列傳》卷十二（傅璇琮、徐海榮、徐吉軍主編：《五代
史書彙編》玖，杭州：杭州出版社，2004年5月），頁5559。

〔註11〕宋・馬令：《南唐書・儒者傳上》卷十三（傅璇琮、徐海榮、徐吉軍主編：《五
代史書彙編》玖，杭州：杭州出版社，2004年5月），頁5348。

〔註12〕宋・陸游：《南唐書・列傳》卷十二（傅璇琮、徐海榮、徐吉軍主編：《五代
史書彙編》玖，杭州：杭州出版社，2004年5月），頁5559。

官錢三十萬。所司以月俸預納，熙載上書訴之，云：「家無盈日之廚，野乏百金之產。」累數百言。後主批其奏云：「言僞而辯，古人惡之。熙載俸有常秩，賜賚尚優。而謂廚無盈日，無乃過歟！」命有司放免逐月所刻料錢，仍賜內庫絹百匹、綿千兩，以充時服。熙載上謝御批，其略曰：「水火相濟，日月無私。既示其瑕疵，又憐其憔悴。免逋欠使資於昏旦，賜綿絹令禦其風霜。神造雖洪，粉身未報。」
〔註13〕

熙載才氣逸發，多藝能，善談笑，爲當時風流之冠，尤長於碑碣。他國人不遠數千里，輦金幣求之。〔註14〕

由引文可看出韓熙載不但自己擅長作文，還很愛才惜才，將有才能之人，延攬至自己門下，韓熙載雖每月有穩定收入，但卻仍不敷使用。儘管借了官錢，也只是杯水車薪，只得上書向李煜借錢。被宋齊丘誣陷後，韓熙載的私生活便愈加乖張，但就馬令和陸游的記載來看，此一乖張行爲，是韓熙載有意呈現給外人所看的：

熙載畜女樂四十餘人，不加檢束，恣其出入，與賓客聚雜。後主累欲相之，而惡其如此，乃左授右庶子，分司於外。〔註15〕

然性忽細謹，老而益甚。蓄妓四十輩，縱其出，與客雜居，物議哄然。熙載密語所親曰：「吾爲此以自汙，避入相爾。老矣，不能爲千古笑。」端坐托疾不朝。〔註16〕

在南唐時，韓熙載蓄妓、宴飲、玩樂的聲名很盛，表面上看似耽溺聲色，但實際上卻是隱藏在自汙的目的下，由馬令《南唐書》「後主累欲相之，而惡其如此」，和陸游《南唐書》「吾爲此以自汙，避入相爾」的文字敘述即可看出韓熙載此一目的是爲了避免被李煜請去出任宰相，因此這些宴樂活動實際上起著一種煙霧彈的作用，就連李煜也無可奈何：

〔註13〕 宋‧馬令：《南唐書‧儒者傳上》卷十三（傅璇琮、徐海榮、徐吉軍主編：《五代史書彙編》玖，杭州：杭州出版社，2004年5月），頁5348～5349。

〔註14〕 宋‧陸游：《南唐書‧列傳》卷十二（傅璇琮、徐海榮、徐吉軍主編：《五代史書彙編》玖，杭州：杭州出版社，2004年5月），頁5559。

〔註15〕 宋‧馬令：《南唐書‧儒者傳上》卷十三（傅璇琮、徐海榮、徐吉軍主編：《五代史書彙編》玖，杭州：杭州出版社，2004年5月），頁5349。

〔註16〕 宋‧陸游：《南唐書‧列傳》卷十二（傅璇琮、徐海榮、徐吉軍主編：《五代史書彙編》玖，杭州：杭州出版社，2004年5月），頁5559。

後主累欲相之，而惡其如此，乃左授右庶子，分司於外。入朝辭，
復上表乞住闕下，其略曰：「朽作無生之骨，猶思仰慕于聖賢；生爲
萬物之靈，寧使困窮於終老。魂凝象闕，心滯金門。程限至終，炎
蒸漸盛。重念臣向化將逾于四紀，舒誠已歷於三朝。無橫草之功可
資于國，有滔天之罪見絕于時。陛下以無爲之心，示好生之德。雖
一命已寬于時宥，叨感深仁；而再遷欲赴於退征，轉資陰德。今則
羸形愈憊，壯志全消。老妻對面而呻吟，稚子環床而號哭。勁風振
樹，豈得長寧。逝水朝宗，不堪永訣。」表上未報。於是盡出群婢，
使之即散。後主乃喜，遂以爲秘書監，群婢俄集如初。（馬令《南唐
書》）〔註17〕

貶右庶子，分司南都，熙載斥諸妓。後主喜，留爲秘書監，俄復故
官，欲遂大用之。而去妓悉還。（陸游《南唐書》）〔註18〕

對於韓熙載所表現出的荒淫不羈行爲，李煜自然是生氣了，欲將他貶官至京
城外，韓熙載便解散家妓，李煜以爲他痛改前非，撤銷貶官，韓熙載得以留
在京城，因此解散的家妓又全都回到韓熙載身邊，令李煜萬分無奈，馬令和
陸游在此對李煜態度則有不同的記錄：

後主笑曰：「吾於今乃知卿之心矣！」復上書極陳時政，論古今之得
失，書曰《皇極要覽》。進中書侍郎。〔註19〕

後主歎曰：「孤亦無如之何矣！」宿直宮中，賜對多所弘益，後主手
教褒之，進中書侍郎，卒年六十九。〔註20〕

儘管韓熙載一生仕旅起伏很大，遭受宋齊丘誣陷時，所有人都不相信他，認
爲他就如同宋齊丘所說的「醉酒披猖」，韓熙載對此也沒有急欲洗刷此汙名的
行動，反而是順著大家所以爲的「醉酒批猖」來表現給大家看，此一時期應
爲韓熙載內心最爲苦痛的時期，處處不受信任，先前那股想要對國家社會有

〔註17〕 宋・馬令：《南唐書・儒者傳上》卷十三（傅璇琮、徐海榮、徐吉軍主編：《五
代史書彙編》玖，杭州：杭州出版社，2004 年 5 月），頁 5349。

〔註18〕 宋・陸游：《南唐書・列傳》卷十二（傅璇琮、徐海榮、徐吉軍主編：《五代
史書彙編》玖，杭州：杭州出版社，2004 年 5 月），頁 5559。

〔註19〕 宋・馬令：《南唐書・儒者傳上》卷十三（傅璇琮、徐海榮、徐吉軍主編：《五
代史書彙編》玖，杭州：杭州出版社，2004 年 5 月），頁 5349。

〔註20〕 宋・陸游：《南唐書・列傳》卷十二（傅璇琮、徐海榮、徐吉軍主編：《五代
史書彙編》玖，杭州：杭州出版社，2004 年 5 月），頁 5559。

所貢獻，想要有所抱負的熱誠亦削減許多。馬令《南唐書》中云：「熙載才高氣逸，無所卑屈，舉朝未嘗拜一人。」但是，他仍不忘獎勵後進「喜提獎後進，每見一文可采者，輒自繕寫，仍爲播其聲名。善談論，聽者忘倦。審音能舞，分書及畫，名重當時，見者以爲神仙中人。」

馬令於《南唐書》中記錄了韓熙載於開寶三年病逝，李煜以不曾任韓熙載爲相而深感痛惜，而欲追封之：

> 開寶三年病卒，年六十三。後主深痛惜之，以爲不得熙載爲相，欲追贈之，「前代有此否？」潘佑以謂「晉劉穆之贈開府儀同三司，即其事也」。乃贈熙載平章事，諡文靖，葬梅頤崗謝安墓側。命集賢殿學士徐鍇集其遺文，藏之書殿。〔註21〕

除上述的《舊五代史》、《新五代史》、《宋史》、馬令《南唐書》、陸游《南唐書》外，韓熙載的事蹟仍可散見於宋・司馬光《資治通鑑》、清・吳任臣《十國春秋》等史書中。

在《資治通鑑》和《十國春秋》中，都記載了韓熙載入南唐前與友人李穀的對話，以下以《資治通鑑》爲例：

> 其子熙載將奔吳，密告其友汝陰進士李穀，穀送至正陽，痛飲而別。
> 熙載謂穀曰：「吳若用吾爲相，當長驅以定中原。」穀笑曰：「中原若用吾爲相，取吳如囊中物耳。」〔註22〕

由引文中的對話便可得知韓熙載與李穀兩人皆有報效國家的雄心壯志，認爲自己有輔佐君王治理國家的才能，韓熙載與李穀兩人分別投向不同的政治王權，韓熙曾向睿帝上了封行止狀，除介紹自己的出身籍貫外，亦表顯出對政治的滿腔熱血以及自己本身的才華洋溢。但就《十國春秋》所記載，李昇認爲該文「語多誇大」，而韓熙載則是「語多誇大，不拘名檢」〔註23〕。因此，韓熙載初期在南唐並不受重用，只得到校書郎的職位。

除了《南唐書》、《宋史》等史書的記載外，李煜派徐鉉替韓熙載所作的墓誌銘亦相當有史料的參考價值，除了詳細記載韓熙載的家事背景與仕宦

〔註21〕 宋・馬令：《南唐書・儒者傳上》卷十三（傅璇琮、徐海榮、徐吉軍主編：《五代史書彙編》玖，杭州：杭州出版社，2004年5月），頁5349。

〔註22〕 宋・歐陽脩：《資治通鑑・後唐紀》卷二百七十五（北京：中華，1956年），頁8992。

〔註23〕 清・吳任臣：《十國春秋》，景印《文淵閣四庫全書・史部223》465冊（台北：台灣商務，1986），頁262～263。

外，還記載了李璟對韓熙載的看重與禮遇，在衣冠服飾的等級上給與提升：

> 元宗深器之，即踐位，以爲虞部員外郎、史館修撰，賜緋。又以大禮繁疊，加太常博士。〔註24〕

唐五代時規定，五品以上的官員才得以穿緋袍，韓熙載任員外郎，員外郎爲六品的官職，按規定不得穿緋袍，但李璟特別賜緋於韓熙載，可看出李璟對韓熙載的看重。除了賜緋外，過了數年又再度賜紫：

> 或駁正失禮，或指摘時病。由是大爲權要所嫉，竟罷其職。丞相宋公，朝之元老，勢逼地高，公又廷奏黨與，詞旨深切，天子優容之，而用事者滋怒，旋貶和州司士參軍。數年，移宣州節度推官。徵還，復爲虞部員外郎，還郎中史館修撰賜紫。俄而拜中書舍人，從時望也。〔註25〕

引文中的韓熙載，對於朝政時弊，總是積極地提出指證意見，而被同僚記恨，致使貶官。但過數年後，官職又重新提升，李璟還特賜他三品以上官員才可穿著的紫袍，〔註26〕以顯出對韓熙載的信任與重視。

在史書中，可客觀看見韓熙載的籍貫以及官宦升降的記錄，對於韓熙載的才能很是讚許，不但描寫了他審音能舞，亦能作文，擅書法外，也寫出他對於國事相當關心，憂國憂民、嫉惡如仇地屢次上奏。對於韓熙載荒淫不羈、縱情聲色的行爲亦有記載，但也特別點出此一行爲是受到宋齊丘誣陷，遠離朝廷中心後才產生，而狎妓宴飲的行爲也是韓熙載刻意而爲，目的是爲了表現出自己放蕩自頹的行爲，讓外人以爲自己從此只耽溺於玩樂，也避免了被李煜拜相的可能。

〔註24〕南唐・徐鉉：《騎省集》（景印《文淵閣四庫全書・集部24・別集》1085冊，台北：台灣商務，1986），頁123。

〔註25〕南唐・徐鉉：《騎省集》，頁123。

〔註26〕宋・歐陽脩、宋祁：《新唐書・車服志》卷二十四曰：「至唐高祖，以赭黃袍、巾帶爲常服。腰帶者，措垂頭以下，名曰鉈尾，取順下之義。一品、二品銙以金，六品以上以犀，九品以上以銀，庶人以鐵。既而天子袍衫稍用赤、黃，遂禁臣民服。親王及三品、二王後，服大科綾羅，色用紫，飾以玉。五品以上服小科綾羅，色用硃，飾以金。六品以上服絲布交梭雙紃綾，色用黃。六品、七品服用綠，飾以銀。八品、九品服用青，飾以鍮石。勳官之服，隨其品而加佩刀、礪、紛帨。流外官、庶人、部曲、奴婢，則服紬絁施布，色用黃白，飾以鐵、銅。」（北京：中華，1975年），頁527。案：南唐採唐舊制，故參之。

第二節　筆記所記錄之韓熙載

　　除了史書外，歷代筆記中記載韓熙載的事蹟者，堪稱豐富，如《玉壺清話》、《夢溪筆談校正》、《宋朝事實類苑》、《客座贅語》、《清波雜志》、《邵氏聞見後錄》、《湧幢小品》、《燕翼詒謀錄》、《萬曆野獲編》、《癸辛雜識》、《湘山野錄》、《柳南隨筆》、《能改齋漫錄》、《敬齋古今黈》、《歸潛志》、《不下帶編》等，部分筆記中所記載的韓熙載事蹟，和史書上所記載的內容相去不遠，例如記載了韓熙載與李穀、陶穀等人互動時之對話，另外亦有記載時人所認為的韓愈畫像，其實畫中所畫之人為韓熙載而非韓愈等，雖說筆記所記載的真實性仍有待考證，但這也反映出古代士人眼中的韓熙載形象，以下分別從人物、交遊與畫像三方面加以說明。

一、人物描寫

（一）人格特質

　　韓熙載的人格形象描寫，可在宋・史溫《釣磯立談》、宋・文瑩《湘山野錄》、宋・周密《癸辛雜識》、清・金埴《不下帶編》等筆記中窺見：

> 昌黎韓熙載，字叔言，慷慨有才學。嘗著書，號《格言》傳於世。家故富豪，頗好侈忕，不為烈祖所禮。……初，熙載自以羈旅被遇，思展布支體，以報人主，內念報國之意，莫急於人材，於是大開門館，延納雋彥，凡占一伎一能之士，無不加意收采，唯恐不及。雖久病疲茶，亦不廢接對，至誠獎進後輩，乃其天性。每得一文筆，手自繕寫，輾轉愛玩，至其紙生毛，猶不忍遽舍。〔註27〕

《釣磯立談》上所記錄的韓熙載人格形象，和史書上所記載的大致相同，引文中的韓熙載是個聰明富有才學之人，對於政治有抱負，知道對國家來說，最重要的就是人才的發掘和培養，使人才善盡一己所長，方能促使國家進步，如此便能報效君王和國家。由引文可看出韓熙載非常關心國家前景，因此非常積極的延攬人才，甚至扶病相見，盡心地為國家收納和培養人才，這種愛才惜才的心，從「每得一文筆，手自繕寫，輾轉愛玩，至其紙生毛，猶不忍遽舍。」即可充分看出。韓熙載本身極具有才華，因此方能具備篩選人才的

〔註27〕宋・史溫：《釣磯立談》（傅璇琮、徐海榮、徐吉軍主編：《五代史書彙編》玖，杭州：杭州出版社，2004 年 5 月），頁 5028。

條件,《湘山野錄》中對於韓熙載的才華很是讚許:

> 韓熙載字叔言,事江南三主,時謂之神仙中人。風彩照物,每縱轡
> 春城秋苑,人皆隨觀。談笑則聽者忘倦,審音能舞,善八分及畫筆
> 皆冠絕,簡介不屈,舉朝未嘗拜一人。每獻替,多嘉納,吉凶儀制
> 不如式者,隨事稽正,制誥典雅,有元和之風。屢欲相之,為宋齊
> 丘深忌,終不進用。〔註28〕

《湘山野錄》中所記載的韓熙載,與馬令《南唐書》中的記載相去不遠:「善
談論,聽者忘倦。審音能舞,分書及畫,名重當時,見者以為神仙中人。」
不論是史書還是筆記,都記錄著韓熙載宛如「神仙中人」,呈現相當正面的評
價,也都特別點出韓熙載多才的形象,對於書、畫、樂、舞都具有相當高的
修養,對於儀式禮制嫻熟,善於談笑,是個多才風流的著名人物。對於不符
合道統的事情,也隨時提出糾正,呈現正派的人物形象。《湘山野錄》中還提
及韓熙載不曾任相的原因是因宋齊丘所累,以至無法盡情施展自己的抱負和
理想,這點與史書所記載便略有不同。

韓熙載由中原入南唐任官,初期不受信任,《癸辛雜識》中有相關之記錄:

> 韓熙載相江南,後主即位,頗疑北人,有鴆死者。熙載懼禍,因肆
> 情坦率,不遵禮法,破其家財,售妓樂數百人,荒淫為樂,無所不
> 至。〔註29〕

《癸辛雜識》所記載的內容,可看出作者對於韓熙載後期狎妓宴飲的生活態
度,是以無奈的自汙作為處理,藉由躲在狎妓宴飲的煙霧彈後來保住性命,
儘管韓熙載私生活淫亂,但一般世人對他的人格評價仍是偏於正向,不認為
他的內心就如同他表面上所呈現出的荒淫腐敗。

馬令《南唐書》有記載韓熙載善書法,在謄寫宋齊丘碑碣時都因厭惡其
文詞而以紙塞鼻,此點在《不下帶編》中亦有提及:

> 南唐宋齊丘自署碑碣,求韓熙載書之,韓以紙塞鼻曰:「文臭而穢。」
> 見詩文荒惡者,令平妓以艾薰其卷。此似乎輕薄者之所為已。故熙
> 載性喜去提獎後輩,每見一文可採者,手自錄之,為播其聲名。此

〔註28〕 宋·文瑩撰,鄭世剛、楊立揚點校:《湘山野錄》卷下(《唐宋史料筆記叢刊》,
北京:中華,1984年7月),頁55。

〔註29〕 宋·周密撰,吳企明點校:《癸辛雜識》(《唐宋史料筆記叢刊》,北京:中華,
1988年1月),頁41。

則輕薄者必不能也。〔註30〕

韓熙載頗負才學，除善書法外亦有鑑賞文章之才能，由引文可看出韓熙載對於荒惡之文極度厭惡，因而作出以紙塞鼻、以艾熏之的動作來表達不滿。但遇到可提攜者，韓熙載卻毫不吝惜，親自手錄以傳播該人聲名，因此作者便認為對於如此獎勵後進的韓熙載，斷不可能如傳聞中性情輕薄，因此韓熙載的人格形象肯定是非常正面的。

（二）蓄妓行為

晚年的韓熙載其私生活以狎妓宴飲著名，在許多筆記中都有所記載，以下舉幾點為例：

> 後房蓄聲妓，皆天下妙絕，彈絲吹竹，清歌豔舞之觀，所以娛侑賓客者，皆曲臻其極。是以一時豪傑，如蕭儼、江文蔚、常夢錫、馮延己、馮延魯、徐鉉、徐鍇、潘佑、舒雅、張洎之徒，舉集其門。〔註31〕

> 韓熙載，北人，仕江南，致位通顯，不防閑婢妾，有北齊徐之才風。侍兒往往私客，客賦詩有云：「最是五更留不住，向人枕畔著衣裳。」之句，熙載亦不介意。〔註32〕

> 周世宗時，陶尚書奉使江南，韓熙載遣家妓奉盥匜，及旦，有書謝，略云：「巫山之麗質初臨，霞侵鳥道；洛浦之妖姿自至，月滿鴻溝。」舉朝不能會其詞，召家妓問之，云：「是夕適當浣濯。」〔註33〕

由三段引文可得知韓熙載蓄妓繁多，且遠近馳名，韓熙載晚年雖縱情聲色，但性格和品格似乎不受影響，仍然維持孤傲高潔的品質。《釣磯立談》中記載韓熙載蓄妓的品質極佳，善彈絲吹竹，清歌豔舞，可用天下妙絕來形容，因此當世豪傑，多聚集於韓熙載宅中欣賞表演和宴飲。而妓的形象亦是相當開放，由宋・鄭文寶《南唐近事》上所記載的內容可得知，韓熙載對於家妓的行為活動並不加以管束，因此家妓往往私下向客人主動投懷送抱，因而流有

〔註30〕清・金埴撰，王莘點校：《不下代編》（《清代史料筆記叢刊》，北京：中華，1982 年 9 月），頁 54。

〔註31〕宋・史溫：《釣磯立談》，頁 5028。

〔註32〕宋・鄭文寶撰，張劍光校點：《南唐近事》卷二（傅璇琮、徐海榮、徐吉軍主編：《五代史書彙編》玖，杭州：杭州出版社，2004 年 5 月），頁 5063。

〔註33〕清・毛先舒撰，傅璇琮校點：《南唐拾遺記》（傅璇琮、徐海榮、徐吉軍主編：《五代史書彙編》玖，杭州：杭州出版社，2004 年 5 月），頁 5781。

「最是五更留不住，向人枕畔著衣裳。」這種艷情詩句。深爲一家之主的韓熙載，對於家妓們不以自己爲中心，反而私下交相好，並不以爲意，呈現一種不介意、無所謂的態度。清・毛先舒《南唐拾遺記》中記載了陶尙書與韓熙載家妓的活動，韓熙載原是遣家妓侍奉梳洗，但家妓除了侍奉陶尙書梳洗外，還共同沐浴，事後韓熙載問及時，也毫不迴避地將實情說出，由此可看出家妓們有相當大的自由度，並不會因自己是屬於韓熙載便會對其餘男性有所顧忌，能夠盡情的享受屬於自己的愛情遊戲。

（三）乞食自汙

古人筆記中另有韓熙載乞食於家妓的記錄，這些事件在史書中皆未曾看見，但可於多本筆記中看見記載，如宋・江少虞《宋朝事實類苑》、宋・邵博《邵氏聞見後錄》、周密《癸辛雜識》、鄭文寶《南唐近事》等：

> 韓熙載仕江南，每得俸給，散後房歌姬。熙載披衲持鉢，就諸姬乞食，率以爲常。〔註34〕

> 韓熙載畜妓樂數百人，俸入爲妓爭奪以盡，至貧乏無以給。夕則敝衣屨，作瞽者，負獨絃琴，隨房歌鼓以丐飲食。〔註35〕

> 熙載懼禍，因肆情坦率，不遵禮法，破其家財，售妓樂數百人，荒淫爲樂，無所不至。所受月俸，至不能給，遂敝衣破履作瞽者，持弦琴，俾門生舒雅執板挽之，隨房乞丐，以足日。後人因畫夜宴圖以譏之，然其情亦可哀矣。〔註36〕

> 韓熙載放曠不稽，所得奉錢，即爲諸妓分去，乃著衲衣負筐，命門生舒雅抱手板，于諸姬院乞食以爲笑樂。〔註37〕

大部分的記載都將焦點放在描述韓熙載放蕩不羈的行徑上，由引文可看出，韓熙載將薪資所得都分給家妓，自己再身著破衣，做乞丐打扮似地向家妓們隨房乞食，此一行徑看似極端荒淫，但也呈現出一般世人對韓熙載私生活的看法。但《癸辛雜識》卻對韓熙載的行爲感到同情，認爲韓熙載會讓私生活

〔註34〕宋・江少虞輯：《宋朝事實類苑》卷三十九（上海：上海古籍，1981 年），頁510。

〔註35〕宋・邵博撰，劉德權、李劍雄點校：《邵氏聞見後錄》卷十八（《唐宋史料筆記叢刊》，北京：中華，1983 年 8 月），頁140。

〔註36〕宋・周密撰，吳企明點校：《癸辛雜識》，頁41～42。

〔註37〕宋・鄭文寶撰，張劍光校點：《南唐近事》卷二，頁5062。

如此荒淫是爲了躲避災禍，才以自汙的行徑作掩護，儘管讓世人譏笑，但自汙以求自保的實情卻是十分悲哀。

二、交遊事蹟

（一）李穀

由史書上的記錄可得知韓熙載與李穀交情匪淺，在《玉壺清話》和《宋朝事實類苑》等筆記中亦有相關的描寫：

> 二公書問不絕，熙載戲貽穀書曰：「江南果相我，長驅以定中原。」
>
> 穀答熙載云：「中原苟相我，下江南如探囊中物爾。」〔註38〕

韓熙載與李穀的這段對話，在《玉壺清話》和《宋朝事實類苑》上的記載是完全相同的，在史書上的記載，兩人是口頭說出這些對話，但筆記中兩人對話的呈現方式是以書信的往返作呈現。在時間背景上，筆記也和史書記載的方式不同，據史書上記載，韓熙載是在父親被殺後奔到吳國找李穀，和筆記中記載的時間點不同：

> 李丞相穀與韓熙載少同硯席，分攜結約於河梁曰：「各以才命選其
>
> 主。」廣順中，穀仕周爲中書侍郎、平章事；熙載事江南李先主爲
>
> 光政殿學士承旨。〔註39〕

儘管筆記中所記載的韓熙載與李穀，在時間點和呈現方式與史書所記載的略有不同，但不論是官方的史書或是一般民間的筆記，都記錄了李穀與韓熙載的對話，也可從中看出早年的韓熙載對於政治是滿懷抱負的。

（二）陶穀

陶穀作爲中原出使南唐的使者，在史書上並無記載韓熙載與陶穀兩人的互動，但藉著筆記中卻可看見韓熙載與陶穀的互動，於《玉壺清話》、《宋朝事實類苑》、《南唐近事》、《南唐拾遺記》皆可看見，以下以《玉壺清話》爲例：

> 先是，朝廷遣陶穀使江南，以假書爲名，實使覘之。李相密遣熙載

〔註38〕宋・江少虞輯：《宋朝事實類苑》卷七十一（上海：上海古籍，1981年），頁949。又見宋・文瑩撰，楊立揚校點：《玉壺清話》卷四（北京：中華，1997年），頁41。

〔註39〕宋・文瑩撰：《玉壺野史》卷四（清華大學圖書館藏影印清・張海鵬編：《墨海金壺》本，上海博古齋，1921年），頁8。

書曰：「吾之名從五柳公，驕而喜奉，宜善待之。」至，果爾容色凜然，崖岸高峻，燕席談笑，未嘗啓齒。熙載謂所親曰：「吾輩縣歷久矣，豈煩至是耶？觀秀實公，非端介正人，其守可隳，諸君請觀。」因令留宿，俟寫六朝書畢，館泊半年。熙載遣歌人秦弱蘭者，詐爲驛卒之女以中之。弊衣竹釵，旦暮擁帚灑掃驛庭，蘭之容止，宮掖殆無。五柳乘隙因詢其跡，蘭曰：「妾不幸夫亡無歸，託身父母，即守驛翁嫗是也。」情既瀆，失「慎獨」之戒，將行翌日，又以一闋贈之。後數日，醮于澄心堂，李中主命玻璃巨鍾滿酌之，毅毅然不顧，威不少霽。出蘭於席，歌前闋以侑之，毅慚笑捧腹，簪珥幾委，不敢不釂，釂罷復灌，幾類漏卮，倒載吐茵，尚未許罷。後大爲主禮所薄，還朝日，止遣數小吏攜壺漿薄餞於郊。迨歸京，鶯膠之曲已喧，陶因是竟不大用。其詞〈春光好〉云：「好姻緣，惡姻緣，奈何天。只得郵亭一夜眠，別神仙。琵琶撥盡相思調，知音少。待得鶯膠續斷弦，是何年？」〔註40〕

史書上對於載韓熙載與陶穀的相互往來並無記載，但此兩人互動的記錄卻可在數本筆記中看見，也成爲後代文人唐伯虎繪畫創作的題材。因此，此處的韓熙載人物形象應是一般大眾眼中的形象。由這些筆記上的記載，可看出韓熙載相當具有辨人能力，對於表現出容色凜然，不輕言苟笑的陶穀，韓熙載卻能夠立即知道陶穀內心並不如同他所表現出來的剛正不阿，一使出美人計後，而陶穀的表現也正如韓熙載預測的相同，這些筆記中，除了讚揚韓熙載的辨人能力外，也側寫出韓熙載剛正爲人和對國家的忠心。

三、畫像辨僞

在許多筆記中都可看見韓愈與韓熙載畫像的相關記錄，如《夢溪筆談》、《邵氏聞見後錄》、《湧幢小品》、《南唐拾遺記》等，大多主張後世所傳的韓愈畫像並不是韓愈本人：

世人畫韓退之，小面而美髯，著紗帽，此乃江南韓熙載耳。尚有當時所畫，題誌甚明。熙載諡文靖，江南人謂之「韓文公」因此遂謬以爲退之。退之肥而寡髯。元豐中，以退之從享文宣王廟，郡縣所

〔註40〕宋・文瑩撰，楊立揚校點：《玉壺清話》卷四，頁41～42。

畫，皆是熙載，後世不復可辯，退之遂為熙載矣。〔註41〕

予舊於**濰**城孔寧極家，見孔戣私紀一編，有云：「退之豐肥喜睡，每來家，必命枕簟。」近潮陽劉方明摹唐本退之像來，信如戣之記，益知世所傳，好須髯者，果韓熙載也。〔註42〕

退之肥而寡髯，韓熙載小面美髯，熙載亦諡曰文，後人題像，遂誤以為昌黎。〔註43〕

由筆記中的記錄可知韓愈與韓熙載兩人雖同姓，但長相卻十分懸殊，韓愈肥而寡髯，韓熙載小面美髯，但據《夢溪筆談》所記載，韓熙載諡文靖，江南人稱之「韓文公」，而韓愈諡文，世稱「韓文公」，因而發生誤以韓熙載畫像為韓愈畫像之事。韓熙載肖像畫的記錄可於《圖畫見聞誌》中看見：

王靄，京師人，工畫佛道人物，長寫貌，五代間以畫聞，晉末與王仁壽皆為契丹所掠，太祖受禪，放還授圖畫院祇候，遂使江表，潛為宋齊丘、韓熙載、林仁肇真，稱旨，改翰林待詔。〔註44〕（《圖畫見聞誌》）

《圖畫見聞誌》上記載王靄奉命出使南唐時，暗中將三位重要官員的相貌畫下，為宋齊丘、韓熙載、林仁肇，完成後升任為翰林待詔。

第三節　韓熙載傳世作品中的自我形象

韓熙載傳世的文學作品，於今可見者共有詩四首、詞一首（殘句），以及文七篇，散見於《全五代詩》、《全唐五代詞》、《全唐文新編》當中。雖然韓熙載在彼時與徐鉉齊名，且「才名遠布，四方建碑表者，皆載金帛求為之文」，七篇傳世文章中，即有〈真風觀碑並序〉、〈湯泉院碑〉、〈元寂禪師碑〉，基本上呈現出鋪麗宏肆的特質，且儒釋老三種思想，出入無間，頗能選詞安字以合其旨，但真正流傳下來的作品與作品的知名度，比之同時期的李璟、李煜、馮延巳等人，相對遜色許多，如以其殘詞「桃李不須誇爛漫，已輸了春風一

〔註41〕宋・沈括撰，張富祥譯註：《夢溪筆談・辯證二》卷四（北京：中華，2009年10月），頁69。

〔註42〕宋・邵博撰，劉德權、李劍雄點校：《邵氏見聞後錄》卷二七，頁215。

〔註43〕明・朱國禎：《湧幢小品》卷十八（北京：中華，1959年11月），頁408。

〔註44〕宋・郭若虛《圖畫見聞誌》卷三（景印《文淵閣四庫全書・子部8・藝術類》812冊，台北：台灣商務，1986），頁535。

半」〔註45〕來說，乃是後主李煜在皇宮中建紅羅亭子時，邀請文士如張泌、潘佑、徐鉉、湯悅等人一同作艷曲以歌之，時韓熙載也在場，以此二句和之，共襄繁華。〔註46〕相似的情況，中主李璟也曾有過，且較爲後人所樂道，即是馮延巳吟詠「風乍起，吹皺一池春水」，中主聞後而曰「干卿底事」一節，可見南唐君臣間吟詩作對的風流雅好，流沿已久，然而中主與馮延巳之對話，有不可使聞鄰國之評，後主一事，更在割讓淮南給北周之後所爲，國家之不幸，與韓熙載之縱情逸樂，成爲一種共同向下沉淪的循環。

若僅從這闋殘詞判斷，韓熙載的風格，屬於當時詞的主流「艷情」一派，這除了受到文學市場的影響，應當與韓熙載奢華綺靡的生活脫不了關係，看其〈書歌妓泥金帶〉一詩：

> 風柳搖搖無定枝，陽臺雲雨夢中歸。他年蓬島音塵斷，留取尊前舊
> 舞衣。〔註47〕

詩中描寫風情柳態、如花似仙的歌妓，令人看其月貌、聽其鶯聲，即彷彿經歷與巫山神女的如夢佳會，然好夢終究會醒，陽臺一遊終須歸去。對此，韓熙載發出感嘆與期許，隨著可能的離別到來，不如將現在的舞衣留下來，當作以後懷想的媒介，好寄託一腔無處聲訴的思念。更特別的是，韓熙載並非只是私下的感情投射，而是將這首詩寫在以泥金漆製的腰帶之上，並將之贈與歌妓，由此可見，韓熙載對於寵愛的歌妓，不論在物質和精神方面，都給予相當程度的厚賞，兼且表現出韓熙載極盡奢靡的一面來。

燈紅酒綠、歌舞通霄，或許是韓熙載晚年所刻意經營的形象，早年渡江南下的韓熙載，其所作之〈上睿帝行止狀〉中，〔註48〕充分表現出其經國之抱負與濟世之理想，據此，劉心曾歸納文中具體體現的政治觀共有：（一）廣納賢才的人才觀，（二）擴張北伐的對外政策，（三）體恤農情的對內政策，（四）興學重教的教育觀等四點。〔註49〕睿帝，即是當時建基江左的吳國的君主楊溥，據《十國春秋》所記，韓熙載壯年時，曾借酒發下豪語謂：「江

〔註45〕 曾昭岷等輯：《全唐五代詞》卷三（北京：中華，1999 年 2 月），頁 646。

〔註46〕 此本事見曾昭岷等輯：《全唐五代詞》，頁 646。

〔註47〕 清・李調元輯：《全五代詩》卷二十四（嚴一萍輯：《百部叢刊集成》，台北：藝文，1971 年），頁 12。

〔註48〕 周紹良編：《全唐文新編》卷八七七（吉林：吉林文史，2000 年），頁 11029～11030。

〔註49〕 劉心：〈論韓熙載的形象演繹 —— 從〈江北行止〉談起〉（《常州大學學報》（社科版）第 13 卷第 4 期，2012.10，P84～88），頁 86～88。

左用吾爲相，當長驅以定中原。」〔註50〕此狀即以「慕義來朝」開篇，並毛
遂自薦謂「愚聞釣巨鰲者，不投取魚之餌；斷長鯨者，非用割雞之刀。是故
有經邦治亂之才，可以踐股肱輔弼之位，得之則佐時成績，救萬姓之焦熬；
失之則遁世藏名，臥一山之蒼翠」，也就是說，欲成就非凡事業，必然得起
用非凡之人，如果能得到青睞，則可拯蒼生於既墜，反之，則將隱姓埋名，
歸隱山林。至於如何才算非凡之人，能有經邦治亂之才？韓熙載自言「某妄
思幼稚，便異諸童」，即自覺小時候就跟其他孩子不一樣，志在允文允武的
修業之上，爾後言「得麟經於泗水」、「授豹略於邳圯」，是說於孔子講學之
處泗水學習《春秋》，又再張子房得黃石公兵書的邳圯學習《六韜》，如此文
攻武略，自是非凡，不只如此，更以周太公呂望、春秋時曹劌、戰國時魯仲
連、項羽亞父范增、漢相陳平、謀士婁敬等古之賢人自比，並具體提出一連
串的治國大略曰：

> 今則化舉六條，地方千里，示之以寬猛，化之以溫恭。繕甲兵而耀
> 武成，綏戶口而卹農事。漫灑隨車之雨，洗活嘉田；輕搖逐扇之風，
> 吹消殄氣。可謂仁而有斷，謙而逾光。賢豪向義以歸心，姦宄望風
> 而屏跡。佇見秉施仗鉞，列土分茅。修我貢以勤王，控臨四海；率
> 諸侯而定霸，彈壓八方。遐邇具瞻，威名洽著。況復設庭燎以待士，
> 開雪宮以禮賢，前席請論共韜鈐，危坐願聞於興廢。

中所言爲政要剛柔並濟，使民心悅臣服，定期整理戶口，兵事、農事不可偏
廢，且要時常如春風潤雨，沐浴百姓，以仁德爲務，使能者來歸而不肖者銷
跡隱匿。進一步則要對有功於國家者裂土封侯，管理地方並培養勢力，終有
一日能過江北伐，實現平定中原，一統天下的局面。最後則是時時如握髮吐
哺，虛位以待、禮賢下士，此即是韓熙載通篇最強調之處，因自己也是待價
而沽的身分，所以特別強調賢主要能接納良才的重要。

　　韓熙載抱負遠大，更渴望出仕以成就一番豐功偉業，故在這篇狀文中，
極盡所能地描寫自己最優秀的一面，更不諱言地表示：

> 某才越通流，已觀至化，及陳上謁，罔棄謏才。是敢輒述行藏，鋪
> 盡毫幅。況聞鳥有鳳，魚有龍，草有芝，泉有醴，斯皆嘉瑞，出應
> 昌期。某處士倫，謬知人理，是以副明君之獎善，恢聖代之樂賢。

〔註50〕清‧吳任臣：《十國春秋‧南唐》卷二十六（景印《文淵閣四庫全書‧史部223》
465冊，台北：台灣商務，1986），頁262。

此段中謙稱自己的才能淺薄，所以不敢有所掩飾，因此一五一十地全部敘寫出來，希望人君能夠接納，展現出韓熙載自負而不可一世的一面，但也因為太過鋪張，如《十國春秋》即記載李昇謂韓熙載「語多涉誇大」，〔註51〕即便後來因大肆舞樂宴會而導致入不敷出，向後主李煜商借周轉時，李煜也曾斥其「言偽而辨，古人惡之」，〔註52〕因此，他並沒有因為這篇洋洋灑灑千餘字的大文章，受到自己所想像禮遇重用，而後南唐烈祖即位，使韓熙載侍讀中主李昇，並告誡曰：「以卿早奮名場，疏雋未更事，故使歷州縣之勞，行用卿矣。宜善自修，餙輔吾兒。」〔註53〕但韓熙載似乎不以為意，仍「在東宮談笑而已，不嬰世務」，而後李璟繼位，韓熙載稍稍受到重用，才開始「言朝廷之事所當條理者」、「又吉凶禮儀不如事者」等等，發揮長才，可惜又不幸遭受其他大臣如馮延巳、宋齊丘的妒恨，如其不嗜酒，卻被誣為酒狂等事，因而害怕會像父親一樣遭到政治迫害，才又變了性情，索性襯了對手的心意，乃縱情於歌舞宴樂之間。

或許一開始，可能是刻意粉飾出來誆騙世人眼光的面目，長此下去，卻成了韓熙載生存的價值所在，據馬令《南唐書》記載，韓熙載曾奉使入中原，然這次外交卻不算成功，一個原因是有人問韓熙載曰：「江南何不食剝皮羊？」韓對曰：「江南地產羅紈故爾。」兩人問答可謂風馬牛不相及，因為韓熙載誤以為人家問的是江左人為何不穿羊皮，為了彰顯國威，於是告訴對方南唐物產豐盛，穿的都是絲製品。此處韓熙載犯了個天大的毛病，即自己出身北方，而作客南方，理當知曉南北天氣的差異，北方寒，所以要剝羊皮製衣以禦，相對南方暖，則不必如此，等那人離去後，韓熙載這才領悟到自己說錯話，趕緊派使者追去道歉，但已經追之不及。再有一回，中原使者來訪，韓熙載接待之，卻欺騙人家說：「老夫竊觀吾子音容氣貌，一若先德，況忝世舊，故不可跪。」其時南唐戰敗於後周，方割地淮南並得年年上貢，以視臣服，因此兩國使者並不是平行的關係，而韓熙載為了一己之私，竟誆對方為故舊之後，讓自己可以不必行跪拜禮，這又是另一處敗筆。

奉旨出使的不完善，間接顯示出韓熙載誇大自己能力，實際上爛漫不羈，

〔註51〕清‧吳任臣：《十國春秋‧南唐》卷二十六，頁262。

〔註52〕宋‧馬令：《南唐書‧儒者傳上》卷十三（傅璇琮、徐海榮、徐吉軍主編：《五代史書彙編》玖，杭州：杭州出版社，2004年5月），頁5348。

〔註53〕清‧吳任臣：《十國春秋‧南唐》卷二十六，頁263。

難以委託大事的弱點來，且又可從其於中原出使時所作的兩首詩中，發現韓熙載心不在焉的真面目，其一〈感懷〉曰：

> 僕本江北人，今作江南客。再去江北遊，舉目無相識。金風吹我寒，
> 秋月為誰白。不如歸去來，江南有人憶。（全五代詩）

文、史對照，即可知中原使者固非韓熙載的故舊，雖早年韓熙載「在京洛，早負才名」，〔註54〕若有風聲言其出使後周，定有親友來謁，但實際上是舉目無親，韓熙載在南唐不得志，回到江北又不復昔日風光，自然滿心落寞，一意思歸，只因江南有人在想念他，此人是誰呢？則須與另一首〈奉使中原署壁〉相參看，其詩曰：

> 未到故鄉時，將謂故鄉好。及至親得歸，爭如身不到。目前相識無
> 一人，出入空傷我懷抱。風雨蕭蕭旅館秋，歸來窗下和衣倒。夢中
> 忽到江南路，尋得京中舊居處。桃臉蛾眉笑出門，爭向門前擁將去。

〔註55〕

此詩再度聲明，韓熙載原本以為回到江北，昔日風光必然重現，可惜卻不如想像，因為滿心傷感，無法釋懷，每天的公務與遊賞都極其無聊，在秋天之下，更顯得滄桑且充滿無奈，蕭條而百無聊賴，此時此地此景，無法逃避，只有一睡方休，也只有在夢中，才能回到江南，回到他心心念念的官邸裡，見到他朝思暮想的伊人——歌妓，那時她們會一個個像繁星拱月般將自己團團擁簇著，也只有那時，他才能得到真正的安慰。由此可見，韓熙載在這個時候，已經不是單純的裝模作樣，而是無法自拔的流連於溫柔鄉中，試想，如果他能藉著遠離政敵的目光時，力圖振作，發揮所長，適切的宣揚國威、把持國格，而不是荒腔的應對、走板的懷鄉，那麼他或許還有被刮目相看的可能。可是韓熙載錯過了這次機會，再無法實現其遠大的抱負。

　　終歸而言，韓熙載胸懷大志南渡赴吳，而後又歷南唐三主，原意闖一片風雲，立不世基業，博後代盛名，然而官場的爾虞我詐，以韓熙載「不務世事」徒有滿腔雄心的天真性格，實在難以跟久居朝廷，處之得心應手的馮延巳等人分庭抗禮，不得志遂成了唯一的下場，且更不自愛的不思上進，只能留下「韓熙載夜宴」的風流名聲於後世。

〔註54〕宋・陸游：《南唐書》，頁5558。
〔註55〕清・李調元輯：《全五代詩》卷二十四，頁11～12。

結　語

　　一般提及韓熙載的人物形象，總會將韓熙載與狎妓宴飲的場面做一連結，呈現出一種縱情聲色、荒淫不羈的形象，但光憑此點也無法公允的評斷韓熙載。因此，此節以史書、筆記、韓熙載的傳世作品為文本，加以分析韓熙載的人物形象。從客觀的史筆到自由心證的筆記，最後才用韓熙載自己所創作的文學作品，從中可以發現，史書上所記載的韓熙載，是具有深厚學養和多才多藝的儒者，對於國家政事很是關心，積極地獎勵後進和培養人才，因而曾獲得後主讚賞：「吾於今乃之卿之心矣！」對於韓熙載狎妓宴飲的記錄，史書上亦可觀之，但也僅以敘述事件作呈現，不加以批判，同時陸游也在《南唐書》上認為韓熙載耽溺聲色是為了避免拜相而做出的自汙行為。在筆記中的韓熙載人物形象很生動鮮明，從中可看出文人們對韓熙載的人格描寫、交遊記載及畫事記錄，在筆記中的韓熙載形象仍和史書記錄中所呈現的大致相同，都是正面的評價居多，但筆記中對於韓熙載與家妓們荒誕的行徑亦有所記載，例如乞食於歌妓、與賓客猥雜等，雖然筆記的可信度不高，但仍可作為普羅大眾對於韓熙載的一個看法。另外，筆記也具有補充韓熙載交遊方面資料的功能，韓熙載與李穀的交情在史書上即可看見，但與陶穀的交流則只見於筆記中，雖無法肯定斷言此事之真偽，仍可從中看出韓熙載在一般大眾的心目中是位相當正派且具視人能力的儒士。筆記中亦有大量記錄韓熙載與韓愈畫像混淆，以至後人都誤以韓熙載像為韓愈之記載。致於韓熙載作品中的自我形象，早年的作品可以〈上睿帝行止狀〉為代表，此文充分展現出他的雄才大略，對自己的才氣極具信心，有意對國家和百姓貢獻一己所長的志願，但卻被批評「語多涉誇大」而不受重用，其晚年的作品則無表現此種抱負，呈現出一種流連聲色的形象來，因回故鄉時不復昔日名重京洛的聲名，兼之在南唐仕宦又受小人所阻，故只能寄情於歌舞酒宴之中，呈現著無聊無奈的心境。

第三章　一幅圖畫的故事——
顧閎中〈韓熙載夜宴圖〉論析

　　五代‧南唐顧閎中〈韓熙載夜宴圖〉，據北宋著錄宮廷所藏畫作的《宣和畫譜》記載，夜宴圖為畫師顧閎中奉旨所繪，帶有窺伺的意味，透顯出帝王對大臣私祕生活的好奇，同時賦予圖畫具有承載生活實錄的功能，對繪畫發展有其重要意義，《宣和畫譜》：

> 顧閎中，江南人也。事偽主李氏，為待詔，善畫，獨見於人物。是時，中書舍人韓熙載以貴游世胄，多好聲伎，專為夜飲。雖賓客揉雜，歡呼狂逸，不復拘制，李氏惜其才，置而不問，聲傳中外，頗聞其荒縱，然欲見樽俎燈燭間觥籌交錯之態度不可得，乃命閎中夜至其第，竊窺之，目識心記，圖繪以上之，故世有韓熙載夜宴圖。

〔註1〕

有關顧閎中的文獻記載極少，最詳細的記錄即《宣和畫譜》上所載，由記錄可得知，顧閎中所繪的〈韓熙載夜宴圖〉，是皇帝特別派與的秘密任務。韓熙載狎妓宴飲的聲名廣傳，儘管皇帝因敬重愛惜韓熙載，對此置而不問，但流言內容多以荒淫不羈、縱情聲色等評語來形容韓熙載，而皇帝無法親眼看見韓熙載夜宴的實景，只得派遣畫師以目識心記，圖繪以上的方式進行諜報任務。因此〈韓熙載夜宴圖〉的創作出發點是以寫實功能為主，因其目的是為皇帝呈現韓熙載家中夜宴的真實情況。

　　以下分別就畫中場景、作畫背景、畫中人物逐一加以解析。

〔註1〕不著人撰：《宣和畫譜》卷七（嚴一萍輯：《百部叢刊集成》，台北：藝文，1971年），頁4。

第一節 〈韓熙載夜宴圖〉分場解析

　　〈韓熙載夜宴圖〉長 335.5 公分，高 28.7 公分，共繪有女性 26 人，男性 20 人，採用連續性的構圖方式，將不同時間、空間中的活動集於一圖，利用屏風作爲間隔，以人物顧盼做爲聯繫。屏風的實際作用多用來分隔空間，但在此畫中，屏風的作用除了分隔空間外，也將時間做了分隔，畫中的五個場景由右而左依序爲聽樂、觀舞、歇息、清吹、宴散，將夜宴活動的時間順序清楚地表現出來。

　　西洋畫強調實、滿、靜，中國畫則強調虛、空、動，從唐代繪畫中便可看見人物畫的背景多爲留白，上留天、下留地、中間立意布置，然而〈韓熙載夜宴圖〉中，除可看見細膩的人物畫，還可看見畫家熟練地將背景也做了仔細的呈現，可看見桌、椅、屏風、床、榻、瓷器等傢俱穿插出現在畫面中，使時間場景的呈現更爲豐富。由圖中的傢俱比例，便可看出此時的畫家並不具有透視法的繪畫概念，如聽樂場景中出現的矮桌即爲此，若使用透視法，桌子的近端應比遠端來的寬，桌腳亦爲近端比遠端長，然而圖中矮桌的畫法卻完全相反，使桌面看起來左右兩端不在同一個水平面，有種上浮感。除了傢俱以外，畫中人物的比例亦頗有趣味，如畫中主角韓熙載，可明顯看出他的人物比例較旁人來得大，在五個場景中都可一眼辨認出韓熙載，這或許是刻意將主角放大的集中焦點畫法。畫中的人物分爲三類，一爲主角韓熙載、二爲賓客們、三爲家妓婢女們。其人物比例大小亦分三類，韓熙載的人物較大，賓客們次之，家妓婢女們則最小，且不論人物的遠近，都不會改變此一人物在畫中所佔的比例大小。此種構圖法應爲散點透視，在景物遠近大小的安排時，沒有受到焦點透視影響而產生形的變化，這也顯出了中國畫較不注重比例，認爲要表現的是心所體悟到的世界，而非逼眞地呈現眼睛所看見的景象。

　　據《宣和畫譜》所記載，[註2]可知〈韓熙載夜宴圖〉爲畫師顧閎中奉旨所繪，欲用畫筆記錄夜宴中場景，使李煜能夠看見觥籌交錯間的韓熙載態度，性質類似諜報任務，故畫中人物和場景的眞實性應相當高。韓熙載於畫中的五個場景中皆有出現，但神情卻始終呈現憂鬱的樣貌，與周圍夜宴歡樂的場

〔註2〕　不著人撰：《宣和畫譜》卷七（嚴一萍輯：《百部叢刊集成》，台北：藝文，1971 年），頁 4。

合相比顯得格格不入，以下試就北京故宮本所藏的〈韓熙載夜宴圖〉中聽樂、觀舞、歇息、清吹、送別五個場景作分析。

一、聽　樂

　　聽樂為夜宴圖一開始的場景，在這場景中共繪有七位男性、五位女性，主角韓熙載坐於榻上，頭戴高紗帽，身著青黑衣，以左側面的樣貌出現，神情憂鬱。同坐榻上的英姿颯爽的紅衣男子為狀元郎粲，坐於圓墩上彈奏琵琶的女性為李家明之妹，左側的青衣女子則為王屋山。

　　從圖可看出，此一場景中的兩張矮桌上，都以瓷器裝陳了許多當令水果和糕點，以畫中呈現的完整擺盤來看，應是剛上桌不久，由此可推論出此場景應為夜宴的第一個活動。畫面的最右側為一張帶帳幔圍屏床，床頭擱置一把琵琶，檀槽外露，棉被做蜷曲團狀，中間部分隆起，似乎有人正在棉被裡，配合前章所討論的筆記小說中對韓府家伎往往私會賓客的記錄，因此床和棉被在畫中的呈現方式似乎有點情色涵義。張目寒亦認為該臥床凌亂是件異事，推測應為「殆酒闌曲罷，便爾解襟，無俟滅燭矣。」〔註3〕由圖中可看出臥床和坐榻位在同一空間內，此時已出現榻，便不再將床作為坐具使用，故床應為躺臥休憩時才會使用，夜宴為一公開場合，主人韓熙載坐於榻上，身後的床上則有人正在休憩，展現出一種隨意隨性的氛圍。

　　榻位於床前，一側放置三扇連立屏風，但僅可看見兩扇的畫面，另一扇為床所掩。帶座屏風位於李妹身後，此屏風的另一側有一女子扶屏窺視，身後露出兩座紅色大鼓，形似第二場景中韓熙載為王屋山伴樂時所擊之鼓。畫

[註 3] 張目寒：《雪盦隨筆》，頁 49。

面中除琵琶、鼓等樂器外，另有小鼓、檀板和笛出現，小鼓位在站立於韓熙
載身旁的女子身後，檀板爲坐於長桌旁的賓客所執，狀似與李妹的琵琶聲相
應和，笛則爲站立於中央的賓客所執，但並未吹奏，此賓客僅是轉頭凝視李
妹。另兩名站立之賓客，手部的姿勢皆相同，據沈從文考證，此手勢爲「扠
手示敬」，畫中閒著的人，均扠手示敬，宋元人刻通俗讀物《事林廣記》有〈習
藝手圖〉，以圖文說明此規矩：「凡叉手之法，以左手緊把右手大拇指，其左
手小指則向右手腕，右手四指皆直，以左手大指向上，如以右手掩其胸，手
不可太著胸，須令稍去胸二三寸許，方爲叉手法也。」〔註4〕〈韓熙載夜宴圖〉
中的扠手方式與《事林廣記》中所敘述基本相合，南宋佚名的絹本〈雜劇人
物圖〉中繪有兩名作出扠手姿勢的雜劇人物：

　　余輝《畫史解疑》中認爲此畫中的兩人扠手，是演員在場上相互致禮的
動作，這種禮儀在宋代筆記裡多有記述，可見宋時此禮極盛。〔註5〕

〔註4〕沈從文：《中國古代服飾研究》（太原，北岳文藝社，2002年11月），頁331。
〔註5〕余輝：《畫史解疑》（台北：東大圖書，2000年11月），頁39。

由圖可看出眾人的視線大都聚集於彈奏琵琶的李姝身上，韓熙載坐於榻上，以左側面的角度出現，而李姝則是坐於圓墩上，以右側面出現。由兩人的角度可推論出韓熙載與李姝在那場景中的位置彼此是正面對正面，因此韓熙載的位置在畫中是欣賞李姝演奏的最佳位置。儘管位置好、視野佳，但韓熙載在此場景中的面部表情卻顯得憂鬱，甚至有些心不在焉，與同坐榻上的郎粲相比便形成強烈對比，身著紅衣的郎粲神情十分愉悅，可看出他非常享受優美的音樂和注視美人，對於這場夜宴的活動感到很滿意。坐於李姝左側的賓客，也似受樂聲吸引，而轉頭凝視李姝的表演，他身旁站立了兩位女性，著青衣者爲王屋山，可清楚看見她身上所繫之玉鎊帶，與此場景中的另四位女性相比，王屋山的體形顯得格外嬌小細瘦，她在此一場景中亦轉頭凝視李姝之演奏，王屋山的上身微微向前傾，雙手交握於前，凝神傾聽，顯得興趣盎然，但她身後站立的家伎，雖也轉頭凝視李姝，但神情則不若王屋山般充滿熱情，露出高傲淡漠的神情。站立於帶座屏風旁的女子，以手撫屏，探出身子，眼神並無聚焦於某處，似是在觀察整個活動進行的狀況如何。韓熙載身旁所站立的家伎，雖僅以左側面出現，但由神態看來，似乎有股淡淡的憂愁。李姝在夜宴中所彈奏的琵琶曲在文獻中並無記載，無法得知該曲的曲風是歡樂亦或是悲情，因此無法推斷韓熙載與他身旁所站立的家伎呈現憂愁的表情是因聽樂而引起的。但夜宴場合中，應是較爲歡樂的場合，且由郎粲和王屋山的神情看來，該曲應該不是淒惻的悲歌。對於站立於韓熙載身旁的家伎，文獻中並無記載，無法了解她的生平事蹟，故無法解釋爲何在夜宴場合中，身爲家伎的她沒有尋歡作樂、享受當下，反而是站在韓熙載身旁，面露憂鬱憂傷的神情。

二、觀 舞

觀舞的場景始於第一座帶座屏風後，此一場景中共繪有六男二女共八人。主角韓熙載已換了一身黃衣，此一場景的活動主要是王屋山表演的六么舞，由圖可看出王屋山雖換了一套服裝，但身上的玉鎊帶沒有變換，低身微晒地擺動身姿，王屋山的左前方立有一女爲其拍手，但無法確切判斷她的拍手用途是鼓掌叫好亦或是隨著音樂的節奏拍打。由她身上所穿著的服裝，可看出其款式與一般家伎們不同，款式與王屋山所穿著的略爲相似，但卻沒有圍腰，且僅繫普通之布製腰帶，無法確切推測出她的身分是舞者或是婢女。

　　此一場景中的韓熙載，人物比例仍然較身旁眾人來得大，由圖可看出，此一場景中出現的賓客除了原先著青黑衣的官員外，多了一名著黃袍的僧人。夜宴集合了聲、酒、女等各種玩樂元素，應是方外人士所欲避免接觸的場合，但韓府的夜宴活動中卻出現了一名僧人，在夜宴的場合中顯得格外突兀。此一僧人雙手擺做扠手示敬的手勢，正在注視著親自為王屋山擊鼓伴舞的韓熙載，韓熙載雖然正在為王屋山伴樂，但神情卻沒有顯得很投入，眉宇間仍充滿了悶悶的憂鬱感，與坐在鼓前著紅衣的郎粲在神情上再度形成對比，郎粲仍然英姿颯爽地欣賞著王屋山的舞蹈表演。王屋山的右前方有一名著青黑色官服的賓客手拿檀板為王屋山配樂，與同為替王屋山配樂的韓熙載在神情上明顯不同，此賓客的面部表情很是愉悅，可感受出他相當喜歡參與此場夜宴。另兩名亦著青黑衣的賓客分別立於韓熙載的兩側，一名以欣賞的眼光側頭看擊鼓的韓熙載，手部也配合的做出拍打動作，另一名賓客則立於屏風後，作拱手狀。

　　此場景中賓客所出現的眼神注視分為兩種，一種為注視表演六么舞的王屋山，此類賓客應是最懂得享受夜宴活動的參予者；另一種注視則為注視擊鼓者韓熙載，擊鼓也是一種表演，且韓熙載身為夜宴活動主人，得到賓客注視也不見多怪，但最耐人尋味的則是僧人對韓熙載的注視，張目寒認為此僧人眉宇之間有英鷙之氣，〔註6〕似乎對眼前的美女舞蹈、伴舞的音樂聲都不視不聞，手也不隨之打拍，反而做出扠手示敬的手勢，且眼神直勾勾地望著韓熙載，面部

―――――――――――――

〔註6〕　張目寒：《雪盦隨筆》，頁49。

表情不怒不喜不悲，高深莫測，無法確切看出他對韓熙載有何評價。擊鼓的韓熙載，目光雖然放在正在表演的場景內，但由面部表情仍可看出他仍然是處在若有所思的狀態下，眼神雖然注視著當下，然而思緒卻不在，由面部憂鬱的表情，可推測出韓熙載雖然處在宴樂環境中，但內心所想的勢必不是此種風花雪月的活動，因此無法如同其他賓客一樣，盡情地享受當下美好。

三、歇　息

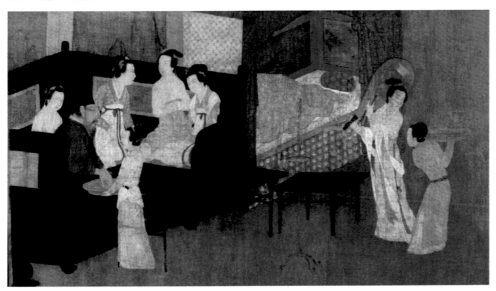

　　此一場景與前一個觀舞的場景並沒有以屏風做為區隔，僅用一塊留白做為區隔，此外亦可由畫中人物的動作看出觀舞與歇息兩個活動的差別。由圖可看出，歇息活動的場景始於端著托盤的綠衣婢女，身形微微向前傾，似在聽身旁另一女子的吩咐，站立於綠衣婢女旁的女子，著襦衣長裙並有披帛，身分地位應較綠衣婢女高，此女子轉頭似和綠衣婢女交談，同時右手扶住放在肩上的琵琶，左手則執簫笛數枝，不知是為演奏做準備亦或是收拾樂器，但由兩人的站姿即可看出身分地位的不同。

　　此場景中出現的傢俱有臥床、坐榻、屏風、矮桌、燭台等，設置夜宴的時間場合是在晚上，但畫家在圖中並無刻意強調出夜晚，僅用蠟燭做表示，且此蠟燭的燭身仍頗長，燭火也很旺盛，由此燃燒的蠟燭即可知畫中所欲表達的時間點是晚上。至於臥床的部分，由帳子、被單和床裙可看出此床與聽樂場景中所出現的臥床不是同一張，因此可斷定此時休憩的場所已有變換。

然而儘管換了時間和空間，在夜宴場景中出現的臥床，卻都呈現相似的使用情形，都呈現棉被隆起的景況，再度影射隨意隨興的韓府生活。

歇息場景中共繪了七位女性一位男性，唯一的男性人物即爲主角韓熙載，在此場景中韓熙載已換回青黑色的服裝，可看見他閒適地與四名家伎坐於榻上，其中兩名家伎正在對話，另兩名則似傾聽者，王屋山捧盆站立於榻旁，韓熙載坐在榻之右角用王屋山所端之盆清洗雙手。從圖可清楚看出畫家仔細的用白粉勾出盆中所盛之水，動態的表現出韓熙載洗手時盆中水流動的樣子，也可藉由這白粉勾出的水紋看出這盆子所裝的水量大約八分滿，身材纖細的王屋山端著如此重的水盆看起來似乎有些不協調。韓熙載雖被美女們環繞，但此時表現出的神情仍頗爲憂鬱，看起來鬱鬱寡歡、心不在焉，對於家伎們的對話，似乎也毫無興趣，對於自己正在進行的洗手，也不怎麼用心，呈現出麻木、無所謂的感覺。

四、清　吹

清吹這一場景的表演者爲坐於圓墩上吹奏笛與簫的五位家伎，這時的韓熙載身著白色練衫，鞋置於足承上，袒胸露腹，盤腿執扇坐於椅上，身形姿態很是悠閒，身旁環繞了三位女性。韓熙載正前方站立一位執紅色拍板的家伎，面神專注地望著韓熙載，似在聆聽韓熙載所說的言語。位於韓熙載左側著灰藍色服裝的執扇者爲王屋山，位於韓熙載後方亦立有一家伎，可透過王屋山所執之絹扇看見她裙部的花樣與手的垂袖，表現地非常細緻。韓熙載在這場聽樂表演中，依然沒有表現出享受宴樂的神情，仍舊是置身事外的神情，眼神依然淡漠，雖然凝視著眼前之人，可看出他雖然身在此，但思緒卻不在，顯得鬱鬱寡歡。反觀正在表演的五位家伎，面部表情都顯得愉悅，眼中帶笑，手指隨著音樂的節拍而在樂器上起舞飛揚，似乎非常享受表演，呈現出輕快喜悅的氛圍，與韓熙載的態度相比，則有了強烈的對比。此場景中亦繪有一

著青黑衣官服的賓客，亦坐於圓墩上，手直拍板，一同參與音樂表演，神情中有些許淡漠，眼神似凝視遠方，思緒似乎也不在當下。

五、送　別

　　此場景始於最後一扇帶座屏風，共繪有四男四女共八人，與前一清吹場景並沒有明顯的空間區隔，由圖可看出，繪有松石圖的帶座屏風前有二人，坐於圓墩上，手執拍板者應為清吹場景中的客，應是配合吹奏簫笛的伎們作配樂。屏風前另一站立者眼神凝視立於屏風後的伎，用此二人的顧盼作為聯繫，展開送別的場合。此場景中，一客與伎隔屏風而立，客雙手握於胸前，似與身後之伎私語，張目寒認為此二人：「狀復親狎，若定私約者。」〔註7〕另一客坐於椅上，身邊圍繞兩伎，一伎一手搭客肩，一手與客執腕，兩人眼神互相凝視，深情款款，狀極親暱，另一伎則以肘支撐椅背，目光凝視與客執腕之伎，但眼神看不出情緒為何。另一客與伎位於韓熙載身後，客一手擁伎，一手似以手勢指出將行之方向，邊行邊語，伎以手掩口，狀似嬌羞。韓熙載此時已換上黃袍，孤身一人站在此場景中，身旁的客與自己的家伎似乎有些曖昧的因素存在，不只私下低語，在肢體上亦有相親，流轉的眼波中亦有情愫，韓熙載對於此場面似乎不為所動，表情仍然不怒不喜，呈現置身事外的感覺，此時的韓熙載右手握鼓槌，左手則置於胸前似有所表示，張目寒認為韓熙載的左手是向伎示意，〔註8〕是個為客人著想的主人。

〔註7〕張目寒：《雪盫隨筆》，頁50。

〔註8〕張目寒：《雪盫隨筆》云：「時伎見主人且至，搖指告客，而椅上之客尚不之覺。主人行至椅後，距約數武，右手握鼓拊，左向屏前伎作擺手狀，意謂勿爾敗客興。」，頁50。

第二節　〈韓熙載夜宴圖〉的人物與場景

　　宮庭畫，顧名思義，乃是出自宮廷畫家之手，或雖非宮廷畫家，但是爲君王所繪之畫，亦屬此範疇。〈韓熙載夜宴圖〉，乃是南唐後主李煜特遣畫家翰林待詔顧閎中，秘密潛入韓熙載宅邸，觀察其私生活之情形，並將所見所聞以繪畫的方式如實呈現，因此，此圖是宮廷畫家替君王服務之作品，《十國春秋·南唐》其本傳即記載曰：

> 顧閎中，事元宗父子爲待詔，善畫人物。是時韓熙載好聲伎，專爲夜飲，賓客猱雜，無復拘制。後主惜其才，置不問，然欲見其樽俎鐙燭間觥籌交錯之態度，不可得，乃命閎中夜至其第竊窺之，目識心記，圖繪以上，故世傳有〈韓熙載夜宴圖〉云。〔註9〕

由此可見，顧閎中是以「待詔」的身分任職於宮廷，成爲李璟、李煜父子的御用畫家。至於當時是否已設有專門的宮廷畫院，以培育和廣納繪畫人才？先看俞劍方《中國繪畫史》云：

> 十國各據一方，幅員之大，雖不及五代，但享祚久者八十餘年，少亦二十餘年，其中除南北漢、南平、吳、閩、楚六國並無畫家可述外，其南唐、前後蜀與吳越繪畫之盛，畫家之多，不但較五代爲優，即以之與唐代相較，亦無愧色。……南唐地處江南，有江山之勝，文物之美，自東晉而後，流風未墜。君主多崇尚繪事，禮遇畫士。又設畫院，以畫家爲翰林待詔，名家彬彬，各地畫家亦趨之若鶩。中主元旦宴雪，合作繪畫，極一時之盛。後主李煜，政治之暇，雅擅繪事，發明書畫用筆之新法，頗爲一時所尚。〔註10〕

由此段引文可看出五代十國雖各自畫地爲王，時局不平，唯西蜀與南唐對於文藝之事頗爲鼓勵，其中特別提及，君王還設立畫院，廣納擅畫人才，並對繪畫技法推陳出新。再者，由華賓《中國宮廷繪畫史》亦可見南唐畫院的資訊：

> 中主李璟耽愛文藝，恩寵畫士，在前代基礎上，將流散的畫家召集到宮中，仿效西蜀畫院之制，於保大元年（943）建立了翰林圖畫院。設有翰林待詔、翰林供奉、翰林司藝、內供奉、後苑副使、畫院學士等官職，爲畫家提供了優越的創作條件。顧閎中、周文矩、高太沖、朱澄、曹仲元、王齊翰、梅行思、解處中、魏賢、趙幹、董源

〔註9〕清·吳任臣：《十國春秋·南唐》卷三十一，頁453。
〔註10〕俞劍方：《中國繪畫史》（台北：台灣商務印書館，1965年6月），頁153～154。

等先後在畫院供職。〔註11〕

這段引文可知，中國宮廷畫院之設置，最早可上推置西蜀，即是孟氏所建立的後蜀（934～965），而南唐李璟則仿效而爲。中國美術史中，定義「畫院」之稱謂，傅抱石認爲是「定一種制度官階，有階級的把畫者集合攏來，供帝王的呼使，這個集體，就是『畫院』」〔註12〕，此定義中的畫院，屬於官方機構，專爲帝王服務，特別的是，這樣的說法，似乎不認爲「畫院」是特定的機構、有一定的所在，而是屬於「畫家」的集合體。

南唐是否設有畫院，韓剛曾接連發表〈南唐畫院有無考〉、〔註13〕〈南唐畫院有無考辨〉〔註14〕等，〔註15〕最後集結爲其碩士學位論文《宋以前畫院問題考辨》〔註16〕，主要駁斥南唐畫院之建立及其時間，乃子虛烏有、無從考證。的確，翻看馬、陸二氏之《南唐書》，並無畫院設置之相關記載，即便是目前可信最早的宋朝「翰林圖畫院」，隸屬於翰林院，卻也非記錄在正史之中，〔註17〕而見於《宋朝事實類苑》，曰：「國初，江南布衣徐熙、僞蜀翰林待詔黃筌，皆以善畫著名，尤長於畫花竹。蜀黃筌并二子居寶、居寀，弟惟亮，皆隸翰林圖畫院，擅名一時。其後江南平，徐熙至京師，送圖畫院，品其畫格……」〔註18〕又見於《宋會要輯稿》，曰：

> 翰林圖畫院，雍熙元年置，在内中苑東門裡，咸平元年移在右掖門外，以内侍二人勾當。待詔等舊無定員，今待詔三人、藝學六人、祗候四人、學生四十人爲額。舊工匠十四人，今六人。〔註19〕

〔註11〕 華賓：《中國宮廷繪畫史》（遼寧：遼寧美術出版社，2003年12月），頁72。

〔註12〕 傅抱石《中國繪畫變遷史綱（附：中國美術年表）》（上海古籍出版社，1998年），頁47。

〔註13〕 韓剛：〈南唐畫院有無考〉《美術觀察》2006年1期，2006年），頁93～98。

〔註14〕 韓剛：〈南唐畫院有無考辨〉《藝術探索》2005年4期，2005年），頁5～12。

〔註15〕 案：韓剛此兩篇論文名稱略異、發表刊物不同，實內容一樣，屬一稿兩投，有違學術倫理。

〔註16〕 韓剛：《宋以前畫院問題考辨》（四川：四川大學碩士論文，黃宗賢先生指導，2004年）

〔註17〕 元・脫脫《宋史・職官六》卷一六六：「熙寧中，入内内侍省内侍省都知、押班遂省，……其屬有：……翰林院，勾當官一員，以内侍押班、都知充，總天文、書藝、圖畫、醫官四局，凡執伎以事上者皆在焉。」（北京：中華，1977年），頁3940。

〔註18〕 宋・江少虞：《宋朝事實類苑・書畫技藝三》卷三十六（上海：上海古籍，1981年），頁677。

〔註19〕 清・徐松輯：《宋會要輯稿・職官》（四川：四川大學，2008年），頁106。

此處具體指出宋朝「翰林圖畫院」的設置時間、位置，以及搬遷和人事員額等，顯然，並非沒有相關史料可供撰寫，而是史書作者在書寫時，往往會忽略「畫院」之存在。如同樣的情形，在《唐書》也出現過，唐朝設有專門收畫、繪畫的機構，名曰「集賢畫院」，時人張彥遠《歷代名畫記》卷三有條記載曰：「（開元）十五年月日。王府大農李仙舟裝背，內使尹奉祥監，是集賢畫院書畫。」〔註20〕此「集賢殿畫院」，乃隸屬於「集賢殿書院」，考新、舊《唐書》「集賢殿書院」一條，具無相關之記載，〔註21〕而在《南唐書》這類規模稍簡的國別史中，只設有「本紀」和「列傳」二種，對於相關的禮法、職官、制度，並無著手處理撰寫，因而既沒有「翰林院」設置之記載，更不會有「翰林圖畫院」的相關記錄。

　　就目前而言，最關鍵的、也是最可採信的第一手資料，當是五代南唐時人趙幹於〈江行初雪圖〉卷末所題之「江行初雪，畫院學生趙幹狀」，〔註22〕如要有所懷疑，則須考證〈江行初雪圖〉的真實性，關於這部分，李裕民在其〈南唐畫院新考〉中，除了針對韓剛〈南唐畫院有無考〉的幾項問題做回應，並對〈江行初雪圖〉的流傳，有詳細的資料引據，〔註23〕雖李裕民一文發表後，韓剛再發表〈南唐畫院有無再考辨〉〔註24〕予以反駁，總結而言，所有可採之資料中，並無直接且強而有力的證據說明南唐無畫院之設置，但同時，也無法具體考證出其南唐設置畫院之具體規模與時間，唯一可以證實的是，姑不論南唐畫院有無，君王賜與畫家「翰林待詔」一職，令其於宮廷中為畫，此專門任職宮廷、為君主繪畫，乃是不爭的事實，並不因南唐沒有宮廷畫院之設，而否定南唐有宮廷畫、乃至於有宮廷畫家之實。

　　關於「翰林待詔」，還可以有幾項說明。「翰林待詔」乃是職稱，隸屬於「翰林院」，而「翰林院」制於唐代，「翰林待詔」亦於此時有之，查《資治

〔註20〕唐·張彥遠撰，日·岡村繁譯註，俞慰剛譯：《歷代名畫記譯註》卷三（上海：上海古籍，2002年10月），頁146。

〔註21〕見後晉·劉昫撰：《舊唐書·職官二》卷四三（北京：中華，1975年5月），頁1851。宋·歐陽修、宋祁撰：《新唐書·百官二》卷四七（北京：中華，1975年2月），頁1212。

〔註22〕台北故宮博物院館藏。

〔註23〕參見李裕民：〈南唐畫院新考〉《廣西藝術學院學報》20卷3期，廣西：廣西藝術學院，2006年8月），頁13～14。

〔註24〕韓剛：〈南唐畫院有無再考辨〉《藝術探索》2006年4期（2006年），頁15～19。

通鑑‧唐紀‧天寶十三年》曰：

> 唐初，詔敕皆中書、門下官有文者爲之。乾封以後，始召文士元萬
> 頃、范履冰等草諸文辭，常於北門候進止，時人謂之「北門學士」。
> 中宗之世，上官昭容專其事。上（玄宗）即位，始置翰林院，密邇
> 禁廷，延文章之士，下至僧、道、書、畫、琴、棋、數術之工皆處
> 之，謂之「待詔」。〔註25〕

此處已經可以看到，唐朝初年有關「詔書」之撰寫，原本是從中書省、門下
省之官員中，取有文采者屬之，到了唐高宗後，改召文士負責，這批人常於
北門等候召用，故已有「待詔」的意味在，爾後唐玄宗之時，創辦了史上第
一座翰林院，並廣泛延攬善於製作文章的才士充職其中，不只如此，有關能
專精「僧、道，書、畫、琴、棋、數術」等之人，皆統一由翰林院招收任用，
並授予「翰林待詔」之頭銜，此在《舊唐書‧職官》亦有相關記載曰：「翰林
院。天子在大明宮，其院在右銀臺門內。在興慶宮，院在金明門內。若在西
內，院在顯福門。若在東都、華清宮，皆有待詔之所。其待詔者，有詞學、
經術、合鍊、僧道、卜祝、術藝、書弈，各別院以廩之，日晚而退。」〔註26〕
又《新唐書‧百官一》亦說：「學士之職，本以文學言語被顧問，出入侍從，
因得參謀議、納諫諍，其禮尤寵；而翰林院者，待詔之所也。唐制，乘輿所
在，必有文詞、經學之士，下至卜、醫、伎術之流，皆置於別院，以備宴見。」
〔註27〕這便是「翰林待詔」最早的起源，綜合以上資料，可以發現，翰林待
詔是將有專門才識、技藝之士集合在翰林院，且這些人必須從早待到晚上，
隨時等待皇上的詔命，乃屬於專門任職於宮廷，替君王服務的人。

　　另外，還可以特別注意新、舊《唐書》所敘述的一句相似的話，即《舊唐
書》的「各別院以廩之」與《新唐書》的「置於別院」，由此可以推論，但凡「詞
學」有「詞學院」、「經術」有「經術院」、「書弈」有「書弈院」……等等，不
一而足，那麼就以依此假設，關於專門負責圖畫的人才，必也當有「圖畫院」
以廩之，宋朝的「翰林圖畫院」，即是以這樣的形式存在，但無論設置何院，皆
以翰林院統稱之，這是史書的一貫作風，前述韓剛、李裕民等人論「南唐有無

〔註25〕宋‧司馬光撰，元‧胡三省音註：《資治通鑑‧唐紀》卷二一七（北平：古籍，
　　　　1956年），頁6923。
〔註26〕後晉‧劉昫撰：《舊唐書‧職官二》卷四三，頁1848。
〔註27〕宋‧歐陽修、宋祈撰：《新唐書‧百官一》卷四六，頁1182～1183。

畫院」，並無以此角度思考「圖畫院」的存在，此或可提供一個不一樣的視角。

而「待詔」一詞，最早當出現於《史記》，如〈叔孫通傳〉曰：「叔孫通者，秦時以文學徵，待詔博士。」〔註28〕出處甚多，不勝枚舉。又《漢書》曰：「侍詔夏賀良等言赤精子之讖。」注引應劭曰：「諸以材技徵召，未有正官，故曰待詔。」〔註29〕秦漢時期的「待詔」含有兩層意思，一種是有正式職位的，一種是沒有正式職位，但與唐朝相同的是，「待詔」皆為君王服務，此意思是古今不變的。

及至五代十國，多承襲唐朝舊制，如《十國春秋‧前蜀》即有記載：「是時（前蜀創立之初）唐衣冠之族多避亂在蜀，帝禮而用焉，使修舉政事，故典章文物有唐之遺風。」〔註30〕「翰林院」這樣一個為君王服務的重要機構，也被沿用下來，儘管南唐相關史料中，沒有說明其典章制度如何，亦無明確記載「翰林院」的設置，但以「翰林待詔」一職屢屢出現於各傳當中，可以肯定，南唐確實有這樣的機關存在。

而關於前述華賓《中國宮廷繪畫史》提及，李璟仿效後蜀設「翰林圖畫院」的說法，其論據出處概不可考，估計可能是對《宋朝事實類苑》曰：「國（宋）初，江南布衣徐熙、偽蜀翰林待詔黃筌，皆以善畫著名，尤長於畫花竹。蜀黃筌并二子居寶、居寀，弟惟亮，皆隸翰林圖畫院，擅名一時。其後江南平，徐熙至京師，送圖畫院，品其畫格……」〔註31〕一段的誤解，文中所謂「翰林圖畫院」，並非指後蜀的圖畫院，而是宋朝的翰林院所轄，比對《十國春秋‧後蜀‧黃筌》曰：「黃筌，字要叔，成都人也，以善畫，早得名。年十七事前蜀後主為待詔。……及廣政時（後蜀後主），加檢校少府監……。國亡入宋，與江南布衣徐熙同隸圖畫院。」〔註32〕可以發現，由於《宋朝事實類苑》行文較為紊亂，易使人誤解黃筌早在後蜀即任職於圖畫院，自然而然，便以為後蜀有圖畫院這樣的機構，但從文獻上來看，黃筌乃是前蜀的翰林待

〔註28〕漢‧司馬遷撰，南朝劉宋‧裴駰集解，唐‧司馬貞索隱，唐‧張守節正義：《史記三家注》（台北：鼎文，1981年），頁2720。

〔註29〕東漢‧班固撰，唐‧顏師古注：《漢書‧哀帝本紀》（台北：鼎文，1986年），頁340。

〔註30〕清‧吳任臣：《十國春秋‧前蜀》卷三十五，頁501。

〔註31〕宋‧江少虞：《宋朝事實類苑‧書畫技藝三》卷三十六（上海：上海古籍，1981年），頁677。

〔註32〕清‧吳任臣：《十國春秋‧後蜀》卷五十六，頁818～819。

詔，且依前後文脈絡，可知到了後蜀，一樣是擔任翰林待詔，所以才會有「加檢校少府監」云云的升遷記載。至於南唐李璟於保大元年創立翰林圖畫院，則確切不可考，只得以通俗文章參考之。但仍如前文所述，並不能因為沒有確實記錄，而否認十國時沒有「圖畫院」之設。

南唐一朝專司繪畫的「翰林待詔」，具《十國春秋·南唐》所錄，有朱澄、高太沖、顧閎中、梅行思、曹仲元、周文矩、厲昭慶、董羽。又有雖非待詔，卻深受喜愛的布衣如顧德謙、徐熙，以及任他職的董源（後主時任後苑副使）、魏賢（內供奉）、竹夢松（別駕），和事後主而不知何職者如蔡潤等，共14人，〔註33〕另再據《十國春秋·南唐》：「保大五年春正月丁亥朔，大雪。帝召齊王景遂等登樓，賜宴賦詩。」注引《清異錄》云：「保大五年元日大雪，李主命太弟以下展燕賦詩，令中人就私第賜李建勳繼和。時建勳方會中書舍人徐鉉、勤政學士張義方於溪亭，即時和進。乃召建勳、鉉、義方同宴，夜艾方散。侍臣皆有詩詠，徐鉉為前後序。仍集名手圖畫，書圖盡一時之技；真容，高沖古主之；侍臣法部絲竹，周文矩主之；樓閣官殿，朱澄主之；雪竹寒林，董源主之；池招禽魚，徐崇嗣主之。圖成，皆絕筆也。」〔註34〕此中高沖古即高太沖之別名、徐崇嗣則為徐熙之孫，另據郭若虛《圖畫見聞誌》，有王齊翰事後主為翰林待詔，故合有17人直接或間接為服務於南唐宮廷，陣容可謂龐大，其中「翰林待詔」9人，雖並不一定是同一時間一起任職，但觀上述李璟雪宴興起，命人畫圖，共動用了四個能手，且是臨時起意，若非待詔，恐怕無法立即就緒，姑以為董源於後主時方任後苑副使，很可能在中主時為翰林待詔，那麼和宋朝翰林圖畫院設「待詔三人」的程度比較起來，可說是相差不了多少。

顧閎中身為一名翰林待詔，隨時為君王所召喚，為之服務，是份內所當為的，加上他具有「目識心記」的絕佳能力，有辦法在沒有相機的古代，盡可能

〔註33〕參清·吳任臣：《十國春秋·南唐》卷三十一，頁453～456。

〔註34〕清·吳任臣：《十國春秋·南唐》卷十六，頁211～212。謹案：《十國春秋》此處所引之《清異錄》條，今翻閱董穀所撰之《清異錄》，並無相似記載，而宋·鄭文寶所撰《江表志》則有類似段落曰：「保大五年元日，天忽大雪，上召太弟以下登樓展宴，咸命賦詩，令中使就私第賜進士李建勳。建勳方會中書舍人徐鉉、勤政殿學士張義方於溪亭，即時和進。元宗乃召建勳、鉉、義方同入，夜分方散。侍臣皆有興詠，徐鉉為前後序，太弟合為一圖，集名公圖繪，曲盡一時之妙。御容高沖古主之，太弟以下侍臣法部絲竹周文矩主之，樓閣宮殿朱澄主之，雪竹寒林董元主之，池沼禽魚徐崇嗣主之。圖成，無非絕筆。」宋·鄭文寶：《江表志》卷中（《五代史書匯編》，杭州：杭州出版社，2004年），頁5085。

將韓熙載夜宴的情形，在李後主不能親眼看到的情況下，描繪得如在目前。可以說，〈韓熙載夜宴圖〉的創作背景，是有其目的性的，因爲韓熙載與當時政治主流馮延巳、宋齊丘等人不合，尚且枉受「酒狂」之誣名，又怕遭受政治報復，爲此，乾脆如了對手心意，夜夜笙歌宴飲，在這樣的情形下，就是身知韓熙載才能、一心想重用之的李煜，也無法獨排衆議、一意孤行。然而對韓熙載負面的批評與傳聞日漸喧囂，李煜也不得不懷疑韓熙載內心眞正的想法是什麼，於是派遣顧閎中去窺視實際情形，將之呈現於畫中，是他唯一能想到的方法。畫成之後，這幅圖功用只是一時的，顧閎中如何表現、李煜又作何想法，尚留待後文討論。撇開其目的性，〈韓熙載夜宴圖〉在卸下其政治使命後，一舉背負起「中國傳世十大名畫」的盛名，成爲五代時期繪畫的代表作，並承擔爲後世提供該時期的文明發展如服飾、家具、瓷器等概況的歷史責任。

在南唐，乃至於整個十國時代如此重視畫家的氛圍下，君王所支持的宮廷畫，似乎成了這個時候的主流，有能者紛紛受到禮遇，也因爲有了朝廷的支持，繪畫藝術在隋唐之後，再次拓展出一個新的里程碑。

五代十國的繪畫作品，與唐代繪畫有著一脈相傳的關係，俞劍方《中國繪畫史》將唐朝繪畫作一概論：

> 自高祖太宗以提倡文教爲致治之本，故聯類及於愛畫，以珍藏前代名蹟，崇古之風，乃瀰滿於初唐。中唐而後，名家輩出，始爲唐畫眞正之面目。及至晚唐，政治之氣運雖衰，而繪畫之發展未已。故唐代繪畫，在中國繪畫史上，佔極重要之位置，不但其萬花齊放，百壑爭流之狀態，爲歷朝所不及，而其承先啓後，發揮固有之精神，融化外來之思想，獨具創造之膽力，精鍊高妙之技巧，著作深奧之理論，在在足以睥睨一切，爲中國繪畫之中樞。對於人物畫，能承先代之長而加以變化。對於山水畫，能應當時之運而加以光大。對於花鳥畫，能發育滋長而加以培植。凡我國各種重要之畫法，無不於此時確定其基礎，爲後代所祖述焉。〔註35〕

五代十國的繪畫，繼承了唐代繪畫的傳統，並有所創新。南唐、蜀、吳越等國的王室和士大夫們生活優裕，競奢鬥靡，使繪畫藝術走向追求觀賞性的道路。後蜀明德二年（935 年）創設翰林圖畫院，這是中國有正式的宮廷畫院之

〔註35〕俞劍方：《中國繪畫史》（台北：台灣商務印書館，1965 年 6 月），頁 91。

始，南唐也相繼設立之。畫院內聚集了一批著名畫家，互相討論研究，直接推動了繪畫藝術的發展。以北京故宮所藏之〈韓熙載夜宴圖〉爲例，雖無法確切考證其時代，在畫作中仍可看見其受到唐代繪畫影響的痕跡，但大唐的雄盛繁榮氣象已不復見，畫風有了明顯的轉變。

　　世傳顧閎中所繪製的〈韓熙載夜宴圖〉，版本很多，張朋川於《〈韓熙載夜宴圖〉系列圖本的圖像比較》一文中有探討〈韓熙載夜宴圖〉的版本問題，認爲文獻中著錄的〈韓熙載夜宴圖〉有二十六個，目前傳世的〈韓熙載夜宴圖〉有九個版本：北京故宮所藏〈韓熙載夜宴圖〉、台北故宮所藏〈韓熙載夜宴圖〉殘卷、王振鵬摹〈韓熙載夜宴圖〉殘卷、杜堇款〈韓熙載夜宴圖〉、重慶中國三峽博物館藏唐寅畫〈韓熙載夜宴圖〉、日本私人藏仇英款本〈韓熙載夜宴圖〉、台北故宮所藏唐寅畫〈韓熙載夜宴圖〉、中國三峽博物館藏吳求摹〈韓熙載夜宴圖〉、廣東省博物館藏清人蔣蓮摹〈韓熙載夜宴圖〉。〔註36〕

　　在今日所見的〈韓熙載夜宴圖〉系列作品中，被公認爲年代最早、保存最好、藝術價值最高的作品，爲北京故宮所藏之版本，其寬 28.7 公分，長 335.5 公分，〔註37〕相傳爲顧閎中所繪，但眞實與否無法確切得知。目前學術界對於北京故宮所藏之〈韓熙載夜宴圖〉的創作年代有三種說法，一爲南唐時顧閎中親筆所繪，二爲北宋人之臨摹作品，三爲南宋人之臨摹作品，三方都各自舉出證據作爲理論依據，但確切的創作時代仍無法確切定奪。儘管北京故宮所藏的〈韓熙載夜宴圖〉其創作年代及作者無法明確的考證，但無疑是目前傳世的九幅〈韓熙載夜宴圖〉中在創作的時間點上最接近顧閎中所處的南唐時期，因時間點最爲接近，在呈現和保留顧閎中原圖裡的眞實性成分也較高，以下便以北京故宮所藏的〈韓熙載夜宴圖〉爲底本作爲解析對象。

第三節　〈韓熙載夜宴圖〉的人物與場景

　　〈韓熙載夜宴圖〉一圖中繪有男性二十人，女性二十六人，採用連續性的構圖方式，以屏風爲界限，將不同空間和時間點的畫面集於一幅長卷中。

〔註36〕張朋川：〈《韓熙載夜宴圖》系列圖本的圖像比較〉，《南京藝術學院學報》（2010年 3 月），頁 17～30。

〔註37〕北京故宮博物院 http://www.dpm.org.cn/shtml/117/@/8126.html 檢索時間：2013年 9 月 1 日

臺靜農〈夜宴圖與韓熙載〉〔註38〕一文中有論及此畫中人物之姓名，廣為後人研究所遵循，然臺靜農文章中之人物考證實引自於友人張雪庵之〈記韓熙載夜宴圖〉〔註39〕一文，張雪庵於該文中明確寫出畫中人物除韓熙載外，還可據圖後宋人所寫之韓熙載傳，略知畫中人物姓名〔註40〕，圖後之宋人所撰的韓熙載小傳，則錄於下：

> 元宗即位，累遷兵部侍郎。及後主嗣位，頗疑北人，多以死之。且懼，遂放意杯酒間。竭其財，致妓樂，殆百數以自汙。後主屢欲相之，聞其猥雜，即罷。常與太常博士陳致雍、門生舒雅、紫微朱銑、狀元郎粲、教坊副使李家明會飲。李之妹按胡琴，公為擊鼓，女妓王屋山舞六么，屋山俊慧非常，二妓公最愛之；幼令出家，號凝酥素質。後主每伺其家宴，命畫工顧閎中筆丹青以進。既而黜為左庶子分司南都，盡逐群妓，乃上表乞留。後主復留之闕下。不數日群妓復集，飲逸如故。月俸至則為眾妓分有。既而日不能給，嘗弊衣履，作瞽者，持獨弦琴，俾舒雅執板挽之，隨房求丐以給日膳。陳致雍家屢空，蓄妓十數輩，與熙載善，亦累被尤遷。公以詩戲之云：「陳郎衫色如裝戲，韓子官資似弄鈴」，其放肆如此。後遷中書郎，卒於私第。

張雪庵於〈記韓熙載夜宴圖〉一文中，在分析畫作內容時明確提到的畫中人物姓名只有四位：韓熙載、李妹、狀元郎粲、王屋山，其餘人物則以客、少年、伎稱之。故本文於解析〈韓熙載夜宴圖〉時對於畫中人物之姓名便引用張雪庵之說法，以下試以女性與男性兩方面做分析：

一、女性人物分析

〈韓熙載夜宴圖〉中繪有女性二十六人，可分為家伎與侍女二部分，《唐

〔註38〕 臺靜農：《龍坡雜文》（台北：洪範書局，1988年7月），頁1～11。

〔註39〕 張目寒：《雪盫隨筆》（台北：暢流半月刊社），頁46～53。

〔註40〕 張目寒：《雪盫隨筆》云：「『夜宴圖』的故事，計有五段，此丈餘長之卷子，直似今之聯環圖畫，今分段述之。其中除主人韓熙載外，據圖後宋人所製的韓熙載傳，可略知其中人物的姓名。今所述某某，即據宋人之傳也。……是圖題簽為乾隆皇帝，並於上注「妙品」兩字。引首篆書「夜宴圖」，字約八寸，風格極似李冰陽，署「太常卿兼經筵侍書程南雲題」。隔水處仍為乾隆題，烏絲小格，行書，文據卷後之宋人韓熙載賺，證以六一放翁兩傳，計二百二十一字。……是卷後面之跋文，以宋人之韓熙載傳，為最有價值，既與本圖相印證，且此文亦不見於他書者，更可以補六一放翁兩書之不及，惟惜不知作者名氏。」（台北：暢流半月刊社），頁48～51。

伎研究》中認爲中唐以後，社會風氣逐漸奢華，蓄養家伎之風因而日益普遍，除皇親國戚和公卿大夫外，一般文人墨客和富商家中除了婢妾外，必有大量家伎供主人娛樂玩賞。家伎的身分界於婢與妾間，兼有伶人性質，因此也稱做女樂、歌舞人、音聲人，來源約有三種：由公妓轉爲家伎、以金錢聘買或以物交換、由贈送而得。而家伎與主人並無配偶名分，其地位較妾低，僅高於婢女。家伎一般不須從事家務工作，只須做主人的內寵與歌舞人，但仍有義務侍奉枕席，或提供賓客枕席之歡。〔註41〕

〈韓熙載夜宴圖〉中可明確點出人物姓名的女性角色只有王屋山與李妹，此二人的身分應屬家伎。以下試由畫中女性人物的服飾、妝容、髮型來做一討論：

周錫保《中國古代服飾史》中認爲五代十國雖爲分裂時期，但在服飾上仍是唐朝所訂製的規矩。〔註42〕南唐在服飾上雖以唐制爲主，但仍有所變革，如南唐的昭惠后周氏創新高髻，飾以首翹鬢朵之妝，著纖裳。〔註43〕

在〈韓熙載夜宴圖〉中的女性屬於家伎的身分占了較多數，高春明《中國古代平民服裝》中認爲娼優爲一特殊群體，儘管身世悲慘，但在物質生活方面，卻比一般平民百姓優裕：

> 娼優的主人爲了體現自己的地位尊嚴，顯示自己財富權力，炫耀自己的人品志趣，往往將所蓄娼優刻意打扮，著力裝飾，所以大部分的娼優服飾華美，妝扮入時。……唐以後狎妓成風，促進了色妓隊伍的擴大，除宮妓、官妓、營妓、家妓等官府或私人蓄養的妓女以外，還出現了市妓。那是些不隸樂籍而專以賣笑爲生的妓女，她們的服務對象，涵蓋了社會各個階層。這些妓女迫於生計，往往將自己打扮得妖冶離眾，不同於普通的婦女。雖然各個時期的娼優服飾形制不一，但總體上呈現出兩大特徵。首先是用料精美。娼優服飾不是由蓄養她的主人置辦，就是由狎戲她的客人餽贈。普通市妓雖然沒有這麼好的待遇，但所穿服裝質料之貴，也遠非一般婦女所能

〔註41〕廖美雲：《唐伎研究》（台北：學生書局，1995 年 9 月），頁 161～165。

〔註42〕周錫保：《中國古代服飾史》云「五代自後梁開平元年（907 年）至南唐交泰（958 年）去年號止，期間約五十年，在時間上說是比較短的。這時期雖有五代十國的分裂，但在服飾上大體是沿襲唐制。如後唐同光元年臨軒封冊皇后仍以唐開元禮爲本，不過將應服袞冕酌變爲採用常服。皇后則仍用首飾褘衣。二年規定皇子准用一品婚禮之服（因尚未正式冊封爲皇太子）：其妃亦准一品命婦禮，用花釵九枝，博鬢，褕翟衣九等。」（台北：丹青，1986 年），頁 255。

〔註43〕周錫保：《中國古代服飾史》，頁 256。

企及。……其次是款式奇異。娼優之服除了在用料上舖張靡費外，在裁製時還頗爲注重款式新穎，以吸引人們的注意。譬如在社會上崇尚襃衣博帶時，娼妓之服則大多作得緊短窄小；當人們流行短衣時，娼妓之服又一反常態，變得異常寬大；另外在衣服的領子、袖口等部位，也不斷變幻花樣，有時採用高領，有時則採用低領，一時流行大袖，一時則流形小袖，總以新奇別緻爲尚。〔註44〕

由引文可看出伎在服裝上與一般婦女有明顯不同，用料較精緻高貴，款式也都與時下流行的不同，總是領先於流行，從〈韓熙載夜宴圖〉中可清楚看出，圖中每位女性所穿著之服裝在搭配上沒有出現重複情形，顏色與圖紋的種類繁多，從樣式上也可明顯看出畫中女性的衣著已和唐朝女性所穿著之輕透紗衣和大袖衫明顯不同，此時的女性服裝不再將裙繫於胸上，在剪裁上也顯得略爲合身，但仍可見長裙與披帛的搭配。

唐代〈簪花仕女圖〉　　五代〈韓熙載夜宴圖〉　　宋代〈四美圖〉

上圖爲唐代〈簪花仕女圖〉、五代〈韓熙載夜宴圖〉、宋代〈四美圖〉中女性人物之服裝比較，由圖可明顯看出由唐至宋的服裝演變，由薄紗寬袖高裙束逐漸演化成較爲合身的窄袖並將裙束位置降低至腰部。

〔註44〕高春明：《中國古代平民服裝》（台北：台灣商務印書館，1998 年 11 月），頁 119～123。

周錫保《中國古代服飾》認為〈韓熙載夜宴圖〉中的女性服飾，與唐代不同處在於裙束的位置，唐代的裙束甚高，畫中的裙束則較唐代低，裙帶亦較長，披帛也較唐代細長些。〔註45〕〈韓熙載夜宴圖〉中若以服飾來區分女性的職位，可分為兩類人，一為家伎，二為侍女，圖中家伎的人數比侍女多出許多，衣飾圖紋也較精緻繁複。

王屋山為韓熙載之寵伎，在畫中出現四次，由〈韓熙載夜宴圖〉可明顯看出王屋山在服飾上與其餘多數女性角色有顯著不同：

 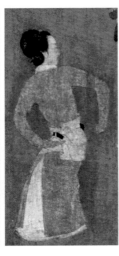  

聽樂場景　　　觀舞場景　　　歇息場景　　　清吹場景

其餘多數女性多著襦衣與下裙的兩件式穿著，可依顏色圖紋做多種搭配，而王屋山所著之服飾上衣與下裙為連身式，腰部配有圍腰，並以帶束之，無使用披帛。王屋山的四套服裝在顏色和紋路上皆有變化，唯一不隨著服裝更換而改變的物件只有腰上所繫的腰帶，此物件與圖中其他女性角色的腰式極為不同，其餘女性角色在裙上所繫之腰帶皆為布製之細條，在身上打以單結為束，並於兩端垂下，唯有王屋山腰上所繫之腰帶為短版款式，質地似玉製品，其設計與造形狀似玉銙帶。黃能馥、陳娟娟《中國服飾史》中有論及古代腰帶的演化，認為隋唐時期，鞢韄已是男子常服通用的東西，但盛唐以後，漢族革帶鞢韄漸少，至晚唐幾乎不在革帶上繫鞢韄，只把帶銙保留下來作裝飾。而帶銙有以玉、金、銀、銅、鐵等不同金屬和玉石所製成，其中又以玉

銙最貴重，唐帶玉銙有素面，亦有雕琢紋樣的。中唐後，革帶的樣式除單帶扣、單鉈尾的款式以外，又出現了一種左、右腰部兩側各繫一帶釦和鉈尾款式，繫上後，雙鉈尾各垂一旁，有對稱裝飾效果，而〈韓熙載夜宴圖〉中王屋山所繫之玉帶即爲此款。〔註46〕由〈韓熙載夜宴圖〉可看出，王屋山所繫之玉帶在前腹和後腰處皆可裝銙，黃能馥、陳娟娟《中國服飾史》則認爲王屋山所配戴的玉銙款式，其設計方式不像單鉈尾一樣穿過扣眼後有一段會被鉈帶遮住，因此在宋金時期便逐漸流行。〔註47〕周汛、高春明於《中國歷代婦女妝飾》中有將玉帶的組成作詳細的說明：史籍中有「金帶」、「玉帶」之名稱，都是根據該帶銙的質料而定名，金帶和玉帶相同，都是由帶頭、帶銙、帶鞓及帶尾等幾個部分組成。鞓即皮帶，爲腰帶的基礎，任何一種帶飾皆須聯綴在鞓上。唐以後，腰帶的製作十分考究，鞓的外表多用彩色綢絹包裹，有紅鞓、青鞓、黑鞓之謂。鞓的形制分前後二段，前段較簡單，後段則飾有帶銙，兩端各裝一個帶頭，始用時在兩側扣合。〔註48〕由圖中玉帶的黑白配色即可知道，王屋山所繫之玉帶是由黑鞓制成，因此腰帶並不是只有男性得以使用，女性也可使用。

《中華古今注》於〈文武品階腰帶〉云：「自三代以來，降至秦漢，皆庶人服之，而貴賤通以銅爲銙，以韋爲鞓。六品以上，以銀爲銙；九品以上及庶人，以鐵爲銙。延至貞觀二年，高祖三品以上，以金爲銙，服綠；庶人以鐵爲銙，服白。」〔註49〕此處是對銙帶質料作一番等級的分類，由此可知唐代時庶人的帶銙普遍都以鐵爲銙，但五代時的王屋山身分雖爲家伎，卻可擁有和佩戴玉質的帶銙，由這點便可看出王屋山應是韓熙載最爲寵愛之家伎，其玉帶之價值更是遠高於布製品的腰帶，王屋山擁有此玉製腰帶，而其餘家妓皆無，即可看出王屋山在韓府中應是具有較特殊的地位。

黃能馥、陳娟娟《中國服飾史》中將隋唐五代時一般民間服裝流行的圖案花式做了一番概括，分爲聯珠團窠紋、寶相花紋、瑞錦紋、散點小簇花、穿枝

〔註46〕黃能馥、陳娟娟：《中國服飾史》（上海：世紀出版集團，2004 年 9 月），頁302～303。

〔註47〕黃能馥、陳娟娟：《中國服飾史》，頁 303。

〔註48〕周汛、高春明：《中國歷代婦女裝飾》（台北：南天書局，1988 年 7 月），頁261～262。

〔註49〕唐‧馬縞：《中華古今注》（嚴一萍輯：《百部叢刊集成》，台北：藝文，1971年），頁 14。

花、鳥銜花草紋、狩獵紋、幾何紋、其他類型紋等九樣〔註50〕，王屋山所換的四套衣服，皆爲青色系，每套所搭配之圍腰花紋亦不同，由〈韓熙載夜宴圖〉可看出王屋山第一套服裝是於聽琴時所穿著之圓領淺藍連衣裙，搭配的圍腰花色爲素面米色。第二套於表演六么舞時穿著群青色舞衣，此時將圍腰換爲上有由紅色細線勾出的六角形龜甲紋，屬於幾何圖紋。第三套於歇息時所著之圍腰紋樣是由方格組成，方格中飾有淺紅色圓點，亦屬幾何紋，此時的王屋山是以半側面出現，儘管畫面斑剝，但仍可依稀看出王屋山此時所穿著的服裝在背後有以白粉繪出的鸞鳳紋。第四套服裝所搭配之圍腰在顏色上較前三件鮮明，使用較深的米色爲底，再勾以白邊做爲龜甲紋樣，由於與顏色偏灰的服裝做搭配，使視覺焦點更爲突出。王屋山之圍腰圖紋，除第一件外，餘下三件皆以幾何紋做爲基本款式。王屋山在畫面中雖出現四次之多，但正面僅出現一次，四分之一側面出現兩次，半側面出現一次，因此王屋山的正面服飾僅能從聽樂的畫面中看見，可看見她所穿著的服裝分爲內外兩層，內層爲立領，外衣則爲圓領，她所穿著之四套服裝皆爲連身式，前兩套服裝在畫面中的呈現皆爲素面款，後兩套服飾因王屋山以半側面和四分之一側面出現，因此可看見服飾的背面皆有紋樣，後兩套服裝在底色上一套偏藍，一套偏灰，於歇息場景中王屋山所著之服裝成色雖已斑剝，但仍可看出上頭所繪之鸞鳳圖紋，依其構圖及形狀來分析，該圖紋應與清吹場景中所穿的服裝圖紋相同，背面的紋樣皆同爲鸞鳳紋，王屋山於清吹場景中的服飾，是淺灰色的連身服裝，可明顯看出背面有以白粉勾出的鸞鳳圖紋，在雙鳳中飾有吉祥圖紋，形成一個圓滿的圓形圖騰。由圖可看出王屋山所穿著的服裝在衣袖的設計上爲較長的窄袖，《中國樂妓秘史》一書中對於隋唐五代時期舞女的服裝有一番論述：

> 唐代女子一般喜穿「石榴裙」、「翡翠裙」，但樂妓因從事歌舞表演，故其裝飾性、表演性成分更大些。如「羽袖」、「羽夜」，皆與宮中法曲歌舞表演有關，含道教羽化登仙意味。衣裙上的裝飾，一般女子服飾遠不如樂妓那樣繁細……唐代樂妓的服裝在質料上也是相當講究的。舞服需像雲一樣薄，並且要薄到能透出舞妓纖細的身姿。做舞服的衣料，最好也要是「全幅」的，盡量少有針腳處。另外，自南北朝以來，樂妓舞衣以窄袖爲時尚，或有「桃衣袖」，也是窄袖一

〔註50〕黃能馥、陳娟娟：《中國服飾史》（上海：世紀出版集團，2004年9月），頁285～294。

類，但是南方的樂妓，也有尚寬袖的，故有「危冠廣袖楚宮妝」的詩句。秦、楚之風因為受胡人文化影響程度不同，在舞服上，窄袖的受胡人服飾影響大些。〔註51〕

在鞋履方面，王屋山第一套所穿的及地長裙將鞋履做了完整覆蓋，因此無法得知該套衣服所搭配的鞋履樣飾，後三套服裝雖有露出部分鞋履，但面積甚小，儘管王屋山的鞋履在〈韓熙載夜宴圖〉中僅以極小的畫面出現，仍可明顯看出是三款設計不同的鞋履，但在造型上卻皆為上翹式鞋頭。由畫面中所呈現的鞋履，無法得知王屋山是否有纏足。有關纏足的起源，普遍都認為是源自五代，高洪興《纏足史》認為將五代窅娘視為纏足風氣的起源仍有待商榷，五代窅娘纏足而舞之事在史書上雖有記載，但只是一個獨立事件，而大量證據皆顯是五代以前中國女子是不纏足的。〔註52〕

田俐力於〈《韓熙載夜宴圖》中舞者王屋山服式考〉一文中以服裝來定位王屋山於韓府中的身分，文中認為王屋山所穿著之服裝與圖中另兩名女子款式相似，該文將那兩名女子的身分定為侍女，又另以〈搗練圖〉、〈揮扇仕女圖〉、〈浣月圖〉、〈韓熙載夜宴圖〉、〈重屏會棋圖〉、〈女孝經圖〉、〈太眞上馬圖〉、〈宮樂圖〉、〈繡櫳曉鏡圖〉等圖歸納出圓領窄袖長衫，腰有細帶、腰袱、革帶等飾物之服飾打扮為晚唐至宋初時之侍女穿著，從而認為王屋山所著之服裝為侍女常服，不是舞服，因此王屋山的侍女身分較重，舞者身分較輕。〔註53〕但筆者認為此一論點仍有待商榷，首先，史書中便有唐朝宮廷中有女子著男裝之記載，而女子著男裝之風氣爾後又在民間流行，〔註54〕由此可看出唐

〔註51〕修君、鑒今：《中國樂妓秘史》（山西：中國文聯出版公司，1993年9月），頁218。

〔註52〕高洪興：《纏足史》（上海：上海文藝出版社，1995年12月），頁6～13。

〔註53〕田俐力：〈《韓熙載夜宴圖》中舞者王屋山服飾考〉（《藝術探索》23卷5期，廣西：廣西藝術學院，2009年10月），頁15～16，28。

〔註54〕宋・歐陽修、宋祁：《新唐書・車服志》卷二十四云：「初，婦人施冪䍡以蔽身，永徽中，始用帷冒，施裙及頸，坐檐以代乘車。命婦朝謁，則以駞駕車。數下詔禁而不止。武后時，帷冒益盛，中宗後乃無復冪䍡矣。宮人從駕，皆胡帽乘馬，海內傚之，至露髻馳騁，而帷帽亦廢，有衣男子衣而靴，如奚、契丹之服。武德間，婦人曳履及線靴。開元中，初有線鞋，侍兒則著履，奴婢服襴衫，而士女衣胡服，其後安祿山反，當時以為服妖之應。」頁531。又後晉・劉昫：《舊唐書・輿服志》卷四十五云：「開元初，從駕宮人騎馬者，皆著胡帽，靚粧露面，無復障蔽。士庶之家，又相傚效，帷帽之制，絕不行用。俄又露髻馳騁，或有著丈夫衣服靴衫，而尊卑內外，斯一貫矣。」頁1957。

朝對於女性服裝雖有明文規範，但穿著上仍是相當具有自由度，而〈韓熙載夜宴圖〉中所呈現的時代背景爲南唐，此時期雖仍沿用唐制，但對於服裝之規範亦不如唐朝開國時期嚴謹，因此不能僅以服裝作爲人物職位之界定。且王屋山之服飾與畫中另兩位穿著圓領窄袖長衫的女子亦有所不同：

觀舞場景之女子　　　歇息場景之女子

此二女子之服飾與王屋山之不同處在於腰帶與圍腰，由圖可看出此二女子之腰帶皆爲布製細帶，王屋山所配之腰帶先前所述應爲玉製之革帶，此二種腰帶在價值上便有極大懸殊，且王屋山還配有圍腰，此二人皆無，由此可推論出圍腰並非圓領長衫之基本配備，因此也可看出王屋山之地位必定與此二女子有所不同。田俐力〈《韓熙載夜宴圖》中舞者王屋山服式考〉一文將〈韓熙載夜宴圖〉、〈太眞上馬圖〉、〈女孝經圖〉中女性所繫之布稱爲腰袱，但據黃能馥、陳娟娟《中國服飾史》所言，其名稱應爲「圍腰」〔註55〕，圍腰與腰袱在功能上亦有所不同，腰袱具有收納功能，圍腰僅爲飾布，〈韓熙載夜宴圖〉

〔註55〕黃能馥、陳娟娟：《中國服飾史》云：「（七）圍腰　宋代婦女常在腰間圍一幅圍腰，色彩以鵝黃爲尚，稱『腰上黃』，形式與男武士所著捍腰有相近之處。」頁 324。

　　表現的時空背景為南唐，尚未過渡到宋代，此時的王屋山即有圍腰之穿著，畫中其餘女子皆無圍腰之裝束，故王屋山在畫中的服裝表現應為領先時尚流行的風貌。且由玉製革帶的價值及圍腰等服飾裝扮，可推論出王屋山應是圖中最受寵幸的女子，才得以擁有與其餘諸伎不同的特殊物件，故王屋山的身分地位應非如田俐力文中所推論的普通仕女。

　　畫中另一位可明確指出姓名的女性為李家明之妹，畫中僅於聽樂場景中出現一次：

李家明之妹

　　李家明之妹所穿著之衣服款式為上下分開的兩件式服裝，有配披帛，與畫中其餘女性的服裝款式大致相同。由畫中可看出穿著此種服裝款式的有多種搭配方式：素面襦衣配花樣長裙、花樣襦衣配素面長裙、素面襦衣配素面長裙、花樣襦衣配花樣長裙。所搭配的披帛亦有素面和花面之分，呈現多元的搭配風格，但花樣襦衣配花面長裙的穿著僅有二位家妓做這樣的打扮。由圖中可看出李家明之妹上裝共著二件，內層黃色，外層淺藍色襦衣，長裙則是由方格圓點小簇花所組成的幾何圖案。

　　〈韓熙載夜宴圖〉中繪有女性二十六人，其中可指出姓名的女性只有王屋山與李家明之妹兩人，但圖中所出現之女性服飾圖紋則相當多元，由〈韓熙載夜宴圖〉中可看出女性的服飾圖紋以幾何圖紋和散點小簇花、小朵花居多，另又有圓形及桃型等吉祥圖紋，至於底色則多以粉彩色系為主。李應強《中國服裝色彩史論》提到唐代因大量吸收外族文化，因此流行服色呈現多樣性，其女子流行服色相當多元，由出土文物中的大量絲織品可看出隋唐時代服色的豐富，經色譜分析後發現紅色有水紅、銀紅、猩紅、絳紅、降紫；黃色有鵝黃、菊黃、杏黃、土黃、金黃、茶褐；青色有天青、蛋青、赤青、藏青；藍色有翠藍、寶藍；綠色有胡綠、豆綠、葉綠、墨綠、果綠。由唐人詩句中對婦女服飾之描寫則可看出當時的流行服色為紅色與紫色，〔註56〕但〈韓熙載夜宴圖〉中女性卻鮮少穿著紅色與紫色，多為淺藍色與淺綠色，紅色系的衣物則以淺粉色系作為使用，呈現出典雅的配色。至於深紅色這種較為鮮豔的色彩，在畫中則用來做為頭飾和腰帶，體積雖小，但卻有畫龍點睛之效。頭飾的面積是最小的布料，但因其顏色為豔麗的紅色，和黑髮相襯之下，便顯得特別突出，是一種對比色的使用，由圖中可看出有多種結法，除長短的綁法外，有些頭飾在尾端還飾有珠墜。腰帶亦有多種綁法，紅腰帶大多配在淺粉色系的衣裙上，除也具備對比效果外，也因其多為長帶款，搭配在粉色系的服裝上，在色彩上起著穩定感。黃能馥、陳娟娟《中國服飾史》中言中國穿耳帶環的風俗古已有之，秦漢時期的漢族地區即有耳環與耳墜出土，〔註57〕但由〈韓熙載夜宴圖〉卻可看出畫中的二十四位女性皆無戴耳飾、頸飾等飾物，身上唯一的飾物僅有頭飾。此外，也可由〈韓熙載夜宴圖〉一窺當時流行的化妝和髮型，據黃能馥、陳娟娟《中國服飾史》所言，唐朝髮髻名稱眾多，而這些髮型直接影響到五代和北宋末年，特點皆為竟尚高大，利用自己收集或他人剪下的頭髮添加在頭髮中，或製成假髻以裝戴。〔註58〕由《新唐書·五行志》：「天寶初，貴族及士民好為胡服胡帽，婦人則簪步搖釵，衿袖窄小。楊貴妃常以假髻為首飾，而好服黃裙。近服妖也。時人為之語曰：「義髻拋河裏，黃裙逐水流。元和末，婦人為圓鬟椎髻，不設鬢飾，不施朱粉，惟以烏膏注脣，狀似悲啼者。圓鬟者，

〔註56〕李應強：《中國服裝色彩史論》（台北：南天書局，1993年9月），頁87～89。
〔註57〕黃能馥、陳娟娟：《中國服飾史》，頁189。
〔註58〕黃能馥、陳娟娟：《中國服飾史》云：「唐代髮髻名稱眾多，有倭墮髻、螺髻、反綰髻、半翻髻、驚鵠髻、雙環望仙髻、拋家髻、烏蠻髻、盤桓髻、同心髻、交心髻、拔叢髻、回鶻髻、歸順髻、鬧掃妝髻、反綰樂遊髻、叢梳百葉髻、高髻、低髻、鳳髻、小髻、側髻、囚髻、偏髻、花髻、雲髻、雙髻、寶髻、飛髻等。」頁281。

上不自樹也；悲啼者，憂恤象也。」〔註59〕可知婦女的流行髮飾會隨著時間而變換。畫中女子所梳的髮型雖各有差別，但在鬢髮的處理上卻相當統一，都是蓬鬆的自雙耳上方往後梳，蓋住耳殼的上三分之一部位，由周迅、高春明《中國歷代婦女妝飾》〔註60〕中所整理的歷代婦女鬢髮樣式可看出歷代流行的趨勢：

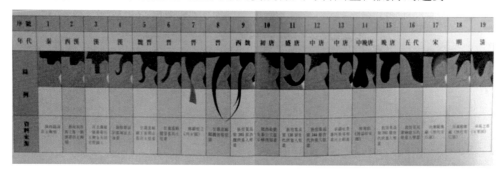

從上述《新唐書》的引文可知步搖釵流行於天寶時期，至元和末年則流行不戴鬢飾，由〈韓熙載夜宴圖〉中可看出圖中的二十四位女性雖有戴鬢飾但皆無使用步搖簪，圖中的女性所使用的髮飾類型應為髮釵、簪、梳蓖和寶鈿，且多為金與藍綠色的配色，有些髮飾有細金絲鉤邊，有些則為單純的金色和藍綠色飾品。此圖中的髮飾款式雖多，但與盛唐時期流行的步搖簪與大花設計相去甚多，在設計上都為典雅簡單款。黃能馥、陳娟娟《中國服飾史》中認為唐代的髮飾在中晚唐後就變得簡單，另外亦有專供裝飾用的髮釵，釵手花飾近於鬢花。五代時期由於細金工技術進步，金銀首飾的製作格外精緻，而隋唐五代的頭飾常用金、銀、銅製作，上面飾以精細的花紋。〔註61〕因此〈韓熙載夜宴圖〉中的金色與藍綠色髮飾，極有可能為金、銀、銅等金屬製品，由圖中也可清楚看出髮飾上有細金絲盤花的紋樣，至於頸飾、臂環、指環等飾物，在晚唐五代時亦已出現，但在畫中卻不見有人配戴。至於畫中女性的妝容也與唐代女性的化妝方式不同，黃能馥、陳娟娟《中國服飾史》中言唐代婦女的面部化妝，一般是敷鉛粉、抹胭脂、塗鵝黃、畫黛眉、點口脂、描面靨、貼花鈿，眉式也推陳出新，描成細而長的稱蛾眉，粗而寬的稱廣眉，〔註62〕唐明皇還曾命畫工作十眉圖。〔註63〕周汛、高春明《中國歷代婦女妝

〔註59〕宋・歐陽修、宋祈：《新唐書・五行志》，頁879。
〔註60〕周迅、高春明《中國歷代婦女妝飾》（台北：南天書局，1988年7月），頁45。
〔註61〕黃能馥、陳娟娟：《中國服飾史》，頁294～297。
〔註62〕黃能馥、陳娟娟：《中國服飾史》，頁280。
〔註63〕唐・張泌：《妝樓記》云：「明皇幸蜀，令畫工作十眉圖，橫云、斜月皆其名。」

飾》中云：「面靨的施行方法，通常用胭脂點染，也有像花鈿一樣，用金箔、翠羽等物黏貼而成。……晚唐五代以後，由於經濟、政治等方面的原因，中國服裝形制漸變得拘謹和保守，但婦女的裝飾風氣卻有增無斂，從大量圖像看，這個時期的面靨裝是愈益繁縟，除傳統的圓點花卉形外，還增加了鳥獸圖形，有的甚至將這種花文貼得滿臉皆是，敦煌壁畫中就有這種情況的反映。」〔註64〕〈韓熙載夜宴圖〉中的女性化妝方式雖爲五代時期，但在時間點上已非常接近宋初，因此圖中所呈現的畫妝方式顯得精緻自然，無貼面靨、貼花鈿和描斜紅的妝飾，眉式也全爲細長的蛾眉，唇彩分兩種顏色使用，上唇之唇彩近似膚色，下唇則施以微紅，此種唇彩畫法應爲當時流行趨勢。

　　在女性的人物表現上，可看出〈韓熙載夜宴圖〉與唐代著名的仕女畫家張萱、周昉筆下的女性有明顯不同，張萱、周昉所畫之女性皆額寬、臉圓，體態雍容，應是受當時以豐肥爲美的審美觀影響。王宗英《中國仕女畫藝術史》認爲五代的仕女畫是連接唐代仕女畫風和宋代仕女畫風的轉折點，唐代仕女畫中女性的動態變化較豐富，有騎馬、搗練、刺繡、揮扇等，其神態多爲悠閒從容或百無聊賴，此因唐代仕女畫的對象多爲宮廷和貴族女子，在奢侈閒逸的生活狀態下，閒愁苦悶的情緒爲常態。五代有許多畫家仍以張萱、周昉爲楷模，周文矩與顧閎中的畫作中也可見到與張萱、周昉畫風的相似點，但〈韓熙載夜宴圖〉中的女性，與唐代仕女畫中的女性形象相比，身材更爲修長，面型雖仍圓潤，但已明顯拉長。在服裝上也有所變化，晚唐五代後，隨著社會風氣的改變，女性服飾變得較拘謹保守，在妝飾上也較精緻自然，不復唐代誇張濃豔的打扮。〔註65〕〈韓熙載夜宴圖〉中的女性爲時代精神的反映，在仕女畫的歷史上扮演過渡的角色，承襲了些許唐代的風貌，又開啓了宋以後仕女畫的類型，王宗英《中國仕女畫藝術史》認爲時代精神的轉向是晚唐至五代仕女畫逐漸消瘦的原因，而這股逐漸消瘦的風氣從晚唐持續到宋代，形成婉約端莊、纖細孱弱的宋

（清・馬俊良輯：《龍威秘書》第四集第六冊，大酉山房，乾隆五十九年（1794）），頁2左。又明・徐樹丕《識小錄・十眉圖》云：「唐明皇令畫工作十眉圖。一曰鴛鴦眉，又名八字眉；二曰小山眉，又名遠山眉；三曰五嶽眉；四曰三峰眉；五曰垂珠眉；六曰月稜眉，又名卻月眉；七曰分梢眉；八曰還煙眉，又名涵煙眉；九曰橫雲眉，又名橫煙眉；十曰倒暈眉。」（《筆記小說大觀》3，台北：新興，1990年）頁572～573。

〔註64〕周汛、高春明：《中國歷代婦女妝飾》（台北：南天書局，1988年7月），頁134。

〔註65〕王宗英：《中國仕女畫藝術史》（江蘇：東南大學，2009年12月），頁28～33。

代仕女，再往下到明清時則成爲風露清愁、弱不禁風的明清仕女。〔註66〕《韓熙載夜宴圖》的時代背景爲南唐被宋滅亡的前幾年，在時代背景上已很接近宋代，圖中的女性身形雖已較爲纖細，但以面部的線條的勾法，仍可看出其臉部仍屬較豐腴的類型，與清代仕女圖相比即可明顯看出差異：

〈韓熙載夜宴圖〉之女性人物

〈十二美人〉之女性人物

〔註66〕王宗英：《中國仕女畫藝術史》，頁118。

此圖上排爲〈韓熙載夜宴圖〉中的女性角色，下圖則爲清代〈十二美人〉中的兩位女性角色。此二畫在面部臉形的勾法都採取二段式畫法，不是一筆勾出，二幅圖的線條差異在於第一筆與第二筆間的弧度與間隔距離，〈韓熙載夜宴圖〉的面部勾法在第二筆時沒有順著原先第一筆的弧度，反而是從第一筆尾端的下方開始勾起，造成雙頰圓潤的視覺效果，兩筆間的間隔距離可明顯看出。清代〈十二美人〉的面部線條，第一筆與第二筆都是在同一個弧度上，且兩筆間的間隔不大，乍看之下似若一筆勾出，此畫法應是一氣呵成，在第一筆結束時將筆尖提離紙面，在空中進行隱形的畫跡，待第二筆要開始時，才讓筆尖重回紙面。

二、男性人物分析

〈韓熙載夜宴圖〉中共繪有二十名男性，以張雪庵之說，其中可明確指出姓名者爲韓熙載和郎粲。韓熙載爲此畫之主角，於每個場景中皆有出現，共出現五次，而郎粲僅於聽樂和觀舞這二場景中出現。

韓熙載爲此畫主角，人物比例與其餘人物相比顯得略大，有烘托主題的效果：

　　聽樂場景　　　觀舞場景　　　歇息場景　　　清吹場景　　　送別場景

由圖可看見韓熙載隨著時間的推移，在服裝上也有所更換，但頭上所戴的紗帽卻沒有更換，而韓熙載所戴的紗帽樣式也與賓客們不同：

韓熙載帽式（與會賓客之帽式）

　　史游《急就篇》卷二云：「靸鞮印角褐襪巾。」〔註67〕顏師古注曰：「巾者，一幅之巾，所以裹頭也。一曰：裹足之巾，若今人裹足布也。」〔註68〕而李時珍《本草綱目》亦於服器部將巾與帽做了一番界定：「古以尺布裹頭為巾。後世以紗、羅、布、葛縫合，方者曰巾，圓者曰帽，加以漆制曰冠。又束髮之帛曰須幘巾，覆髮之巾曰幘，罩髮之絡曰網布，近制也。」〔註69〕由此可知巾與帽兩者造型不同，巾僅是用以裹頭之方巾，帽則以布料縫合，呈現圓形。

　　周錫保《中國古代服飾史》認為五代時期的服飾以幞頭巾子一物的變化較為顯著，唐、宋二代之間幞頭的式樣演變，是經過五代時期而逐漸形成宋代的式樣。自軟腳到硬腳，雖自唐末已逐漸形成，但也經過五代這一時期韓熙載在江南造輕紗帽，人稱之謂『韓君輕格』。從畫中看來，韓熙載所戴之巾式確有特色，唐宋皆未見此式，故此種輕紗帽被認為是五代的，韓熙載的巾式與東坡巾有相似處，但較東坡巾高，頂作尖銳狀，此二點皆與東坡巾不同。〔註70〕

　　黃能馥、陳娟娟《中國服飾史》云：「幞頭繫在腦後的兩根帶子，稱為幞頭腳，開始稱為『垂腳』或『軟腳』。後來兩根垂在腦後的帶子加長，打結後可作裝飾，稱為『長腳羅幞頭』」、「包裹巾子的幞頭，唐以前用繒絹，唐代改用黑色薄質羅、紗，並且有專門生產做幞頭用的薄質幞頭羅、幞頭紗。」〔註71〕由圖可看出，韓熙載所戴的帽子應為紗帽，賓客們所戴著則為幞頭，幞頭腳全為尾端呈圓弧狀的雙腳，屬軟腳幞頭，長度有所不同，有長及肩膀的款式，也有長度在肩膀以上的款式，儘管所戴的帽子不同，但韓熙載與賓客們的顏色都是相同，《中國服飾史》中說幞頭是以黑色布料製成，但多數畫冊上的幞頭呈現深黑色，看不見帽子的勾勒方式，而衣物顏色也偏黑，與北京故宮博物院網站上介紹此畫時所形容的顏色不同，〔註72〕此應與印刷的品質有

<hr>

〔註67〕漢‧史游，唐‧顏師古注，清‧王應麟補：《急就篇》（湖南：岳麓書社，1989年1月），頁149。

〔註68〕漢‧史游，唐‧顏師古注，清‧王應麟補：《急就篇》（湖南：岳麓書社，1989年1月），頁150。

〔註69〕明‧李時珍：《本草綱目》（北京：人民衛生出版社，1975年），頁2187。

〔註70〕周錫保：《中國古代服飾史》，頁243～244。

〔註71〕黃能馥、陳娟娟：《中國服飾史》，頁234。

〔註72〕北京故宮博物院 http://www.dpm.org.cn/shtml/117/@/8126.html 檢索時間：2013年9月1日。
　　　　造型準確精微，線條工細流暢，色彩絢麗清雅。不同物象的筆墨運用又富有變化，尤其敷色更見豐富、和諧，仕女的素妝豔服與男賓的青黑色衣衫形成鮮明對照。几案坐榻等深黑色傢俱沉厚古雅，仕女裙衫、簾幕、帳幔、枕席

關，且後製用圖檔 TIFF 或 RAW 轉檔爲排版用 JPG 等圖檔時，在色調上會有些許變化，印刷品濃度高，但解析度比液晶螢幕的顯示要低，又因是縮圖影印，相似的顏色往往會以同一色調顯示，無法看出青黑色的顏色變化。

從圖片中可明顯看出韓熙載所戴的紗帽與賓客們所戴的襆頭在樣式上有明顯不同，賓客們的襆頭前部爲半圓貼頭款，後腦上方有隆起，在後方垂下兩條襆頭腳，而韓熙載所戴的帽子，在款式上則顯得較高，應是他自己設計的款式，《南唐拾遺記》云：「韓熙載在江南造輕紗帽，謂爲韓君輕格。」周錫保《中國古代服飾史》認爲韓熙載所戴的紗帽較一般爲異，應是「韓君輕格」。〔註73〕

至於韓熙載的服裝在畫中所穿的共有三套，分別爲青黑色、黃色、白色。范艷芬〈從《韓熙載夜宴圖》談傳統繪畫中色彩的意象性〉一文中認爲韓熙載所穿的黑、白、黃顏色衣服，是五行中的正色，用以說明他的尊貴地位，而仕女和家伎的服飾顏色多用三青、三綠、朱砂等間色，以表達地位的卑賤。〔註74〕黃能馥、陳娟娟《中國服飾史》認爲唐代雖有規定的服裝色彩制度，但在實際生活中卻無法完全執行，〔註75〕然而韓熙載在畫中所穿的衣服顏色確實是屬於正色，與間色相比，確實有地位較高的含意。

從圖中可看出韓熙載於一開始的聽樂場景時身著青黑衣，觀舞場景時親自擊鼓換爲黃衣，在歇息的場景時穿回青黑衣，清吹場景時則僅穿內層的白色內衣，最後送別的場景時再度披上黃衣向賓客道別。由此可看出韓熙載是按著活動內容來更換衣服，在他所穿著的三套衣服中，最莊重的衣服應爲青黑衣，此衣物出現於夜宴一開始的聽樂和稍後的歇息場景，在此二畫面中，韓熙載皆坐在封閉式坐床上，不是需要活動的場景。而黃衣應爲較休閒的衣物，出現在韓熙載親自擊鼓的畫面中，最後的送別場景也是身著黃衣，在此二場景中，韓熙載皆爲站姿。至於白衣，應爲最內層的內衣，著此衣的韓熙載是在清吹的場景中，雙腳盤坐在椅上，右手拿扇，左側亦有王屋山執扇，由此可推論出，因是隨著夜宴活動的進行，漸漸覺得悶熱，因此便將外衣脫去僅著內衣，拿扇搧涼，表現出隨興的樣貌。

上的圖案又絢爛多采。不同色彩對比參差，交相輝映，使整體色調豔而不俗，絢中出素，呈現出高雅、素馨的格調。

〔註73〕 周錫保：《中國古代服飾史》，頁259。

〔註74〕 范艷芬：《從韓熙載夜宴圖談傳統繪畫中色彩的意象性》（河北：河北師範大學美術學研究所碩士，朱興華先生指導，2008年），頁18。

〔註75〕 黃能馥、陳娟娟：《中國服飾史》，頁231。

　　圖中賓客們所穿之服裝除僧人和狀元郎粲外，顏色都與韓熙載的青黑色衣服相同，但款式有所差別。由黃能馥、陳娟娟《中國服飾史》中的描述，〔註76〕可看出韓熙載在畫中所穿的左有開衩式長袍款式為平時燕居的生活服裝，而賓客們的服裝款式多為圓領、革帶、長勒靴配套的服式，屬於官服的款式。夜宴的活動因設於韓熙載自宅中，因此韓熙載可以隨意更衣，而賓客們自始至終都是同一套服裝。這些男性所穿的青黑色服裝，在畫面中起著一股穩定的作用，且可微妙的看出雖同為青灰色服裝，但在顏色上仍有所些微不同，有些服裝顏色偏青，有些服裝的顏色則偏赭。

　　〈韓熙載夜宴圖〉中的男性角色共二十人，依身分可分為主客兩大類，賓客部分又可分為官者與僧侶兩類，此三類型的人不但在服飾上有所不同，所穿著的鞋子亦有差別：

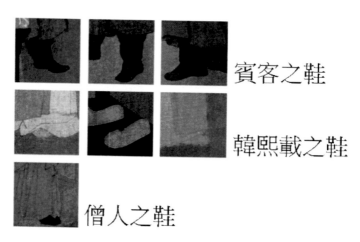

賓客之鞋

韓熙載之鞋

僧人之鞋

〔註76〕 黃能馥、陳娟娟：《中國服飾史》云：「凡是從祭的祭服和參加重大的政事活動的朝服（又稱具服），制度與隋朝基本相同，而形式上比隋朝更富麗華美。一般場合所穿的公服（又稱從省服）和平時燕居的生活服裝常服（又稱燕服），則合理吸收了南北朝以來在華夏地區已經流行的胡服，特別是西北鮮卑民族服裝以及中亞地區國家的服裝的某些成分，始之與華夏傳統服裝相結合，創制了具有唐代特色的服裝新形式。其中像缺胯袍、襦裙、半臂、衲衣、大口褲等都是例子。缺胯袍就是直裾，左右開衩式的長袍，又稱四䙆衫，它可以和幞頭、革帶、長勒靴配套，成為唐代男子的主要服裝形式。唐代官服發展了古代深衣制的傳統形式，於領座、袖口、衣裾邊緣加貼邊，衣服前後身都是直裁的，在前後襟下緣各用一整幅布橫接成橫襴，腰部用革帶緊束，衣袖分直袖式和寬袖式兩種，窄緊直袖的稱為衲衣，《釋名》說它『言袖夾直，形如溝也』。這種款式便於活動。寬袖大裾的款式則可表現瀟灑華貴的風度，稱圓領衫、袍，上自帝皇、下至廝役都可以穿。幞頭、圓領、革帶、長勒靴配套的服式，一直流傳到明代。」頁230。

賓客們的鞋子都爲同一顏色款式的長靿靴,高春明《中國古代平民服裝》云:「從隋代開始,靴子被用作百官常服。民間男女很少穿著。有些朝代還定有制度,嚴禁庶民穿著靴子,如明代規定,庶民只許穿外纏綁腿的高筒皮履,名『皮札翰』由於北地氣候寒冷,所以特准當地百姓穿本色牛皮靴,靴上除留有直縫外,不許採用任何裝飾,也不得染上黑色,以區別官吏所穿的皂色官靴」,〔註77〕韓熙載的鞋子在畫中共出現三次,三次都爲不同顏色的鞋子,韓熙載於觀舞場景時站著擊鼓,露出一點白色的鞋尖,可看出是由左右兩塊鞋面縫合而成的平底的鞋子。第二雙鞋子出現於清吹的場景中,此時的韓熙載雙腿盤坐在椅子上,鞋子則擱置在放腳版上,由鞋子的紋路可看出這是一雙由編織作成的鞋子,上有雙線互相交錯編織的花紋,但無法辨認是何種材質,但也是平底的鞋款。韓熙載的第三雙鞋子出現於送別的場景中,僅露出一小部分,可看出顏色是與他身上所穿著的黃色服裝相同,在款式是與第一雙同爲左右兩塊鞋面縫合而成的平底款式。〈韓熙載夜宴圖〉這幅畫中只有出現一位身穿道服的僧侶,其鞋子顏色應爲黑色,但鞋頭較高,無看見縫合痕跡,也無法仔細推敲鞋款。

三、畫中場景分析

由〈韓熙載夜宴圖〉中可見到多種傢俱和器用,而此圖也可明確顯示出該時期的室內陳設在歷史上的階段,張朋川於〈《韓熙載》夜宴圖反映的室內陳設的發展變化〉中認爲古代的室內陳設,分爲三階段,第一階段爲席地跪坐、以主席爲中心。第二階段爲低坐具多姿而坐、以三屏風榻床爲中心。第三階段爲高坐具垂足而坐、以桌椅爲中心。北京故宮本的〈韓熙載夜宴圖〉即處於第二階段過度至第三階段的時間點。〔註78〕崔詠雪於《中國家具史》中亦有將中國的坐具演變做一說明〔註79〕,由〈韓熙載夜宴圖〉中,可看見

〔註77〕 高春明:《中國古代平民服裝》(台北:台灣商務印書館,1998 年 11 月),頁75。

〔註78〕 張朋川:〈《韓熙載夜宴圖》反映的室內陳設的發展變化〉《南京藝術學院學報》2010 年 6 期(2010 年 6 月),頁 1～16。

〔註79〕 崔詠雪:《中國家具史——坐具篇》云:「個人研究以爲,先秦時,先民已發展出一套完整『席地而坐』的文化,席是當時日用的坐具。直到戰國後,床榻始成爲常用的坐具,相沿至漢末,甚至魏晉之間。魏晉南北朝時,外來的椅子、折凳、垂腳椅等坐具逐件傳入中原,此爲座椅的萌芽期(不過,魏晉這段時間,床榻依舊爲先民室內的主要坐具)。經過隋唐兩代之後,這些外來坐具漸爲中上階層人士使用,然尚未普及至民間或下層社會。……五代時,圓椅、直背椅、床榻、凳等各式坐椅均有部分造型的變化。約在北宋末,南

床、榻、椅、圓墩、屏風、條几、燭架等傢俱，畫中人物的坐具是以榻和椅為主，因此，確實如張朋川於〈《韓熙載夜宴圖》反映的室內陳設的發展變化〉一文中所認定畫中的傢俱是處於第二期過度至第三期間。

　　《初學記》第二十五卷器物部中對床有一全面的解釋：「《釋名》曰：『床，裝也，所以自裝載也。』……《說文》曰：『床，身之安也；簀，床棧也；第，床簀也；杠，床前木也。』……服虔《通俗文》曰：『床，三尺五曰榻板，獨坐曰枰，八尺曰床。』」〔註80〕《釋名》曰：「枰，平也。以板作其體平正也。」〔註81〕床和榻雖皆為坐具，但依其尺寸大小而有專名稱之，由《釋名》可知尺寸最小的坐具為枰，枰為正方形，僅能一人獨坐。由《通俗文》則可知榻和床在尺寸上的分別，榻的尺寸比床要小許多，僅三尺五，八尺以上才稱為床。〈韓熙載夜宴圖〉中所出現的床和榻在造型上皆有不同，畫中人物多以榻為坐具，不見有人物坐於床上：

聽樂場景之床　　　　　　歇息場景之床

宋初，坐椅大量在民間普及時，各種坐椅基本造型始漸告定型，五代、宋可謂坐椅造型變化的關鍵期。元人入主中原後，則仍沿宋期舊習。」（台北：明文書局，1986 年 8 月），頁 1～2。

〔註80〕唐・徐堅等著：《初學記》（北京：中華書局，1962 年），頁 601。
〔註81〕清・王謨輯：《釋名》，頁 873。

《中國歷代家具圖錄大全》認為〈韓熙載夜宴圖〉中所出現的床種類為「帶帳圍屏床」〔註82〕由圖可看出床的側面飾有橫幅的畫，還有帳子和床裙，且兩張床雖類型相同，但在飾畫和帳子的裝飾上卻又各有不同，由圖可看出兩張床上所飾的畫皆由寫意法所繪之山水畫，畫面中所出現的舟人可推測出所畫之場景應為江面，第一張床的屏風畫中所出現的遠樹，葉是使用點染的畫法，但枝幹的表現比葉明顯，呈現出葉子稀疏的風貌，因此此屏風畫中的季節應為秋冬時節。第二張床上的飾畫，出現了蘆葦和雜樹，由畫中可看出植物皆呈現受風吹襲的動態，蘆葦喜靠近水邊生長，在秋冬兩季時特別茂盛，第二張床可看見兩幅飾畫，兩幅畫中皆繪有蘆葦，在山水畫中，蘆葦的畫法有四種，第二張床左邊飾畫中的蘆葦採用了垂式的畫法，右邊飾畫中的蘆葦則是使用仰式的畫法，蘆葦在畫中總是表現出一種蕭瑟感，其季節感也很濃厚，故第二張床的飾畫中的季節也應為秋冬時節。

　　畫中的兩張床所使用的圖紋亦非常豐富，主要是由幾何圖案和圓點花圖案兩種來做變化，〈韓熙載夜宴圖〉中的圖紋，主要表現在女性服裝與床上所使用的布料上，從畫中可以清楚的看見圖紋的豐富性，幾乎無圖紋重複的現象出現，由此也可看出畫家的用心。

　　〈韓熙載夜宴圖〉中的榻分別出現於聽樂和歇息兩個場景中，《中國歷代家具圖錄大全》中將此二榻分為圍屏拐角榻和圍屏榻兩種，〔註83〕在造型上有些許不同：

聽樂場景之榻　　　　　　　　歇息場景之榻

〔註82〕阮長江：《中國歷代家具圖錄大全》（台北：南天書局，1992 年 3 月），頁 73。
〔註83〕阮長江：《中國歷代家具圖錄大全》，頁 72～73。

於聽樂場景中出現的圍屏拐角榻有搭配小桌使用，但於休憩場景出現的拐角榻則無，《中國家具史 —— 坐具篇》中有寫到床榻的製作材料，種類頗多，有金、玉、瑪瑙、珊瑚、水晶、象牙等，但仍以木石所製較為普遍。〔註84〕〈韓熙載夜宴圖〉中所出現的床榻依顏色來看，其材質應為木石所製成，此二拐角榻也皆飾有屏風畫。聽樂場景中榻的屏風畫可看見兩幅，位於狀元郎粲身後的那幅屏風畫因墨色太淺，無法辨認所畫之物，另一幅屏風畫左側繪有叢樹，右側則有鹿角枝，由布局來看可看出是以平遠構圖所繪成。

〈韓熙載夜宴圖〉中有出現椅子，但早期的中國並無椅子的使用，多採席地而坐，據《中國家具史 —— 坐具篇》所論，周以後有席地而坐的憑几，是一種小的矮台，可作為扶手用，放置於左方可做為憑依以消除跪坐的不適。後又漸加長，除可憑依外，也可置於床榻前，至南北朝時則發展出半圓形三足憑几，此時亦發展出靠背用的隱囊。以榻、憑几、隱囊三者的功能互相融合，即成為有靠背和扶手的椅子。榻即椅子的坐部，憑几為椅子的扶手，隱囊則為椅子的靠背。此三物雖各自分開，但此三物的出現與使用，則表明了當時具有椅子的使用需求。〔註85〕

中國坐椅的基本造型於宋代成熟，除靠背橫檁作水平直線兩端出頭的形式外，亦普遍出現一種橫檁兩端揚起作 S 形的形式。〔註86〕〈韓熙載夜宴圖〉中共出現五張椅子，橫梁皆為兩端向上揚起的造型：

賓客座椅　　賓客座椅　　賓客座椅　　韓熙載座椅　　賓客座椅

由圖可看出賓客與韓熙載所坐的椅子在造型上有些微不同，賓客所坐的椅子是由枝幹較細的木料所製成，椅子大多以披覆素面椅披，再於直角處用布條綁束固定，且足承較小，狀元郎郎粲於觀舞場景中所坐的椅子則無足承。韓熙

〔註84〕崔詠雪：《中國家具史 —— 坐具篇》，頁 60。
〔註85〕崔詠雪：《中國家具史 —— 坐具篇》，頁 93～94。
〔註86〕崔詠雪：《中國家具史 —— 坐具篇》，頁 118。

載於清吹場景中所坐的椅子則可明顯看出木料的線條較爲厚實圓潤，靠背也與賓客們所坐的椅子不同，不使用椅披，直接以木料做出，唯一有素布披覆之處僅有坐部，但一其功能來看該布應屬於坐墊，韓熙載所坐之椅足承亦較大，放置一雙鞋子仍綽綽有餘，此種在用料上特別高大的椅子，或許是想要凸顯所坐之人的尊貴身分。韓熙載與賓客們的椅子在做工上雖有不同，但基本設計仍是相同的，兩者的椅子其靠背的橫樑皆兩端向上揚起，且皆無扶手。

　　畫中另一種坐具爲圓墩，據《中國家具史──坐具篇》敘述，宋代的鼓狀坐墩是由唐代的腰鼓形坐凳演變而來，外部飾有錦繡花紋的瓷墩於北宋時已出現，在宋代時各種材料製成的坐凳均已流行，如瓷墩、藤墩、木墩等。〔註87〕〈韓熙載夜宴圖〉中的圓墩共有七張，但僅可看出有一張墩飾有花紋，其餘六張應全爲素墩：

聽樂場景之圓墩　　　　　清吹場景之圓墩

由圖可看出，僅有清吹場景中著粉色長裙的樂妓所坐之墩有飾有簡單的圓點圖紋，其餘全爲素面圓墩。圓墩所坐之人手上皆執有樂器，如琵琶、檀板、蕭、笛等，此種坐椅似乎和音樂演出有密切關係，胡德生《中國古代家具》中認爲此種坐具多由宮中婦女和下層舞樂歌女使用，〔註88〕由畫中的表現無

〔註87〕崔詠雪：《中國家具史──坐具篇》，頁121。

〔註88〕胡德生：《中國古代家具》云：「大量資料證明，唐五代時期的起居習慣已發生深刻變化，高型家具被廣泛使用，過去一貫遵循的席地坐習俗終於被垂足坐的起居習慣所代替，這在五代顧閎中〈韓熙載夜宴圖〉中表現得最

法明確判斷其材質為何。

〈韓熙載夜宴圖〉巧妙地利用屏風做間隔，將五個不同的時間場景巧妙串連在一幅畫上，因此在這幅畫中，屏風區隔的不只是空間，連帶的也有時間上的分隔作用：

聽樂場景之屏風

歇息場景之屏風

清吹與送別場景之屏風

由圖可看出在畫中共出現七面屏風，其上所繪之圖多以松石山水為主，張朋川於〈中國古代山水畫構圖模式的發展演變──續議《韓熙載夜宴圖》製作年代〉一文中認為〈韓熙載夜宴圖〉中所出現的屏風畫，上頭可辨識的山水

為突出。圖中有床、榻、椅、墩、桌子、屏風、燭台等，基本概括了家具的多數品種。五代時的繡墩已不是兩端大中間細的薰籠形式，而是兩端小中間大的腰鼓形式了，上面再覆以繡花軟墊，宮中婦女及一些下層舞樂歌女都常坐這種坐具。同時，在這種腰鼓形繡墩的基礎上，又發展了弧腿圓凳和月牙墩，唐代〈揮扇仕女圖〉和五代時的〈宮中婦女圖〉中都有這種弧腿圓凳。」，頁 69。

畫皆以一角、半邊的方式構圖，〔註89〕此法應是習自宋朝的馬融、夏圭，故俗稱馬一角、夏半邊，張朋川便依此認定此圖是南宋時期的仿擬作品。邵曉峰《〈韓熙載夜宴圖〉斷代新解——中國繪畫斷代的視角轉換》一文亦提出與張朋川相同的看法。〔註90〕但本章節主要是對畫作本身的解讀，並非要界定畫作的繪製年代，故不以屏風畫上的構圖方式做尋本考究。據胡德生《中國古代家具》所言，可知屏風的使用，在魏晉至隋唐時期便已普遍，不只居室陳設屏風，連日常使用的茵席、床榻的邊側都有陳設小型屏風，通常爲三扇，屏框間以紐連接，人坐席上，將屏風打開，左右和後面各立一扇。南北朝時期，屏風的形制開始向高大方向發展，使用也較前代普及。隋唐五代時期的書畫屏風格外盛行，此種屏風分單面和雙面兩種，單面只能靠牆陳設，雙面則不受限制。五代時期還發展大型屏風，獨扇的帶座屏風逐漸增多，因其形體高大，故須有底座支撐，否則無法直立，故活動不便，此種屏風在室內的陳設位置便較爲固定。〔註91〕由〈韓熙載夜宴圖〉可看出圖中的屏風有三類，一爲床榻上的圍屏、二爲獨扇帶座屏風、三爲連屏。據張朋川的統計，〈韓熙載夜宴圖〉中可看見的屏風畫有十一幅，但筆者的統計卻有十三幅：聽樂場景中床上飾有一幅屏風畫、榻上飾有三幅但只可看見兩幅、榻後有連屏三幅但只可看見兩幅屏風畫、彈琵琶的李妹身後有一獨扇帶座屏風，可清楚看見屏風上所畫的松石圖，此場景共可看見六幅屏風畫。休憩場景中的床上可看見兩幅屏風畫，榻上飾有三幅但僅可看見兩幅屏風畫，另一幅爲背面，榻後的連屏亦可清楚看見上面繪有山水圖，但榻旁的獨扇帶座屏風在畫面是以背面出現，僅可看見乾隆皇帝所鈐的「古稀天子」、「太上皇帝」印章，故此場景亦可看見六幅屏風畫。最後一幅屏風畫的位置，界於清吹和送別的場景中，爲一獨扇帶座屏風，亦可清楚看見屏風上所繪之山水圖。總結以上統計數字，〈韓熙載夜宴圖〉中可看見的屏風畫應爲十三幅。

〔註89〕張朋川：〈中國古代山水畫構圖模式的發展演變——續議《韓熙載夜宴圖》製作年代〉云：「下面我們要討論《韓熙載夜宴圖》中各屏風上的山水畫的風格面貌，在圖屏上能看到的畫面共有十一幅（都只能看到局部），其中山水畫9幅，花卉畫2幅，9幅山水畫中，除去兩幅構圖樣式不能確定，其餘7幅山水畫皆採用『一角』、『半邊』式構圖。」《南京藝術大學學院學報》2008年02期（2008年2月），頁14。

〔註90〕邵曉峰：〈《韓熙載夜宴圖》斷代新解——中國繪畫斷代的視角轉換〉《南京藝術學院學報》2006年01期（2006年1月），頁10～16。

〔註91〕胡德生：《中國古代家具》，頁72～74。

〈韓熙載夜宴圖〉中出現了四張桌:

聽樂場景之桌

歇息場景之桌

於聽樂場景中出現二張,上置有以瓷器所裝之蔬果糕點,由桌旁人物的椅面高度和桌面高度相比,可知畫中出現的四張桌子仍屬矮桌,與後期明清家具中的桌子在高度上有些許落差。在畫中出現的瓷器,共有三十一件,靳青方於〈從《韓熙載夜宴圖》看我國青白瓷的始燒年代〉一文中統計了畫中所出現的瓷器種類和數量,聽樂場景中出現二十八件瓷器,歇憩場景中出現三件

瓷器。並認爲青白瓷在五代以前便已燒成，而〈韓熙載夜宴圖〉中的青白瓷器，應爲五代南唐景德鎭窯的產品。〔註92〕

第四節　〈韓熙載夜宴圖〉的仿擬與創新

據張朋川〈《韓熙載夜宴圖》系列圖本的圖像比較〉一文，可知從北宋後便出現多種不同版本的〈韓熙載夜宴圖〉，現知至少有九種以上〈韓熙載夜宴圖〉的圖本傳世。〔註93〕

今日所見北宋後的〈韓熙載夜宴圖〉擬作版本多爲長卷型式，如台北故宮所藏之〈韓熙載夜宴圖〉殘卷：

〈韓熙載夜宴圖〉殘卷（台北故宮藏）

重慶博物館所藏之唐寅臨〈韓熙載夜宴圖〉：

〔註92〕 靳青方：〈從《韓熙載夜宴圖》看我國青白瓷的始燒年代〉云：「第一段中共
　　　　28件，計有帶注碗之注壺（應爲執壺）2件，帶蓋之粉盒1件，帶蓋托之酒
　　　　盞2件，高足盤10件，平底侈口小盤13件，分別擺置於韓熙載及客人面前
　　　　的兩排茶几之上，盤中皆盛滿果品之類；第三段中僅有3件，爲帶注碗之注
　　　　壺（應爲執壺）1件，高足盤2件，置於仕女手持之托盤之中。所繪瓷器全
　　　　爲夜宴中的實用之器，皆爲青白色，有的青中偏灰白，有的青中偏藍白，與
　　　　我們所說的『影青』瓷釉色幾無二致。」《漢中師範學院學報》2002年第4
　　　　期（2002年），頁92～94。
〔註93〕 張朋川：〈《韓熙載夜宴圖》系列圖本的圖像比較〉，《南京藝術學院學報》
　　　　（2010年3月），頁17～30。

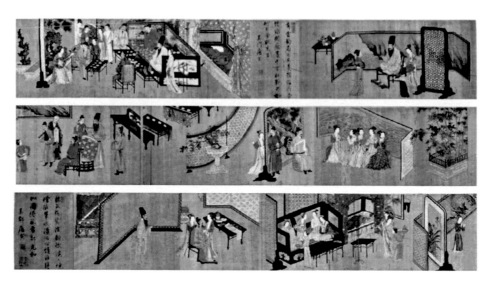

唐寅臨〈韓熙載夜宴圖〉（重慶市博物館藏）

台北故宮博物院另藏有一幅傳爲唐寅所畫的〈韓熙載夜宴圖〉絹畫，尺寸
146.4×72.6公分，爲立軸型式，所繪的是〈韓熙載夜宴圖〉中的觀舞場景：

明・唐寅畫〈韓熙載夜宴圖〉軸（台北故宮藏）

　　〈韓熙載夜宴圖〉的模擬與創新自宋以後便未曾斷絕，上一世紀的中國工筆重彩人物畫大師劉凌滄〔註 94〕亦繪有〈韓熙載夜宴圖〉，此圖作於 1936年，尺寸 107×40 公分：

劉凌滄〈韓熙載夜宴圖〉軸

〔註94〕劉凌滄（1907～1989），名恩涵，號凌滄，生於河北省固安縣。少年時隨民間畫師李東園學畫，又隨師到北京，從事壁畫修整和編繪歷史故事畫。1926年入中國畫學研究會，從師徐燕孫、管平湖學習工筆重彩人物畫，兼《藝林旬刊》、《藝林月刊》編輯。後入北平藝術專科學校深造。1933年至1937年任北平藝專講師，兼任京華美術學院教授。1949年任職於民族美術研究所，次年執教於中央美術學院，爲教授，中國畫系人物科主任。
劉凌滄個人網站：http://yishujia.findart.com.cn/183324-rwopus.html

　　上列所列之後代擬作〈韓熙載夜宴圖〉，在故事情節和人物角色上都和傳為顧閎中所繪〈韓熙載夜宴圖〉無太大落差，僅在筆法、設色、構圖上有所不同。台灣當代藝術家姚瑞中〔註95〕也從〈韓熙載夜宴圖〉中汲取元素來創作，姚瑞中於 2008～2011 年間創作的「如夢令」系列畫作，由他的創作自述可知此一系列是以中國傳統古畫中所蘊含的故事性加以轉化變形成為現代藝術的風貌。〔註96〕「如夢令」系列畫作共 24 件作品，其中〈老姚夜宴圖〉〔註97〕、〈老姚洞房圖〉〔註98〕、〈生日快樂〉〔註99〕三件作品皆是以〈韓熙載夜宴圖〉做為創作元素：

〔註95〕姚瑞中，1969 年生於台灣台北，1994 年國立藝術學院（國立台北藝術大學）美術系畢業，曾代表台灣參加 1997 年威尼斯雙年展、2005 年橫濱三年展、2009 年亞太三年展、2010 年台北雙年展聯動計劃、2012 上海雙年展，海內外聯展百餘次。曾擔任天打那實驗體團長（1992～）、楊德昌電影美術指導（1994）、非常廟藝文空間執行長（2006~2009）等工作，曾赴舊金山「海得嵐藝術中心」（1997）、倫敦「蓋斯沃克藝術家工作室」（2001）、紐約 ISCP（2006）及蘇格蘭 Glenfiddich（2007）駐村。專長為攝影、裝置及繪畫，其作品涉獵層面廣泛，主要探討人類一種荒謬處境，目前任教於國立臺灣師範大學美術系。姚瑞中個人網站 http://www.yaojuichung.com/htdocs/?page=bio

〔註96〕姚瑞中個人網站上之如夢令創作自述云：「生處浮世，總免不了七情六慾的牽絆，年少輕狂，不自覺地揮霍了多少青春絢爛，但在邁入不惑之年竟又略感惘然；往事歷歷在目，許多過往遺憾是再也喚不回來了，不是醉生夢死所可道盡的心中惆悵。有感與此，本系列《如夢令》參考了古代春宮畫與界畫風格，配合色面平塗與綿密筆法，試圖訴說近半年來心境上的變化，透過文人與美酒、才子與佳人，在纏綿悱惻的風流韻事中，成就了如夢似幻的花花世界。」

http://www.yaojuichung.com/htdocs/?page=artworks&artworks_id=29

〔註97〕姚瑞中個人網站

http://www.yaojuichung.com/htdocs/?page=artworks&artworks_id= 29

〔註98〕姚瑞中個人網站

http://www.yaojuichung.com/htdocs/?page=artworks&artworks_id= 29

〔註99〕姚瑞中個人網站

http://www.yaojuichung.com/htdocs/?page=artworks&artworks_id= 29

〈老姚夜宴圖〉　臨唐寅〈摹韓熙載夜宴圖〉

（繪畫類　手工紙本設色，金箔　200×80cm　2009）

〈老姚洞房圖〉　臨唐寅〈摹韓熙載夜宴圖〉

（繪畫類　手工紙本設色，金箔　200×80cm　2009）

〈生日快樂〉　臨唐寅〈摹韓熙載夜宴圖〉

（繪畫類　手工紙本設色，金箔　200×80cm　2009）

　　姚瑞中個人網站上的作品介紹很明確地寫出〈老姚夜宴圖〉、〈老姚洞房圖〉、〈生日快樂〉這三幅圖是臨唐寅所繪之〈摹韓熙載夜宴圖〉。但相傳爲唐寅所繪的〈摹韓熙載夜宴圖〉在繪者上亦有所爭論，部分學者認爲應是仇英摹作，在此便不予討論〈摹韓熙載夜宴圖〉的繪者問題。儘管〈摹韓熙載夜宴圖〉與北京故宮所藏的〈韓熙載夜宴圖〉在構圖和設色上兩者有明顯不同，但姚瑞中的這三件作品中卻仍可明顯看出〈韓熙載夜宴圖〉中的故事元素與精神，細看姚瑞中所創作的這三件作品，似乎可與〈韓熙載夜宴圖〉中的部分場景作一聯繫，〈老姚夜宴圖〉明顯是由「聽樂」場景化用而來，〈老姚洞房圖〉的布局構圖方式則與「歇息」場景近似，〈生日快樂〉則似由「清吹」場景轉化而來。傳世古畫的〈韓熙載夜宴圖〉與〈摹韓熙載夜宴圖〉在設色上都呈現穩重典雅的風格，而姚瑞中所創作的這三件作品在設色上產生了相當大的改變，以螢光色系的馬賽克圖紋做大範圍的面積處理，再將屏風變形爲今日常見的超薄液晶螢幕顯示器。在這三件作品中所出現的液晶螢幕顯示器都呈現不同的畫面，以螢光粉爲主色調的〈老姚夜宴圖〉中顯示器所出現的畫面爲身著傳統婚服的新人，而觀看者亦身著古裝，身著古裝的觀者坐在傳統床榻上，但身旁卻環繞著先進科技產物，如立體音響、DVD 播放器、投影機等，並用液晶螢幕顯示器觀看身著古裝的新人，乍看之下很詼諧滑稽，但似乎卻又有一種難以言說的情緒蘊涵在內。〈老姚洞房圖〉是以黃黑色系的馬賽克圖紋爲基本色調，由畫中男女的姿勢與場景可看出確實是洞房圖，但是在洞房場景中，液晶顯示器上出現的畫面卻是灰暗的，由圖形看來液晶顯示器上所播放的畫面應爲核彈爆炸，這其中或許代表了作者的一些創作想法在內。〈生日快樂〉是以紫綠色系爲主，從中可明顯看出被祝壽者圍繞的壽星，壽星面前的傳統矮桌上放了一個現代感十足的三層粉紅色蛋糕，壽星身後亦有液晶顯示器，但因縮圖解析度低，無法確切辨認顯示器上所繪之字樣。

　　〈韓熙載夜宴圖〉與〈摹韓熙載夜宴圖〉是以南唐爲時空背景，姚瑞中所創作的〈老姚夜宴圖〉、〈老姚洞房圖〉、〈生日快樂〉則以時空錯置爲表現方法，將古代與現代的生活場景作重疊，呈現出一種新的視覺經驗，而細看畫中的人物則可發現部分是魔鬼或犬類的造型。《衝擊與變革 —— 異質空間的山水遊走》一文〔註100〕中認爲姚瑞中是透過歷史名作的經典畫面，以自嘲的

〔註100〕謝雅卉：《衝擊與變革 —— 異質空間的山水遊走》，國立臺灣藝術大學美術學系碩士論文，蘇憲法、李錫佳指導，2011 年。

方式進行創作，畫面中呈現出眞實與歷史若即若離的狀態，甚至是一種藝術家對自我經驗的敘事，敘事的內容除了小情小愛的議題外，也充滿歷史批判，以及對台灣主體性的議題作出回應。畫中出現了大量的金箔，金箔爲台灣傳統文化中不斷出現的材料，謝雅卉認爲若將金箔當成一種象徵台灣的符號，畫中強烈渴求的本土化使命感便更強烈。因此，姚瑞中以〈韓熙載夜宴圖〉爲元素所創作的三幅現代畫作，完美詮釋了如何從古代文化中萃取優秀元素並融入現代藝術創作中。

結　語

　　〈韓熙載夜宴圖〉將夜宴依活動內容分爲五個場景呈現，隨著時間推進在畫中由右至左的呈現，透過畫可看見夜宴中的賓客與家伎們大多非常享受這場宴飲活動，唯獨韓熙載的神情特別與眾不同，他在畫中的每個場景皆有出現，雖然服飾有隨著活動推演而有變化，也和眾人一樣參與夜宴，甚至還親自擊鼓爲王屋山伴舞，然而他的神態卻似乎總是悶悶不樂，五個場景中出現的韓熙載人物形象都相當一致，似乎重疊了憂鬱的成分在內。這讓人不禁去揣測韓熙載爲何在夜宴中會有如此神情，此場夜宴應爲韓熙載同意後才舉辦，而歌舞宴飲應是最容易讓人放鬆心情，轉移對擾心煩事的注意力，然而從圖中的韓熙載神情，卻可明顯看出他並沒有因爲這些歌舞表演活動而使自己得到解脫放鬆，反而仍是一副憂心忡忡、悶悶不樂，對眼前的表演活動呈現麻木狀態，或許是心中煩憂的事過於巨大，無法藉此排遣，也或許正如史書所說的，韓熙載這種狎妓宴飲的生活只是一個煙霧彈，耽溺在酒聲女色的場合中，以求韜光養晦、明哲保身。

　　對於韓熙載狎妓宴飲的記錄，在史書上有，在古人筆記小說中亦繪聲繪影地記錄，然而這僅是他人流傳或耳聞的事件，沒有眼見爲憑的佐證，無法知道韓熙載對於狎妓宴飲的眞正心態爲何？然而，從〈韓熙載夜宴圖〉中，卻可以看見身處夜宴場合中的韓熙載，從畫中可清楚看出韓熙載在夜宴場合中，從始至終都是相同憂鬱的神情，毫無受到夜宴中歡樂的氣氛所感染，似乎懷抱了一個巨大又不可說的秘密，落寞憂鬱的神情與身邊歡樂的環境顯得格格不入，由此可看出韓熙載似乎並沒有很享受這場夜宴活動。

　　《潘天壽畫論》中言：「寫形是手段，寫神是目的。繪畫不能不要形而寫

神，但要提高形的藝術性，形就要有所增強和減弱，要有所變動。變動，是形、神的有機概括，決不是隨便變動，變動的目的是在於概括的寫神。」〔註101〕〈韓熙載夜宴圖〉中的畫家不只忠實呈現了夜宴中出現的活動、人物、器物，也將人物的身體和心理狀況做了仔細的記錄，可看出畫家特別著力於韓熙載的面部刻劃，刻意將韓熙載的人物比例畫得較大，並仔細地勾出鬚髯，刻意強調眉宇間的神情，高超的刻畫出韓熙載身在心不在的心理狀況。每個場景中，韓熙載的神情雖然都看似憂鬱，然而心理狀態似乎又有些微不同，有時表現出無所謂的感覺，有時又呈現一種對周圍場合麻木的情緒，唯一不變的是在五個場景中韓熙載都出現憂鬱、若有所思的神情，相當耐人尋味。

王定理《中國畫顏色的運用與製作》中認為畫之設色應視所畫之物所需，用統一的色調作色彩安排。在著色上需有主有從，並顧及整體的色調。亦須注意色彩的和諧，不能孤立地設計色彩，每件服飾都須細心地考慮所畫之人的地位，即主要人物和陪襯人物，須從顏色上反映出來。顏色的運用方式有點、染、襯、托、罩等方法，以及對濃重之色與中間淺淡色的相互搭配。〔註102〕從〈韓熙載夜宴圖〉中可看出畫家在顏色設置上相當用心，表現出以深色托淺、用淺襯深的色彩搭配法，使厚重素雅的顏色與明亮光豔作結合，在沉穩的色調中間有粉色、白色作融合，使層次更為清晰。如圖中出現了大量的黑色，如榻、矮桌、椅、屏風腳座以及男性所戴的帽子，都是以墨色作呈現，而賓客們所穿著的青灰色官服亦是冷色調，然而家伎婢女們的服裝多為白色、粉色、青色等較溫暖光亮的色彩，在大面積的青黑色調中就起著緩和作用。除了在色彩配置上注重對比的運用，在設色上也非常豐富，在圖中可清楚看出，設色鮮明的服裝旁大多用暗色作為陪襯，產生色彩層次的變化，若沒有使用暗色作為陪襯，則處處炫目，顯得浮躁。〈韓熙載夜宴圖〉在淳厚、典雅的設色中仍然呈現出愉悅的夜宴活動，這與其中的色彩調合效果有緊密關係，深墨色繪出的傢俱在畫中起了相當大的穩定作用，增加厚實的重量感，其餘設色則大量使用了石青、石綠和朱砂，穿插於淳厚的色塊中，增添清新活潑的氣氛。朱砂的使用在畫中特別具有吸引力，出現於狀元郎粲的服飾與家伎們的裝飾配件中，有效提升了畫面中的溫暖度。由人物的線條來看，則

〔註101〕潘天壽：《潘天壽畫論》（河南：河南人民出版社，1999 年 7 月），頁 49。
〔註102〕王定理：《中國畫顏色的運用與製作》（台北：藝術家出版社，1993 年 12 月），
　　　　頁 67。

可明顯看出是採用勾勒的手法，王定理《中國畫顏色的運用與製作》云勾和勒是兩個不同的繪畫方式，勾是先用墨線勾描出物體的輪廓，勒則是在勾描的墨線被顏色掩蓋後，再用線重新勾勒。可依物體色彩的需要，用墨色或是顏色勒出。〔註103〕從圖可看出男性角色的服飾線條多以墨線做為勾勒，且線條較粗，呈現出男性的陽剛體型，勾勒女性角色時使用的線條線條則較柔細，色彩也較淺，表現出女性嬌柔的身段體態。面部的線條色度在男女角色的表現上亦有不同，男性角色的面部線條色度較深，韓熙載的面部線條較深，有些是用墨線勾勒出，耳部與眼摺處的部分線條則使用淡赭墨，賓客們的面部線條亦多使用墨與淡赭墨作勾勒，男性的面部線條亦較女性粗，應是要特別強調男性的剛硬神情。細看女性角色的面部線條，都極細極輕，線條的墨色較淡，亦多使用淡赭墨做勾勒，顯出女性面部柔媚的神情，顯得含蓄而不生硬。

張朋川〈《韓熙載夜宴圖》系列圖本的圖像比較〉一文中所列出的九種傳世〈韓熙載夜宴圖〉在構圖設色上雖有所不同，但皆呈現典雅穩重的氛圍，而姚瑞中以〈摹韓熙載夜宴圖〉所創作的三件作品，將古典與現代繪畫中的元素作了一番結合，保留部分故事性，並鎔鑄了自己的理念與想法在作品中，由此可看出〈韓熙載夜宴圖〉充滿許多無法估量的價值，值得深入發掘與研究。

〔註103〕王定理：《中國畫顏色的運用與製作》，頁81。

第四章　小說之衍生——
吳蔚《韓熙載夜宴》論析

　　吳蔚，祖籍湖北，畢業於北京理工學院，雖專業在理工科，但本身喜歡文史，「喜歡從現代人的視角關注歷史，以女性獨有的細膩來描述歷史」，號稱 70 後出生的「新銳歷史作家」。著有《755 年中國盛衰之交》、《880 年滿城盡帶黃金甲》、《宋史疑雲 960 到 1279 年之兩宋典故》、《1644 年中國式王朝的興替》、《大唐西遊記》、《魚玄機》、《大唐遊俠》、《孔雀膽》、《斧聲燭影》、《大漢公主》、《和氏璧》等多部歷史文學及小說作品。〔註1〕

　　其中 2011 年在台出版的長篇小說《韓熙載夜宴》，〔註2〕是以偵探懸疑小說的敘述模式，將歷史事件「韓熙載夜宴」及傳世名畫〈韓熙載夜宴圖〉和兇殺案結合，與主人公韓熙載的個性、眾女妓勾心鬥角的情形、賓客之間的爾虞我詐、案件的離奇等方面，刻畫得十分細膩。而作者在角色安排、情節發展上，充分參考了可觀的相關史料、文獻，特別是對〈韓熙載夜宴圖〉的深入觀察，佐以作者本身豐富的想像力和統御力，使得以往平面的長幅繪畫，得以化為文字重新呈現在世人眼前。不一樣的載體，展現一樣躍然紙上的生命力，於間隔一千五百年的現在，相互輝映。

第一節　公案小說、偵探小說與《韓熙載夜宴》

　　吳蔚《韓熙載夜宴》是以中國故事背景寫成的小說，然而在中國古代文學上，只有公案小說，沒有現代所稱的偵探小說。黃永林《中國通俗小說比較研究》云：「中國古代沒有偵探小說這一文學形式，偵探小說在中國文壇的

〔註 1〕參考吳蔚：《韓熙載夜宴》（臺北：好讀，2011 年 7 月）之作者介紹。
〔註 2〕謹案：以下凡引用小說內容，皆已此為本，隨文標註頁碼，不另作註於頁末。

興起，是本世紀上半葉的事，它是在翻譯、模仿、學習和借鑒西方偵探小說創作的基礎上產生並發展起來的。」〔註3〕黃岩柏《公案小說史話》對公案小說有明確的界定：「公案小說是中國古代小說史上特有的概念。它必須具備這樣兩部分內容，即案情的描寫和斷案的描寫；斷案包含破案和判案兩部分，至少要寫其中的一部分。……公案小說，是寫作案與斷案的小說。斷案包括破案、判案兩部分。作案、破案、判案三者並列描寫，或側重寫三者中某一部份，略寫其餘，都是公案小說；但只寫作案，根本不寫破案判案的，不是公案小說。」〔註4〕《公案小說史話》認爲中國的公案小說於魏晉志怪筆記小說中便已萌芽，至唐代時公案小說的文體才趨成熟，宋元時期則呈現蓬勃發展的勢態，此時產生了「說公案」，與唐代小說相比，是一重大轉折。至明代時，公案小說空前繁榮，產生大量短篇公案小說集、擬話本短篇公案及文言短篇公案小說，而晚明的政治、經濟、思想文化等皆促進了公案小說的繁榮。前清爲公案小說的高潮期，此時產生數量甚多的文言短篇公案小說，但晚清時則爲艱難的過渡期，古老的封建制度逐漸走向死亡，公案小說也逃不出所處時代的厄運，逐漸走向生命的盡頭，這個歷史轉變過程是靠著西方偵探小說的輸入才得以完成，西方偵探小說的引入立刻便引起仿作，此後中國的偵探小說便如雨後春筍般產生，並與中國的司法生活文化等作結合，五四後出現一批偵探小說家、偵探雜誌社和偵探小說作品。

　　黃永林《中西通俗小說的比較研究》認爲偵探小說始於西方資本主義社會，1841 年 4 月美國的《葛雷姆雜誌》刊登了愛倫·坡發表的〈莫格街血案〉（The Murders in the Rue Morgue），宣布一個新體裁的誕生。此後幾年，愛倫·坡又接續發表數篇短篇小說，創立偵探小說的體裁。柯南·道爾的《福爾摩斯探案》則使偵探小說發揚光大，《福爾摩斯探案》暢行於全世界，此書最早的中文譯本，登於 1902 年梁啓超主辦的《新小說》，此後便被大量翻譯，風行中國，程小青所創作的偵探小說亦是在翻譯《福爾摩斯探案》過程中，所激發出的創作欲望，從而研究偵探小說的技法，而進行創作具中國特色的偵探小說。因此，黃永林在書中云：

〔註 3〕黃永林：《中西通俗小說比較研究》（台北：文津出版社，1995 年 10 月），頁 130。

〔註 4〕黃岩柏：《公案小說史話》（遼寧：遼寧教育出版社，2000 年 12 月），頁 1、109。

中國的偵探小說從模仿西方的偵探小說開始，由於它產生於中國的
土壤，必然要摻入中國的土壤，它描寫中國的社會內容、反映中國
式的社會意識和價值觀念，在不斷創新和發展的過程中形成了獨具
中國特色的偵探小說。〔註5〕

黃永林認為中國古代公案小說的斷案，較不注重實地調查研究、細微觀察與
邏輯推理，更少用物理、化學、醫學等科學知識來輔助破案，而是憑感情上
的直覺、大堂供詞、信鬼弄神等，充滿玄秘不可信的氛圍，屬於低層次的人
判和神判的混合體。偵探小說則完全是在科學基礎上來尋求斷案的方式和方
法，如觀察、集證、演繹、歸納、判斷等邏輯思考方式，並運用自然科學於
破案過程中。因此，西方偵探小說的破案過程比公案小說要複雜，利用「偵」
和「探」的手段，沒有超自然的神怪幫助，顯得神秘而不荒唐。偵探小說的
斷案方式則是建立在人的智慧和科學手段基礎上，偵探們具有驚人洞察力和
對事物進行準確分析與判斷的本領，和廣博的科學知識。黃永林在《中西通
俗小說比較研究》中有將公案小說與偵探小說加以比較，列出兩者的異同處，
認為中國的公案小說和西方的偵探小說都是描寫作案和斷案過程的小說，但
因產生於不同的社會文化背景，而形成了描寫同一母題但樣式卻迥然不同的
兩種樣貌。在斷案執法者方面，中國公案小說是屬於官斷，由官府衙門裡的
官僚來進行，西方偵探小說重點描寫的對象不是代表統治階級的官僚，而是
民間的私家偵探，官辦的警官們在小說中常是被諷刺的對象。破案方式方面，
中國的公案小說是人判和神判的混合體，西方的偵探小說則是靠人類的智慧
與科學來斷案。在情節方面，中國的公案小說和傳奇有深刻關聯，在小說表
現上則呈現出新奇的內容和傳奇的人物，在故事情節中中也充滿傳奇性，西
方偵探小說則充滿緊張懸疑的氣氛，情節構造較為驚險。在敘述視角方面，
小說視角分為單向視角、全向視角和對向視角三種，中國公案小說的敘述視
角是以全向視角為主，西方偵探小說的敘述視角則是以單向視角為主。〔註6〕

　　謝小萍《中國偵探小說研究：以 1896～1949 年上海為例》〔註7〕認為西

─────────────

〔註 5〕黃永林：《中西通俗小說比較研究》（台北：文津出版社，1995 年 10 月），頁
　　　　115。
〔註 6〕黃永林：《中西通俗小說比較研究》（台北：文津出版社，1995 年 10 月），頁
　　　　117～129。
〔註 7〕謝小萍：《中國偵探小說研究：以 1896～1949 年上海為例》，國立東華大學中
　　　　文所碩士論文，指導教授：李依倩，2005 年。

洋的偵探小說在主題上和中國傳統的公案小說相似度頗高,皆以描寫犯罪案件為主軸,也擁有同樣封閉的故事系統,使讀者在情感上得到滿足的完整結局。然而目前偵探小說仍缺乏一個指標性的定義,但文學界對偵探小說所建構的方向認為偵探小說應是關涉謎題而非犯罪,而謎題要嚴格地依邏輯的法則來進行。從愛倫坡到黃金時期的大部分作家,都認為偵探小說最重要的核心是「謎題」,在解開謎題的過程中,不可缺少的兩元素為推理(ratiocination)和偵查(investigation),只要有這三元素,基本上就可被認定是一部偵探小說。

任祥〈中國偵探小說的發生及意義〉一文中將西方偵探小說的開展和對中國偵探小說的影響作了一番說明:

> 偵探小說源於西方的啓蒙時代,自 1841 年美國作家愛倫・坡開創偵探小說的寫作範式以來,經柯南・道爾、克利斯蒂、奎因、勒布朗、西默農、埃科等作家的不斷拓展與創新,偵探小說已不再是一種僅供讀者消遣的通俗讀物,而是作為一種雅俗共賞的文類躋身於文學經典之林,並以其獨特的藝術魅力吸引了現代世界的廣大讀者。從文化現代性的發展進程看,西方偵探小說的生成,可見證啓蒙時代的人文信念、司法制度、現代都市、現代科學、新聞媒介以及文學敘述形式等的深度變革。中國偵探小說是典型的「舶來品」,它發生在特定的歷史語境裡,經歷了由譯介、仿作到自創三個階段,是中西文化碰撞的產物,以至於在 20 世紀上半期產生了一批具有中國特色的偵探小說作家與作品,由此而成為中國現代文壇一道炫目的風景。中國偵探小說的發生不僅對中國現代小說的現代化進程具有重要影響,而且對中國現代社會的思想、文化乃至法制建設等都具有非同尋常的意義。〔註8〕

由此引文可看出中國的偵探小說是充分吸收外來文化,再將中國傳統文化融入,形成一種新的創作方式。細看吳蔚《韓熙載夜宴》一書,雖具有傳統公案小說的作案、破案、判案三元素,但其寫作手法與敘事方式無疑是受到西方偵探小說影響,敘述視角是單向視角的敘述方式,並利用實地調查、邏輯推理等自然科學的知識來協助破案,與傳統公案小說相比,吳蔚《韓熙載夜

〔註 8〕任祥:〈中國偵探小說的發生及意義〉(北京:中國社會科學,2011 年 04 期),頁 207。

宴》有更濃的謎題、推理、偵查意味在內，因此可說是深具中國特色的偵探小說。從中可看見中國的禮教、職官、服飾、器物、樂舞、家庭倫理等等文化，而情節的發展也扣合著謎題、推理、偵查這三元素進行。《推理小說這樣讀》一書中明確地將偵探小說和主流小說、犯罪小說作了劃分，〔註9〕認為一本書必須要有有一個謎案為中心，方能稱為推理小說。吳蔚所撰寫的《韓熙載夜宴》一書中，有多個謎案，共計有兩起謀殺案與兩起下毒案，之後又一環一環的牽引出更多事件，最後才水落石出。原來刺客一開始要謀殺的對象是韓熙載，而李雲如只是不幸做了替死鬼。作者很精心的安排許多謎案讓書中扮演偵探角色的張士師去推理和偵查，但在謎案事件的安排上卻前後文有出入，在書中 98 至 99 頁敘述李雲如飲金杯中的酒後回房更衣，眾人緊接著在花廳切西瓜，這是毒酒和毒西瓜這兩謎案在書中初次登場的文字描寫，可以清楚看出李雲如飲毒酒的時間順序發生在血水西瓜登場前，但書中之後的文字敘述卻將此二事件的發生順序顛倒，如第 169 頁張士師云：「想來這人暗中蓄謀，目標本是韓熙載韓相公，便事先在瓜中下了毒，不露痕跡，後來毒西瓜意外敗露，他便再次往金杯中下毒。」張泌云：「兇手往瓜中下毒，自然是想毒害在場所有人，不論有怨還是無辜，可見此人心腸狠毒。西瓜有毒事

〔註9〕詹姆絲 P. D. James：《推理小說這樣讀》云：「一流的偵探小說同樣可以在一件事的危險邊際上運作，不過它跟主流小說和廣義的犯罪小說仍然不同。主要的差別在於，偵探小說有嚴謹的結構和一定的規則。我們會期待在偵探小說中看見：一起神祕的犯罪事件；一群犯案動機、方法工具和下手時機各有不同的有限嫌犯；一名業餘或專業皆可的偵探，以復仇之神的面貌前來調查刑案；到了故事最後案件偵破，水落石出，讀者從狡猾誘導但不失公允的線索中，經過一番邏輯推論，應當也能順利解謎破案。以上是我談到自己的作品時常給的定義，雖然不算錯誤，不過今日看來卻太過狹隘，比較適合用在兩次世界大戰之間所謂的推理小說黃金時期。不是所有凶手都混在一小群嫌犯中，偵探也可能遇到有名無姓或身分不明的對手，到最後主角偵探會藉由觀察和推理，當然還有大家公認的英雄特質，如聰明才智、過人的勇氣和體力等等來擊敗對手，讓對手難看。這一類推理小說，通常是英雄主角和他追捕的對象之間的衝突交鋒，凸顯的是身體互搏、心狠手辣和流血暴力，甚至會變成肉體的折磨。就算書中的推理成分很濃，但稱之為驚悚小說還是比偵探小說適合。伊恩・佛萊明（Ian Fleming）的○○七系列小說就是明顯的例子。但一本書要被稱為偵探小說，一定要以一個謎案為中心，小說到了最後，解謎破案的方式要合理且令人滿意，不能純粹靠運氣和直覺，應該要從書中儘管有意誤導卻仍如實呈現的線索中抽絲剝繭，推論出答案。」（台北：聯經出版公司，2011 年 6 月），頁 8～9。

件敗露後，他既隨身攜帶毒藥，大可往酒壺中投毒，何必冒險去碰金杯呢？」第 200 頁張士師云：「下吏在舞蹈開始後才與老管家一起進到堂內，中途又離開，再進來時已經發生血水西瓜一事。若我當時不尾隨陳博士離開，或許……或許那兇手有所忌憚，不敢往杯中下毒，唉。」第 209 頁郎粲云：「我本來以爲是連環落毒案，兇手往瓜中下毒謀害不成，又往金杯中下毒……」第 240 頁張士師云：「會不會西瓜兇手與金杯兇手就是同一人，他見毒西瓜敗露，又往金杯中下毒，只因刻意用了兩種毒藥，我們才會以爲是兩名兇手？」由這些引文可看出謎案的時間順序與第 98 和 99 頁中初登場的事件順序完全顛倒，而之後的張士師父子抽絲剝繭地偵查案件時是循著顛倒的時間順序來進行推理，這其中就會產生邏輯推理上的不合理，對於偵探小說而言，這無疑是個致命傷。

第二節　故事情節的開展

《韓熙載夜宴》全書分爲十卷，加上〈引子〉和〈尾聲〉共十二部分。〈引子〉從本書眞正的主角：張士師，跟隨其父親張泌弔唁韓熙載之墓開始，並拋出兩人在韓府所遇的離奇命案，作爲開啓下文的鑰匙。把〈韓熙載夜宴圖〉中李煜想要查探韓熙載夜生活的窺伺心態，巧妙地藉由偵探推理，使關涉夜宴的所有人、事、物等細節逐一顯像。

卷一〈有美一人〉：張士師偶然遇見女主角秦蒻蘭，爲其美色所吸引，再見她一面，進而成爲張士師欲進入韓府的動機。秦蒻蘭離開張士師視線後，李雲如從橋上跌入水中，爲漁夫與張士師所救。當日，韓府爲了舉辦夜宴而從老圃處所訂購的西瓜缺人手運送，張士師遂自告奮勇，卻不知自己將成爲命案的第一嫌疑人。

卷二〈聚寶山中〉：張士師推著西瓜進入位於聚寶山上的韓府，陸續見到即將參加夜宴的客人 —— 紫微郎朱銑、狀元郎郎粲、太常博士陳致雍、教坊副使李家明、畫院待詔顧閎中、周文矩等人，並從管家韓延口中得知韓府的基本狀況：自從韓熙載被貶官後，家中所蓄之妓多半遣散，但傳聞後主有意將韓熙載拜相，又紛紛回籠，以及聽到李家明之妹李雲如所彈奏的「十面埋伏」琵琶聲，據聞李雲如每逢心情極差時便會彈奏此曲洩憤。

卷三〈不請自來〉：先描述王屋山精心打扮，展現出欲爭奪韓熙載府中第

一寵妾的野心，並點出夜宴命案的關鍵物證：分別刻有陰文、陽文的御賜金杯。另一位夜宴的賓客舒雅在此時登場，隨著王屋山的腳步，介紹了宴會場地——花廳的陳設佈置，隨後客人魚貫入場，卻有一人不請自來，乃是德明和尚。並藉由賓客間談論以往夜宴常客如潘佑、李平、徐鉉、張洎等人的缺席，側面點出韓熙載的失勢。

卷四〈血水西瓜〉：夜宴開始，以李雲如彈奏琵琶，為燦爛的夜晚拉開序幕，並透過秦蒻蘭的視角，描述主客的位置。音樂過後，緊接著是王屋山所表演的舞蹈，花廳擺出花盆鼓，韓熙載臨時起意，親自擊鼓為王屋山伴奏。李雲如與王屋山兩家妓較勁的意味相當濃厚，王屋山原以為自己將輸李雲如，但韓熙載的親自伴奏再度讓王屋山覺得佔了上風。歡愉過後，眾人飲酒饗食，並準備切西瓜分用，一刀剖開，卻是伴隨屍臭味的血水西瓜，毒殺目標指向韓熙載，頓時場中人人自危，相互猜疑，而送西瓜的張士師，自然成為首要嫌疑。

卷五〈一屍兩命〉：樂妓李雲如突然在眾人眼前中毒身亡，原因初步判定是喝了有毒的酒，而酒正是斟在韓熙載的金杯上。一時之間，韓府當中，舊情未了，新結又起，任職典獄的張士師，曾跟隨父親張泌有過斷案的經驗，暫時成為眾人倚靠的對象，雖初步抽絲剝繭，作筆錄以釐清始末，卻仍無法順利將案情作個了結，隨後找來仵作驗屍，儘管證明是中毒身亡，但膠著案情，仍讓張士師陷入苦惱。

卷六〈不按君臣〉：隔天一早，韓府的命案已經傳遍大街小巷，張士師百思不解，只好請退休的老父張泌出山幫忙，張泌之友耿先生也鼎力相助，張士師將案發經過重申一遍，並提出可疑之處，暫時將毒酒與毒西瓜作兩案處理，首先從切西瓜的玉刀再次調查起，並針對昨夜的筆錄重新尋找破綻。

卷七〈案發當時〉：經過張泌的建議，張士師召集昨夜參與宴會的賓客僕妓，準備做案發現場的重建。過程中耿先生與張泌臨時離去，張士師心想必有重要發現，隨後也向韓熙載提問案情，並一一排除嫌疑，但最要緊的動機、方法和時間點，卻仍百思不解，遂請顧閎中、周文矩兩人畫出當時的狀況。而張泌那邊，則是針對種瓜的老圃找尋突破點，認為瓜在摘下之前就已被落了毒，卻意外又扯出一件命案！

卷八〈瓜田李下〉：種瓜的老圃幾年前錯手殺了一個北方來的過客，原因是那名過客口渴之下，偷吃了老圃的西瓜吃，老圃護瓜心切，失手殺人後，

為掩蓋事實，將他就地掩埋，沒料那過客口中含著的帶子西瓜肉，竟長出了西瓜，且外觀碩大肥美，因此被挑選出來要送往韓府，也就是後來的血水西瓜，但卻無法知道如何被下了毒。毒西瓜有了眉目後，張士師那邊卻又出現命案，死者是陳致雍，被人掐死於韓府外的竹林中。案情又陷入膠著，張泌決定分案，由他轉而負責金杯毒酒，而張士師回頭負責血水西瓜，此時，老圃卻在牢中上吊自殺，經調查後，老圃死前，韓熙載曾來探監。幾經轉折，張士師終於想出毒西瓜可能是在生長過程中，受人外力注毒，隨著長成，注入口也就密合起來，除非仔細檢查，一般無法發現。張士師並將嫌疑轉向德明，來到德明所住持的寺廟，並在香爐中發現砒霜，而德明的真正身分，竟是大宋朝所派來的奸細！

卷九〈畫外之音〉：郎粲懷疑韓熙載門生舒雅與李雲如有染，而被王屋山知道真相，因此預謀毒殺王屋山，卻誤殺了李雲如。但老練的張泌認為舒雅並非兇手。而舒雅則認為是李雲如想害王屋山，只是誤飲了自己下的毒酒，並坦承李雲如所懷的骨肉是自己的。隨後再詢問王屋山，王屋山則認為是李家明下毒要殺害自己，卻被自己的妹妹誤飲。此時，張士師托人捎來西瓜的下毒方式，經查驗物證，確實如此，張泌並故意先關押李家明，意圖引出真正的兇手。張士師這邊，卻發生顧閎中畫室著火的意外，兇手顯然衝著〈夜宴圖〉而來，幸得顧閎中捨命救畫，而畫中人物就屬朱銑寫得最真，似是畫師有意指認其即為兇手。但卻逮到郎粲則受王屋山之託來滅畫，使得兇嫌指向王屋山這受害人自己。

卷十〈日暮蒼山〉：隔日，張泌與耿先生來到韓府，與王屋山當面對質，但王屋山只承認下的是墮胎藥，為此，只得重新驗屍，這回發現李雲如是被毒針所害。而張士師處，則查出老圃所殺的北方客乃是李穀的信使，也確定德明為宋朝奸細，最後再透過周文矩的畫，嫌疑斷定為朱銑、韓熙載、德明、周文矩四人之一，並又牽扯出樊若水這個曾經登進士，卻因為與韓熙載相識，而被整榜作廢刷落的人，因為他與秦蒻蘭過從甚密。眾人回到韓府，再次推演李雲如死前的場面，斷定真兇為周文矩！周文矩這才表明要為曾被韓熙載玷汙的妹妹周小蘭復仇，卻被李雲如瞧見下手的那一刻，於是轉而殺李雲如滅口。其此，樊若水被差役押到韓府，他便是毒西瓜的兇手，而教唆者竟是秦蒻蘭，原因是秦蒻蘭對韓熙載想用她重施故技，像色誘陶穀那樣去迷惑大宋皇帝，最終，秦蒻蘭跳水自殺。

〈尾聲〉：樊若水逃命宋朝，並成為宋朝滅南唐的首功之人，而韓熙載則被府下的啞巴僕人給毒殺，啞巴僕人為陶穀後人，本欲替其報仇，卻為秦蒻蘭的美色所迷，直到秦蒻蘭離去後，才狠心下手。而張氏父子在亡國之後，準備離開金陵，行前特地至聚寶山韓熙載墓前弔唁之。

第三節　人物角色的形塑

一、韓熙載的人物塑造

　　吳蔚《韓熙載夜宴》在塑造韓熙載的人物形象時，有關熙載南渡的原因，以及個人風采和政治概況，係以史實為基礎，並參以想像塑造出符合小說故事發展之人物形象。如此說道：

> 韓熙載，字叔言，本是本方濰州北海人，為後唐同光年間進士。其父韓光嗣為平盧軍留後，軍權在握，雄霸一方，是個實力派人物，因意外涉及最高權力鬥爭而被殺，並株連整個韓氏家族。當時，韓熙載年僅二十四歲，僥倖逃過一劫，在好友李谷的掩護下，化身成商賈，逃往江南，後一直在南唐為官，歷事李昇、李璟、李煜三主，成為南唐著名臣僚。他才華橫溢，精文章，擅書畫，通音律，能歌舞，加上儀表出眾、風度翩翩，時人稱之「神仙中人」。每次他外出時，人們仰慕其大名，隨觀者前呼後擁，場面十分熱烈，成為金陵的一大奇觀。不過由於韓熙載是北方人，性情孤傲，不畏權貴，一直為江南士族所排擠，多次捲入黨爭，雖一直位居高位，卻只是南唐的裝飾點綴，並不為國主真正信任，也沒有任何實權。（卷一〈有美一人〉，頁11）

韓熙載南渡後的主要政敵，自然是以宋齊丘為首的陳覺、李徵古、查文徽、馮延巳、馮延魯等一黨，而除了參考韓熙載在史書如《南唐書》中的本傳外，還引用了野史中《湘山野錄》所記載的一段話：「韓熙載字叔言，事江南三主，時謂之神仙中人。風彩照物，每縱轡春城秋苑，人皆隨觀。談笑則聽者忘倦，審音能舞，善八分及畫筆，皆冠絕，簡介不屈，舉朝未嘗拜一人。」〔註10〕，關於「性情孤傲」的形象，小說中也不忘鋪寫：

〔註10〕宋・文瑩撰：《湘山野錄》卷下（《唐宋史料筆記叢刊》，北京：中華，1987年12月），頁55。

> 韓熙載已經脫掉鞋子，席坐到榻上，坐姿頗為古怪。他本是北方人，
> 猶自留存北方人的一些生活習性。不過，像他這般以席地的姿勢坐
> 在榻上，還是顯得相當古怪。南唐朝中亦有不少如韓熙載這般的避
> 難到南方的北方籍大臣，均盡量改變原先習慣，與南人保持一致，
> 唯獨韓熙載從來不改，算是特立獨行的唯一一例。（卷三〈不請自
> 來〉，頁67）

另外，當賓客魚貫而入，向韓熙載打招呼時，「韓熙載也不從榻上起身，只是
抱拳虛作回禮狀」（卷三〈不請自來〉，頁68），這些書寫，都可認識到韓熙載
孤高的一面，更可視為韓熙載自己也看不起他們，如小說藉耿先生說：

> 最初聚寶山夜宴賓客如雲，人人已能成為座上賓為耀。自韓熙載罷
> 官，情況則大不相同，朝中達官顯貴都刻意與韓熙載保持距離，以
> 免觸怒官家，如徐鉉、張洎之輩曾為夜宴常客，如今早就絕跡聚寶
> 山。你再看昨夜夜宴賓客，除了新科狀元郎粲大概是圖個新鮮外，
> 餘人要麼是出自韓熙載門下如舒雅，與韓熙載一榮共榮，一損具損；
> 要麼本就是孟浪之徒如李家明，與韓熙載還是姻親；要麼是降臣如
> 陳致雍，南唐人看不起他，他閩國家鄉人也怨恨他。這幾人都有一
> 個共同點，那就是在本朝並不得志。（卷七〈瓜田李下〉，頁234）

面對這樣的狐群狗黨，韓熙載自然看不上眼，他圖的只是掩人耳目，誰參加
夜宴都無所謂，以至於畫院待詔顧閎中、周文矩、和尚德明等人的不請自來，
韓熙載也一副無所謂、無任何歡迎的樣子。面對這樣如此的韓熙載，作者又
藉張士師所代表的一般觀點，與耿先生超脫世俗見解的角度對比來描述：

> 張士師雖然不懂政事，但親眼目睹韓熙載周旋於聲色當中，甚至親
> 自下場為姬妾擊鼓，很有些瞧不起他，心中一直懷疑他是否真有力
> 挽狂瀾的本事，……耿先生嘆口氣，道：「一個胸有甲兵，一個富
> 可敵國，若不自汙自毀，如何能保全自己？昔日宋齊丘稱古今獨步，
> 於南唐有開國之功，江淮繁榮的景象，亦全賴他勸農上策，到最後
> 還不是落了個被逼自縊的下場。」（卷六〈案發當時〉，頁188）

以宋齊丘自縊的悽慘結局來對照韓熙載的自保，〔註11〕韓熙載的大智若愚，

〔註11〕 顯德五年，鍾謨自周還，屢陳齊丘乘國危殆，竊懷非望，且黨與眾，謀不可
測。元宗遂命殷崇義草詔曰：「惡莫大于無君，罪莫深于賣國。」于是賜覺、
徵古死，而放齊丘于青陽，勒鎖其第，穴牆給食。齊丘不堪其辱，明年春，

比之宋齊丘的自作聰明，確實要高明許多，在南唐政局傾頹之際，亦符合士大夫「達則兼善天下，窮則獨善其身」的意涵，可是也同時忽略了要「修身見於世」的準則，隱不能隱，仕不能仕，進退失據的韓熙載，難爲一朝之臣，也莫怪乎千古笑罵。

　　而所謂「南唐的裝飾點綴」，則稍有過之，韓熙載早年在朝以直言敢諫聞名，《湘山野錄》裡亦說韓熙載「每獻替，多嘉納，吉凶儀制不如式者，隨事稽正，制誥典雅，有元和之風。屢欲相之，爲宋齊丘深忌，終不進用」，〔註12〕所謂「儀制不如式者」如議太祖廟號、〔註13〕逾年改元等，〔註14〕元宗李璟甚至破格讓韓熙載「權知制誥」〔註15〕，可見其受重用之程度，也因此，才會受到宋齊丘的忌恨，而又在陳覺征討福州失利後，疾勸李璟務必以軍法處置，遂被宋齊丘等誣爲酒狂，以貶官論處，〔註16〕在此之後，韓熙載才算爲李璟所不信任，如勸止李璟北伐、請李璟勿讓陳覺擔任北伐監軍等，〔註17〕

自縊死。見清・吳任臣：《十國春秋・南唐》卷二十（北京：中華，1983 年 12 月），頁 296。

〔註12〕宋・文瑩撰：《湘山野錄》卷下，頁 55。

〔註13〕江文蔚、韓熙載典太常禮儀，議烈祖稱宗。儼獨建言：「帝王已失之，已得之，謂之反正；非己失之，自己復之，謂之中興。中興之君，廟宜稱祖。先帝興已墮之業，不應曲而稱宗。」文蔚以儼議爲當，遂用之。見宋・陸游：《南唐書》卷十五，頁 5582。

〔註14〕（元宗）即皇帝位，大赦境內，改元保大。太常博士韓熙載上疏曰：「逾年改元，古制也。事不師古，弗可以訓。」時雖可其奏，而制書已行，識者非之。見清・吳任臣：《十國春秋・南唐》卷十六，頁 206。

〔註15〕元宗即位，拜虞部員外郎、史館修撰，兼太常博士。乃慨然曰：「先帝知我而不顯用，是以我爲慕容紹宗也。」始數言朝廷事所當施行者，盡無所回隱。宋齊丘、馮延巳等皆側目。元宗意獨嘉之，命權知制誥。書命典雅，有元和之風。見宋・陸游：《南唐書》卷十二，頁 5559。

〔註16〕有謝仲宣者，詣燕王景達言：「齊丘先帝勳舊，不宜久棄山澤。」元宗乃遣馮延巳召之，不起；又遣燕王再持詔往，乃起，拜太傅、中書令，封衞國公，賜號國老，奉朝請，然不得預政。益輕財好客，識與不識，皆附之。薦陳覺使福州諭李弘義入朝。覺至福州，不敢言，而專命出兵，敗事，僉謂必坐誅，齊丘上表待罪，置不問，覺亦不死。修撰韓熙載請斬覺等以中國法，齊丘惡之，誣以被酒猖狂，謫和州參軍。當是時，齊丘、覺與馮延巳、延魯、李徵古、魏岑、查文徽爲一黨，熙載與孫晟、常夢錫、蕭儼、江文蔚、李德明爲一黨。齊丘剛悻自用，一言不同，必被排擯，正人多爲切齒。元宗心弗善也，復使鎮洪州。見清・吳任臣：《十國春秋・南唐》卷二十，頁 295。

〔註17〕周太祖有天下，用事者猶議北伐，熙載曰：「北伐，吾本意也，但今已不可耳！郭氏奸雄，曹馬之流。雖有國日淺，守境已固，我兵妄動，豈止無功耶！」

均不被採納，這一次仕宦低潮，讓他心灰意冷，即便後主李煜即位，想重用之，他也「端坐託疾不朝」，[註18] 晚年唯一的政績，唯議鑄鐵錢而已，[註19] 更多被流傳議論的，則是他蓄妓的風流韻事。

　　小說中的韓熙載，主要聚焦在被後主免去兵部尚書之職，並散去諸妓之後，閒散在家，直到金陵盛傳李煜將用韓熙載為相，於是諸妓去而復返，且一如往昔，仍如之前般笙歌狎玩，這方面描寫，符合了歷史所記載。[註20] 而確切的時間點，參考小說〈尾聲〉所寫，夜宴殺人事件結束後，韓熙載回到鳳台里官舍，一年後逝世（頁315），故當是發生在969年的事。按史書所載：開寶二年（969），（韓熙載）臥疾於城南戚家山……明年遂卒。[註21] 小說蓋是以此時為故事的展開點，唯須存疑的是，韓熙載於乾德二年（964）知貢舉，同年九月拜兵部尚書，到了乾德五年（967）時已任中書侍郎，充光政殿學士，此時李煜「命兩省侍郎、諫議、給事中、中書舍人、集賢勤政殿學士更直光政殿，召對咨訪，率至夜分」，[註22] 正是準備大用韓熙載的舉動，那麼韓熙載罷兵部尚書，又「留為秘書監，俄復為兵部尚書如故」[註23] 的時間點，應當就在965、966這兩年之間，稍與小說的969年，有三、四年的差距。不過小說是想像之作，即便是歷史小說，也會有其改造事實之處，況且小說安排韓熙載在命案之後，終於回到元配與兒女身邊，度過生命的最後一年，則頗為合情合理，讓韓熙載有個善終。

　　韓熙載之所以縱酒逸樂，無非是想掩人耳目，蒙騙世人的眼光，特別是

　　言雖切，而朝廷暗於機會，經營中原之意終不已。周人果以籍口，兵入淮南。齊王景達以兵馬元帥臨邊，陳覺為監軍使。熙載言：「出師，大事也，當先正名。莫信於親王，莫重於元帥，安用監軍使哉？」亦不從。見宋・陸游：《南唐書》卷十二，頁5559。

〔註18〕 見宋・陸游：《南唐書》卷十二，頁5559。

〔註19〕 世宗平淮甸，景患國用不足，熙載請鑄鐵錢。及煜襲位，卒行其議，以熙載為兵部尚書，充鑄錢使。錢貨益輕，不勝其弊，熙載頗亦自悔。見元・脫脫《宋史・南唐世家》卷四七八，頁13866。

〔註20〕 （韓熙載）蓄妓四十輩，縱其出，與客雜居，物議哄然。熙載密語所親曰：「吾為此以自污，避入相爾。老矣，不能為千古笑。」端坐託疾不朝。貶右庶子，分司南都，熙載斥諸妓。後主喜，留為秘書監，俄復故官，欲遂大用之。而去妓悉還，後主歎曰：「孤亦無如之何矣！」見宋・陸游：《南唐書》卷十二，頁5560。

〔註21〕 清・吳任臣《十國春秋・南唐》卷二十八，頁399。

〔註22〕 清・吳任臣《十國春秋・南唐》卷十七，頁245。

〔註23〕 清・吳任臣《十國春秋・南唐》卷二十八，頁399。

李煜的注視。他知道南唐的離滅國的下場已近，如果這時當了宰相，亡國之責將無所避免，於是企圖「自汙」以毀仕途，韓熙載本就是達識之士，在一次出使中原後，「及歸，主因問新帝容表言動及朝廷體貌，熙載盛言：『惟見殿前典親兵趙點檢。龍角虎威，凜然有異，舉目顧視，電日隨轉，公卿滿廷，為氣焰所射，盡奪其色。新帝雖富威武，其厚重之態，負山河之固，但恐不及。』」〔註24〕韓熙載本就自負，當年逃亡江南時，曾豪語要北定中原，〔註25〕如今被趙匡胤的氣質所懾服，更確定天下英主已出，餘皆不足論。況且在江南三十餘年，官場浮沉、朋黨猜忌相鬥，已耗去韓熙載大半的精神，當垂垂老矣時，也無力再去爭什麼權位，只圖安度餘生。而天意似乎也在晚年刻意彌補他似的，在南唐滅國前，西元970年韓熙載逝世，975年南唐才正式瓦解，意義上了了韓熙載的宿願，但實際上，〈韓熙載夜宴圖〉的傳世，卻依然讓韓熙載背負著千古的汙名。

　　至於李煜為何準備對韓熙載「大用之」，小說則有描述：

> 韓熙載本來自負才華，意圖有所作為，出仕南唐後曾有「幾人平地上，看我半天中」的詩句，然卻時刻面臨備受猜疑的境遇，心灰意冷之下，便漸漸開始流露名士風流放縱的一面──他不肯與城中鳳台里官舍的妻小住在一處，而是在金陵南門外的聚寶山建造一座大宅，內中蓄養四十餘名美貌妻妾，時常大開夜宴，縱情笙歌，過起了聲色犬馬的日子。儘管如此放浪形骸，韓熙載的大名還是遠播海內外，就連大宋皇帝趙匡胤，也對他極為重視，曾特意派宮廷畫院祗候王靄為使者，出使南唐，暗中畫下三個被趙匡胤認為可能是日後統一江淮的三名障礙──三名分別為宋齊丘、韓熙載、林仁肇；宋齊丘號稱「江左之諸葛武侯」，林仁肇則是南唐著名戰將，韓熙載得與此二人並列，足見趙匡胤對他的重視。後主李煜即位後，本來大肆猜忌北方籍大臣，甚至藉口韓熙載某次進諫有失大臣顏面，而罷去他兵部尚書的職位。但據說，李煜自從聽聞派往汴京的探子回報王靄作畫一事後，也開始對韓熙載刮目相看、日益重視起來。

〔註24〕宋・文瑩撰：《玉壺野史》卷九（清華大學圖書館藏影印清・張海鵬編：《墨海金壺》本，上海博古齋，1921年），頁7右。

〔註25〕（李穀）與韓熙載善，熙載將南渡，密告穀曰：「若江東相我，我當長驅以定中原。」穀笑曰：「若中原相我，下江南探囊中物耳。」見元・脫脫：《宋史》卷二六二，頁9055。

（卷一〈有美一人〉，頁 11～12）

此處亦爲吳蔚刻意塑造之小說形象，意圖將韓熙載的軍事和政治才華拉抬到極高的層次，藉此與夜夜笙歌、流連春風，以及拋家棄子的韓熙載成爲一個反差極大的對比。而王靄作出使三人畫像一說，則來自《宋朝名畫評》的一段記載，〔註 26〕由此可見，韓熙載往年獨識趙匡胤爲豪傑人物，一旦將成天下之主，此時趙匡胤也以韓熙載爲收復江南的一大障礙，兩人英雄惜英雄之情，雖小說沒有明確描述，也可見一斑。寫李煜猜忌北人一事，則參考《江南野史》所記，〔註 27〕中也提及韓熙載擔心受戮，於是才放浪形骸，蓄妓縱情，然而說韓熙載諫言有失大臣顏面，或許爲誤植，參《江表志》所載：

> 柳宣爲監察御史，居韓熙載門下。韓以帷箔不修，謫授太子右庶子，分司南都。議者疑柳宣上言，宣無以自明，乃上章雪熙載事。後主叱曰：「爾不是魏徵，頻好直言。」宣曰：「臣非魏徵，陛下亦非太宗。」韓熙載上表，其畧云：「無積草之功，可裨於國；有滔天之罪，自累其身。」又：「老妻伏枕以呻吟，稚子環牀而號泣。三千里外，送孤客以何之；一葉舟中，泛病身而前去。」遂免南行。後臥疾，終於城南戚家山南。」〔註 28〕

韓熙載所以被貶官，原因是「帷箔不修」，意即恣意舞樂，不預朝政，而上奏不當者，則是韓熙載的門人柳宣一句「臣非魏徵，陛下亦非太宗」，且韓熙載議事而被貶官，僅有請斬陳覺一件而已，小說作者吳蔚可能在材料上處理稍有不愼。另外，小說言韓熙載的別墅位於金陵城南的「聚寶山」，可能也是參考《江表志》此條所載的「城南戚家山（今江蘇南京戚家山）」，只是爲了誇顯韓熙載的形象，而改成「聚寶山（案：今江蘇南京亦有聚寶山）」，原意是此山擁有硫鐵礦產故曰聚寶，而韓熙載蓄有江南第一舞女王屋山、第一樂女

〔註 26〕 王靄，京師人。幼有誌節，頗尚靜默。留心圖畫，尤長於寫眞。……至宋有天下，靄還國，復爲待詔。義祖以區區江左未歸疆土，有意於弔伐，命靄微服往鍾陵，寫其謀臣宋齊丘、韓熙載、林仁肇等形狀。《宋朝名畫評·人物門》卷一（《文淵閣四庫全書·子部·藝術》815，臺灣：商務，1986 年），頁 450上。

〔註 27〕 後主即位，頗疑北人，往往賜死。熙載懼禍，肆情坦率，破財貨售樂妓以百數，月俸至散與妓女，一無所有。見宋·龍袞《江南野史·集外逸文》（傅璇琮、徐海榮、徐吉軍主編：《五代史書彙編》玖，杭州：杭州出版社，2004年 5 月），頁 5237。

〔註 28〕 宋·鄭文寶《江表志》卷下，頁 5039。

李雲如、第一美女秦蒻蘭，令人欽羨不已，亦符合聚寶之意。

　　小說另又透過韓府管家韓延的側面描述，透露了韓熙載的改變：

> 自那（指南唐去國號，貶損制度）之後，韓熙載便像個徹底變了個人，開始他風流放蕩、醉生夢死的生活，由胸懷天下變成胸懷女子，帷薄不修，沉湎於聲色之中。他蓄養了大批妻妾，朝廷給她的俸祿，全被姬妾分去。他甚至與門生舒雅一道穿上破衣，背起竹筐，打扮成乞丐，向眾姬乞討飯食，以為笑樂。當然，韓延從來沒怪過他的主人，他只是不能理解，即使無法像李谷那樣一抒大志，也不必淪落到這個地步。生命的泥土委棄在地上，不生喬木，只生野草，這是上天的過錯，可是明明已經生成了喬木，卻偏要刻意放低身姿去做野草，這實在不是一般人所能理解。（卷二〈聚寶山中〉，頁48）

南唐去國號，貶損制度的時間是「開寶五年（972）春正月」，因宋滅了南漢，李煜感到恐懼，於是向宋帝趙匡胤上表，「改詔為教，中書門下為左右內史府，尚書省為司會府，御史台為司憲府，翰林院為文館，樞密院為光政院，大理寺為詳刑院，客省為延賓院，官號亦從改易，以避中朝」，[註29] 小說亦有類似的描述，[註30] 然而作者吳蔚在處理上，卻犯了時間錯置的毛病，上述提及，韓熙載於970年逝世，南唐去國號，則在972年，韓熙載斷不會在此時復活而縱情聲色，故指的應當為交泰元年（958年）夏五月，李璟因與後周交戰失利，而向後周稱藩，「下令去帝號，稱國主。去交泰年號，稱顯德五年。置進奏邸於汴都，凡帝者儀制，皆從貶損。改名景，以避周信祖諱」，[註31] 吳蔚沒有確定先後順序，而將之混為一談，稍有可議。至於乞食歌姬之事，則是參考《癸辛雜識》〈乞食歌姬院〉所載。[註32] 以韓延角

[註29] 見宋・陸游：《南唐書》卷三，頁5489～5490。

[註30] 自從北邊大宋皇帝趙匡胤平滅南漢劉鋹政權後，江南的局勢驟然緊張了起來。其時，南唐已經向大宋稱臣，李煜不得稱「皇帝」，而是稱「國主」；李煜所下諭旨，不再稱「聖旨」，而改稱「教」；中央的行政機構亦改便稱呼，如中書、門下省改為左、右門內史府，尚書省改為司會府等。如此貶損制度，自是刻意修藩臣之禮，表示不敢與大宋皇帝平起平坐之意。然而，趙匡胤志在天下，總說：「天下一家，臥榻之旁，豈容他人酣睡。」（卷一〈有美一人〉，頁10）

[註31] 見宋・陸游：《南唐書》卷二，頁5482。

[註32]（熙載）破其家財，售妓樂數百人，荒淫為樂，無所不至。所受月俸，至不能給，遂散衣破履作瞽者，持弦琴，俾門生舒雅執板挽之，隨房乞丐，以足日膳。見宋・周密撰，吳企明點校：《癸辛雜識・乞食歌姬院》，頁41。

度而言，韓熙載是自甘墮落，也自欺欺人，但只是一方見解，雖可以代表大多數人對他的印象，卻是個誤解的印象，遂有「在其位而不謀其政，虛有大名」（卷六〈案發當時〉，頁 185）的批評，並藉張士師的疑惑，道出韓熙載非人臣的自私行為：

> 他（張士師）在酒窖時已從秦蒻蘭口中得知，聚寶山的上一場夜宴是在韓熙載被免去兵部尚書一職後開宴，若說他有意藉夜宴發洩心中的不滿倒也說得通，可是如今局勢緊張，國主向北方大宋俯首稱臣，傾盡國庫，送金送銀，亦不能阻止趙家天子統一天下的決心——南唐已危在旦夕。他韓熙載既是三朝名臣，名望又高，城中正傳聞國主李煜有意起用他為宰相以挽救危局，為何他要選此敏感時機開一場這麼盛大的夜宴？（卷六〈案發當時〉，頁 197）

答案也許不那麼複雜，誠如上述，韓熙載是故意如此，只為避千古笑名。

跳脫歷史記載的敘述束縛，小說中的韓熙載沉穩、神秘、內斂，給人無法一眼看破的深邃印象，他有著「一張稜角嶙峋的臉」（卷二〈聚寶山中〉，頁 56），「那雙紗帽下的眼眸藏有一股奇特的凌人光芒，似乎黑暗都籠罩覆滅不了」，且渾身散發「雅致飄逸的氣度」（卷二〈聚寶山中〉，頁 57），但也恆常「面色沉鬱」（卷二〈聚寶山中〉，頁 57），且「步履極穩極慢，每邁出一步，似乎都費盡心思，趁著沉鬱的背影，顯得格外沉重」（卷二〈聚寶山中〉，頁 57）。

（圖一：顧閎中〈韓熙載夜宴圖〉中的韓熙載）

種種形象刻畫，卻也頗有幾分相像，同樣的面色沉鬱，不苟言笑，彷彿心思並不在眼前的熱鬧當中，而另有所想。小說中對於賓客與妓的互動曖昧，如郎粲與王屋山、朱銑與秦蒻蘭、舒雅與李雲如等，亦描述說：

> 韓熙載是真名士、真風流，但畢竟已是六旬老翁，精力氣血已衰，

> 然府中姬妾卻正當妙齡、才色雙全，又因出自教坊，跌宕風流，多
> 是難以安分之輩，某些姬妾暗與年輕男子私通偷歡的韻事，不但韓
> 府的人熟悉內中情形，就連堂內大多數賓客亦有所耳聞。（卷五〈一
> 屍兩命〉，頁 135）

吳蔚似乎企圖以韓熙載年邁不堪的客觀條件，解釋了賓客與妓的苟且，但史
料如《舊五代史》、〔註33〕《宋史》〔註34〕等所記，以爲是韓熙載故意放縱所
爲，雖形容稍有出入，但韓熙載蓄妓並任由其與賓客雜處，或許一來可以讓
風流名響徹金陵，二來也可以藉此拉攏一些官員，無論要替他緩和李煜拜相
之請也好，讓李煜對他心灰也好，都具有積極的作用。儘管如此，小說還是
寫出了韓熙載的可憐之狀：

> ……然眼前所見，煢煢獨立，形影相弔，不過是一可憐的孤寡老人
> 而已，哪裡有半分傳說中神仙中人的氣派。後面差役久聞韓府夜宴
> 燈光酒色、紅綠相映，花廳雖一片狼籍（藉），但依稀可窺夜宴之
> 豪華氣派，蜂擁上來後，本以爲既是主人臥房，佈置陳設定當精美
> 絕倫，更勝樓下，不料卻如此素淡，不免大失所望。（卷六〈案發
> 當時〉，頁 197）

供夜宴舉辦的「花廳」裝潢得美輪美奐，雕樑畫棟，好比皇宮，但到了樓上
韓熙載的房間時，卻極其簡陋，一點也不符韓熙載的氣派，這樣的描寫，表
達了韓熙載表裡不一的矛盾形象，故說「他（韓熙載）的表面，未必是他的
眞實，正如他家花廳樓下樓上風格迥異一樣。」（卷六〈案發當時〉，頁 203）
因此韓熙載的刻意僞裝，變得耐人尋味，卻也昭然若揭，只是如同韓延的疑
問一樣，一般人是很難能夠理解韓熙載內心所想與表現所爲的。

此外，在小說中的韓熙載也好色、風流、多情，讓許多才女義無反顧的
迷戀著，也因愛得透徹，更直接的體會到韓熙載的無情，小說中藉耿先生之
口，說出了這樣的事實：「韓熙載向來不將女人當回事，你看他如何對待秦蒻
蘭便知曉。對府中姬妾偷歡之事，他未必眞不知道，不過裝聾作啞罷了。」（卷

〔註33〕晚年不羈，女僕百人，每延請賓客，而先令女僕與之相見，或調戲，或毆擊，
　　　或加以爭奪靴笏，無不曲盡，然後熙載始緩步而出，習以爲常。復有醫人及
　　　燒煉僧數輩，每來無不升堂入室，與女僕等雜處。見宋·薛居正：《舊五代史·
　　　僭僞列傳》卷一百三十四，頁 1790。

〔註34〕（熙載）由是畜妓妾四十餘人，多善音樂，不加防閑，恣其出入外齋，與賓
　　　客生徒雜處。見元·脫脫：《宋史》卷四七八，頁 13866。

八〈畫外之音〉，頁286），如與周文矩之妹周小蘭有過一段露水情緣，面對周文矩的質問時，卻直言「不認識」，或者讓一心傾慕他的「江南第一美人」秦蒻蘭對陶穀施以美人計等，使得秦蒻蘭由愛轉恨，由恨化成殺意，才演變出這一樁「夜宴殺人事件」，秦蒻蘭身為韓府實質上的女主人，韓熙載的改變，全都看在眼裡，她說：「現在相公已經不是以前那個人了，所有的一切都不在他心上。」（卷六〈案發當時〉，頁216）或許，安度晚年，已成了韓熙載唯一的心願，而刻意幫王屋山擊鼓伴奏，則可順理成章的解釋為虛應故事，否則韓熙載若整場夜宴都枯坐著，如何能不啟人疑竇。

綜上所言，小說在描述韓熙載、刻劃其形象時，有系統地參考了豐富的史料記載，雖難免有所疏漏，卻也盡可能的將韓熙載的面貌做完整呈現，雖然在小說中韓熙載只能是配角般的存在，但既已其名其事為書名，自然免不了要深入考察一番，而身為作者，吳蔚透過資料的整理與文學的筆法，給予韓熙載這樣的評價：

> 葬在聚寶山的這位名士，雖與張氏父子非親非故，在江南卻一度是個家喻戶曉的風雲人物。甚至日後亦有不少史學家認為，倘若南唐國主及早重用此人，必定不會走向亡國的局面。這個被視作有能力挽救南唐危局與大宋抗衡的人，名叫「韓熙載」。然而，他得以名留青史，更多的原因是由於一幅名為〈韓熙載夜宴〉的人物連環圖。只是這幅畫作所展示的既非他的濟世之志，亦非他的藝術才華，而是他人生中最陰暗、最黑色的一幕，這實在是歷史對他最大的嘲弄。
> （〈引子〉，頁6）

雖非史筆，卻也寫得中肯透徹，一方面給予高度讚賞，認為〈夜宴圖〉的流傳，是「歷史對他最大的嘲弄」，一方面也為其抱屈，以為大多數人都認不清真正的韓熙載，紛紛錯看之。

二、各懷心思的三對男女

吳蔚《韓熙載夜宴》小說中，在聚寶山韓府中有三個主要女角，各有各的專長，也各有各的淒涼。她們生活在同樣的場景中，卻懷著不同的心思，跟著同一個男人，卻無法和他將緣分完美的走完，到最後只是互相折磨著。一邊另結新歡、一邊重投舊抱，一邊由愛轉恨，但他們沒料想到的事，是將他們兜攏在一起的男人韓熙載，壓根不大在乎她們的感受，只是利用著、虛

耗著，直到生命來到盡頭，歷史下完定論，她們才有真正自由的時候，她們就是秦蒻蘭、王屋山、李雲如。

在韓府中，秦蒻蘭、王屋山、李雲如雖繞著韓熙載打轉，但暗地裡，卻又各自與其他男子有所互通，即是樊若水、郎粲、舒雅三個人，他們都曾需要韓熙載的幫助，卻又敢與韓熙載名義下的姬妾有所往來，私情篤篤，多角關係的矛盾，構成了《韓熙載夜宴》最具張力的部分，破案偵兇倒成了附屬的情節。以下，將就這三對男女的互動，分析吳蔚如何處理虛華背後的感情世界，又如何藉由六人的交往，推動小說情節的發展。

（一）愛轉癡恨枉當時——秦蒻蘭與樊若水

秦蒻蘭在小說中，出身教坊，能歌善舞，演奏琵琶亦是一絕，既是名徹金陵的「江南第一美女」，委身韓熙載之後，更是聚寶山韓府實質上的女主人，府中大大小小的事，皆由她一人包辦，因此在小說中可以看見她在外沽酒、買魚、訂購西瓜，在內吩咐廚房等情節，打破了男主外、女主內的傳統定義。而韓熙載只是賦閒在家，並不管事，甚至更不干預家中女妾的私生活，儘管諸妓與賓客有染是公開的秘密，在這樣的發展下，韓熙載感受不到秦蒻蘭的心意的轉變，而秦蒻蘭自然而然的，有許多機會可以籌畫行兇事宜。當然，在懸疑偵探小說的安排中，秦蒻蘭是最不可能成為兇手的兇手，但當真相解開之時，卻有令人覺得理所當然，情有可原。但凡可惡之人，必有可愛之處。

秦蒻蘭美，美得不可方物、脫俗絕倫，小說主角張士師在偶然間窺得秦蒻蘭時，便驚為天人，當中如此敘述：

> 那女子（秦蒻蘭）……聲音又是清亮又是柔美，娓娓動聽，彷彿天外傳來的聲音。她便是有「江南第一美女」之稱的秦蒻蘭。世人論人間之絕色女子，當以花為貌，以鳥為聲，以月為神，以玉為骨，以冰雪為膚，以秋水為姿，以詩詞為心。而這秦蒻蘭竟每樣兼備了不說，還精通音律、廚藝、女紅，才貌舉世無雙。就連張士師這等只聞其名、未見其人者，一望之下便即目瞪口呆，心中只道：「這一定就是秦蒻蘭，只有她才配有這般花容月貌。」（卷一〈有美一人〉，頁19）

除了形象類比的描述，作者也運用了比較法，說道：

> 他（張士師）適才在御街前遇到韓熙載其中一名姬妾王屋山，已經深歎其美貌，……現今見了秦蒻蘭，方知何謂絕色——閃亮的星星

點綴天幕誠然美麗，但皎潔的月亮一出，在光華映照下，星星亦要黯然失色。（卷一〈有美一人〉，頁19）

在張士師眼中，王屋山已經夠美了，可是見到秦蒻蘭之後，卻完全無法比擬。在作者刻意精心的塑造之下，秦蒻蘭才貌無雙，當世無匹，任何一個男人見了都要怦然心動，無法自拔。小說當中最明顯者莫過於張士師，因為偶然的一瞥，而對秦蒻蘭有近乎痴狂的迷戀，才使他想方設法迫切要再見她一面，這不僅意外使自己牽扯進命案當中，也影響了他爾後的辦案判斷，但對秦蒻蘭而言，張士師也算個意外，沒有他的出現，一切或許會更順利。然而更可悲的是，秦蒻蘭雖有殺人計畫，且付諸行動，但天意弄人，有毒西瓜飽含著血水，她亟欲置於死地的韓熙載因此而沒死，參加夜宴的無差別對象，也無一人身亡，只因西瓜明顯有問題，故而整起事件，因秦蒻蘭而死的只有二人，一是偷聽到她與樊若水對話的太常博士陳致雍，一便是秦蒻蘭自己，以自盡收場。

秦蒻蘭想殺害韓熙載的動機是由愛轉恨，或許在韓熙載將她贖身帶入聚寶山時，兩人曾有過甜蜜浪漫的風情時光，或許救贖之恩，讓秦蒻蘭甘心跟隨韓熙載，也可能是韓熙載的個人魅力，令原只有讓男人拜倒石榴裙下的秦蒻蘭，終於有一個仰慕的對象，但這些假設，小說一應沒有安排，有的只有一椿美人計——秦蒻蘭受韓熙載之請，打扮成一個在驛站打掃的寡婦，藉以迷惑宋朝派來的使者陶穀，[註35]原本陶穀仗勢自己是上國大使，在朝中十分倨傲，連國主李煜也不敢對他有所埋怨，而韓熙載早年在北方就以認識陶穀，認為他不過虛有其表，決意戳破他的假面具。秦蒻蘭先是每日在陶穀的居處前打掃，久而久之，果然吸引陶穀便放下高姿態，上前溫柔噓寒問暖，秦蒻蘭又寄以可憐身世，又為陶穀彈奏一曲琵琶，成功使陶穀破了君子慎獨的矜持，與秦蒻蘭成一夕之好，並以此為本事填寫一闋〈風光好〉。幾天後，陶穀參與國家宴會，依然是那副眼高於頂的架子，既不喝酒，也不打交道，儼然以正人君子自居，卻沒想韓熙載此時請了一位歌伎，此女不是別人，正是陶穀所邂逅的秦蒻蘭，不只如此，秦蒻蘭還當場獻唱了陶穀所寫的〈春光

〔註35〕 案：陶谷應為陶穀，中國史書和筆記中均為陶穀，台灣好讀出版的吳蔚《韓熙載夜宴》一書則寫作陶谷，可能在繁簡轉換下，形成錯置。本論文在引用吳蔚《韓熙載夜宴》之內容時保留書中原文書寫之陶谷，但在論述時則使用史籍中之陶穀二字。

好〉，陶穀這才恍然大悟，明白自己中了美人計，爲此羞愧不已，毫無顏面再返回宋朝述職，最後選擇金陵跳河自殺。韓熙載雖設計爲南唐扳一回顏面，但國主李煜反爲此大駭，深怕趙匡胤的報復，誰知趙匡胤聽得秦蒻蘭的絕世美色，竟也默然不顧國家大使的失格，反而對秦蒻蘭這一位女子，感到無比的興趣。遂埋下日後又盛傳韓熙載打算將秦蒻蘭獻給國主，再讓國主送給趙匡胤，以換取南唐的一線生機這樣如吳越之爭的翻版。

　　秦蒻蘭美色誘陶穀，野史上不乏記載。陶穀是在顯德五年（958）十二月時出使南唐，〔註36〕與秦蒻蘭邂逅的情形則分別在《南唐拾遺記》、〔註37〕《南唐近事》〔註38〕、《玉壺野史》〔註39〕中所見，故事皆大同小異，至於《宋史·陶穀》本傳則無相關記載，〔註40〕且歷史中的陶穀（902～970）亦未在金陵

〔註36〕清·吳任臣：《十國春秋·南唐》卷十六，頁 231。

〔註37〕陶穀使南唐，甚欲假書。韓熙載令館伴驛中騰六朝書，半年乃畢。穀見伎秦蒻蘭，以爲驛吏女也，遂敗慎獨之戒，作長短句贈之。明日，中主燕穀，穀穀然不可犯。中主持觥立，使蒻蘭出歌「續斷弦」之曲侑觴，穀大慚而罷。詞名〈風光好〉，云：「好姻緣，惡姻緣，祇得郵亭——夜眠，別神仙。琵琶撥盡相思調，知音少。再把鶯膠續斷弦，是何年？」清·毛先舒撰，傅璇琮校點：《南唐拾遺記》，頁 5787。

〔註38〕陶穀學士奉使，恃上國勢，下視江左，辭色毅然不可犯。韓熙載命妓秦弱蘭詐爲驛卒女，每日弊衣持帚掃地。陶悅之與狎，因贈一詞名〈風光好〉云：「好因緣，惡因緣，只得郵亭一夜眠。別神仙，琵琶撥盡相思調，知音少。待得鶯膠續斷弦，是何年。」明日後主設宴，陶辭色如前，乃命弱蘭歌此詞勸酒，陶大沮，即日北歸。宋·鄭文寶撰，張劍光校點：《南唐近事》卷二，頁 5062～5063。

〔註39〕先是，朝廷遣陶谷使江南，以假書爲名，實使覘之。李相密遺熙載書曰：「吾之名從五柳公，驕而喜奉，宜善待之。」至，果爾容色凜然，崖岸高峻，燕席談笑，未嘗啓齒。熙載謂所親曰：「吾輩綿歷久矣，豈煩至是耶？觀秀實公，非端介正人，其守可隳，諸君請觀。」因令宿留，俟寫《六朝書》畢，館泊半年。熙載遣歌人秦弱蘭者，詐爲驛卒之女以中之。弊衣竹釵，旦暮擁帚灑掃驛庭。蘭之容止，宮掖殆無。五柳乘隙因詢其跡，蘭曰：「妾不幸夫亡無歸，托身父母，即守驛翁媼是也。」情既瀆，失「慎獨」之戒，將行翌日，又以一闋贈之。後數日，宴於澄心堂，李中主命玻璃巨鐘滿酌之，谷毅然不顧，威不少霽。出蘭於席，歌前闋以侑之，谷慚笑捧腹，簪珥幾委，不敢不釂。釂罷復灌，幾類漏卮，倒載吐茵，尚未許罷。後大爲主禮所薄，還朝日，止遣數小吏攜壺漿薄餞於郊。迨歸京，鶯膠之曲已喧，陶因是竟不大用。其詞〈春光好〉云：「好因緣，惡因緣，奈何天，只得郵亭一夜眠？別神仙。瑟琶撥盡相思調，知音少。待得鶯膠續斷弦，是何年？」宋·文瑩撰：《玉壺野史》，頁 9 左-右。

〔註40〕參見元·脫脫《宋史》卷二六九，頁 9235。

投河自盡，而是回到宋朝，一直到開寶三年（970）才逝世，恰好與韓熙載同年而卒，而年紀則略少一歲。除卻野史的記錄，在元・戴善夫（生卒不詳）所作的元雜劇《陶學士醉寫風光好》中，〔註41〕也是以此爲本事所延伸的創作，結局則是才子佳人式的喜劇收場；另在繪畫方面，則有明・唐寅（1470～1542）的〈陶穀贈詞圖〉，顯見其受到關注的程度。

（圖二：明・唐寅「陶穀贈詞圖」）

<hr />

〔註41〕見《陶學士醉寫風光好》（《續修四庫全書・集部・戲劇類》1761，上海：上海古籍，2002 年 3 月），頁 120～135。

　　小說中設計陶穀自盡了斷，用意不外乎是形塑秦蒻蘭紅顏禍水的一面，讓美變成一劑可以致人於死的毒藥，因此更能顯示出韓熙載的免疫程度，而韓熙載對秦蒻蘭的滿不在乎，正是將秦蒻蘭由蕙質蘭心，變質為蛇蠍心腸的重要催化物。但秦蒻蘭並未完全泯滅人性，令她失望的對象是韓熙載，恨的是所有為她美色所魅惑的男人，故而當張士師看她而發獸時，秦蒻蘭心裡也不免鄙夷之，更不用說像紫微郎朱銑為她所利用而不自知的人了。這當中可以發現一個矛盾，就是秦蒻蘭傾城傾國的美，對韓熙載毫無影響，如此的反差，造成她極端的人格，與激烈的報復，而唯一值得她真心對待，毋須隱瞞的男人，就只剩同鄉的青梅竹馬樊若水。

　　樊若水（943～994），歷史上真有其人，在南唐累舉進士不第，因而喬裝成漁夫，藉機丈量長江的寬度，並獻與宋朝，使後來宋師南渡如履平地，可謂宋平南唐的首要功臣，事蹟可見《十國春秋》〔註42〕、《宋史紀事本末》〔註43〕等。在吳蔚小說中，樊若水初出場時是一個賣魚的漁夫，將魚賣給秦蒻蘭時，被張士師給瞧見，後來張士師得知韓府已經茹素半年，才懷疑到秦蒻蘭與樊若水身上。原來兩人自小便是同鄉的青梅竹馬，秦蒻蘭不幸被賣到教坊，又輾轉進了韓府，後來有一年韓熙載成為貢舉的主考官，秦蒻蘭因而向韓熙載推薦樊若水，想讓樊若水可以順利登科仕宦，不料當年進士九人中，竟有五人與韓熙載有交情，此事被李煜得知後，親自命題舉行複試，五人俱因不合格而被罷黜，〔註44〕樊若水因此懷恨在心，當秦蒻蘭請他幫忙時，於情於

〔註42〕 池州人樊若水。舉進士不第，詣宋闕獻策，請造浮梁以濟師。宋遣高品石全振往荊湖造黃黑龍船數千艘，又以大艦載巨竹絙，自荊渚而下。及會曹彬等出師，乃遣八作使郝守濬等率丁匠營之。議者以為古未有作浮梁度大江者，乃先試於石牌口，移置采石，三日而成，長驅度江，遂至金陵。註云：「若水先常夜釣采石，以絲繩量江之廣狹，故尺寸脗合。」清‧吳任臣：《十國春秋‧南唐》卷十七，頁249。

〔註43〕 初，江南池州人樊若水舉進士不第，因謀來歸。乃漁釣於採石江上，乘小舟載絲繩其中，維南岸，疾棹抵北岸，凡十數往還，得其江之廣狹。因詣汴上書，言江南可取狀，請造浮梁以濟師。帝然之，遣使往荊湖，造黃黑龍船數千艘。又以大艦載巨竹絙，自荊渚而下。或謂江闊水深，古未有浮梁而濟者，帝不聽，擢若水為右贊善大夫。及師南下，以若水為嚮導，既克池州，即用為知州。十一月，若水請試舟，乃先試於石牌口，移至採石，三日而成，不差尺寸。潘美因率步兵渡江，若履平地。見明‧陳邦瞻：《宋史紀事本末‧平江南》卷六（北京：中華，1977年），頁33。

〔註44〕 乾德二年（964），春三月……命吏部侍郎修國史韓熙載知貢舉，放進士王崇古等九人。國主命中書舍人徐鉉複試舒雅等五人，雅等不就。國主乃自命詩

私，自然一口答應，事敗之後，便如史實所記載，成功替自己，也替情人秦蒻蘭復了仇。

秦蒻蘭的坎坷身世，其實也是多數教坊女子的縮影，被迫離鄉背井，學習取悅男人的各種技巧，或賣藝或賣笑或賣身，等年老色衰，漸漸地遠離煙花的核心，轉往市井、小酒樓甚至是街頭，幸運些的話，則被官人買走，成為小妾，雖相對而言，秦蒻蘭在韓府中得到一定程度的尊重，成為實質上的主母，卻因絕世美貌，無可避免的成為政治手段下的一粒棋子，因而她的惡毒是值得同情的，可恨的，反而是利用她的人，可憐的，則是被她美色所迷惑的人。小說便藉由迷戀秦蒻蘭的紫薇郎朱銑思道：

> 雖然她竭盡全力不願表現出來，但總有一種背叛令人心寒，天底下又有哪個女子甘願被一而再再而三當作政治工具呢？尤其像秦蒻蘭這樣的絕色美人，天生就該是被男人疼愛的。此刻，從月光燈影下望著她，真似一枝初放的蘭花，身姿窈窕，柔美純淨，於極清中露出極豔，惹人愛慕憐惜。他情不自覺地悸動著，滿心思地想呵護她，甚至覺得可以為她去死。（卷三〈不請自來〉，頁75～76）

愛恨情仇，糾結秦蒻蘭的一生，猶如滿是水道的江南小鎮，韓熙載一度是她的橋，帶她跨過了種種的坎窘，但當她領悟到跟著韓熙載到最後，所見的竟是浩如汪洋，渺茫不復的長江時，幸好還有樊若水，他是她的漁夫，她的小船，可惜她最終仍上不了岸。小說如此安排她的結局：

> 踏上長干橋，金陵城就在眼前，終於要進城了。以往雖有不少苦難的日子，但至少她還是相信，幸福即使不在路上，也一定會在路的盡頭。而如今她已清楚知道，路的盡頭將是黑暗的牢獄，命運就是這般捉摸不定。她突然回過頭去，望著背後的樊若水──她要是長得沒這般美貌，定不會被家人賣入教坊，亦該早已嫁給這位青梅竹馬同鄉，或許可以小家小戶地過著賢良安寧的日子，種種花草，養養雞鴨，偶爾抬頭看看雲淡風輕，人生豈不完美？唉，實在可歎呀，生是如此偶然，死又是如此必然。歲月往復，多少歡樂，多少憂傷，多少酸甜，多少苦辣，都將過去。她朝自己的兒時夥伴歡然一笑，陰鬱蒼白的面龐突然漾開了兩朵燦爛的紅花，寫滿了純樸天真的童

賦題，以中書官蒞其事，五人皆見黜。見清・吳任臣：《十國春秋・南唐》卷十七，頁243。

年往事,隨即縱身躍入秦淮河中。(卷十〈日暮蒼山〉,頁313～314)

「長干橋」是充滿兒女情長的意象標的,李白詩中的青梅竹馬、崔顥詩中的殷殷期盼,都再再爲「長干」填寫浪漫卻帶有憂傷情懷的詩篇,小說讓秦蒻蘭在此地回想一生最美好的時光,然後也讓她停留、消逝在那一刻,樊若水的絕望怨恨、張士師的憂懷感傷、韓熙載的潸然老淚,一概都已不重要。

(二)情到濃時便是狂──王屋山與郎粲

王屋山一名,出自〈韓熙載夜宴圖〉卷末的韓熙載小傳:

> ……常與太常博士陳致雍、門生舒雅、紫微朱銑、狀元郎粲、教坊副使李家明會飲。李之妹按胡琴,公爲擊鼓,女妓王屋山舞六么,屋山俊慧非常,二妓公最愛之;幼令出家,號凝酥素質。後主每伺其家宴,命畫工顧閎中輩丹青以進。

是所有韓熙載所蓄諸妓中,唯一提及完整姓氏的人,但史料中並無其他記載可供佐證,從這孤筆記錄當中,可知韓熙載最寵愛的姬妾有二,一是擅彈胡琴的李家明妹,二是善跳六么舞的王屋山,並甚讚王屋山的俊美、聰明,是才貌兼備、不可多得的奇女子,而王屋山自小便出家進入教坊學習,其中最令人激賞的,是她猶如凝結的酥油般、細嫩滑潤的雪肌冰膚。

王屋山在小說中,雖不如「江南第一美女」秦蒻蘭的才貌無雙,卻也能望其項背,令他人望塵莫及了,吳蔚如此描述:

> 那女子(王屋山)大約十八、九歲年紀,穿一件蓮花色紗衫,下繫一條百摺湖色羅裙,身形纖細嬌弱,……粉面桃花,清麗可人,……她名叫王屋山,不過現下她已非教坊女子,而是前任兵部尚書韓熙載養在聚寶山雨花臺別宅的其中一名姬妾。能走進聚寶山,當然有過人之處,她是這金陵城中最有名的舞伎:傳說她擅跳「綠腰」軟舞,每當她翩然起舞,慢處柔媚入骨,快處眼花繚亂,令人過目難忘。國主李煜先後立周娥皇、周家敏姊妹爲王后,時人稱大、小周后,均爲江南著名才女;大周后擅彈琵琶,小周后擅長舞蹈。然而曾有幸參加宮中私宴的大臣卻私下議論,大周后的琵琶樂〈霓裳羽衣〉有開元天寶餘音,固然絕妙,卻不及韓熙載姬李雲如的〈十面埋伏〉那般層次分明、動感十足;小周后的「霓裳羽衣」舞纖細婀娜,亦遠遠不如王屋山的「綠腰」那般柔軟曼妙、勾魂奪魄。是以在傳聞之下,江南最有才藝的女子竟不似在南唐的王宮中,反倒聚

　　　　集在聚寶山雨花臺。（卷一〈有美一人〉，頁 14）
先是形容她的年齡，比之秦蒻蘭、李雲如二人，歲數最小，因而在韓熙載面
前最有爭寵的本錢，穿著打扮亦十分講究，故而作者在形容其他姬妾時，並
不特別描述她們穿什麼服裝，但在講到王屋山時，必然費心多添一筆，乃是
在形塑其愛美如癡的個性，甚至在張士師不小心將酒水灑在王屋山的鞋上
時，她還氣得遲遲不肯罷休，也因為這種刻意的安排，致使後來追查毒西瓜
案的兇手時，很快便能排除王屋山的嫌疑，只因她斷不可能讓自己踩在泥沙
上，如此就不可能去田裡給西瓜餵毒，此處作者便巧妙的蘊含了愛美是女人
天性、女人愛美不是罪的意圖。

　　接著形容她「身形纖細」，這部分大致上參考了〈韓熙載夜宴圖〉中的王
屋山形象：

（圖三：顧閎中〈韓熙載夜宴圖〉中的王屋山）

　　畫中無論是舞六么、持扇、端水、伺宴，王屋山嬌瘦的身形，俱清楚可
見，尤其是其他仕女樂妓的穿著基本上都比較飄逸，唯王屋山衣裳貼身，曲
線畢露，這概是為「六么」這類軟舞舞者的特色，小說中也花了相當篇幅描
述王屋山跳舞的樣貌：

　　　只見麗人（王屋山）在場中旋轉著，眼波流盼，腰肢如水蛇般扭轉
　　　翻騰，婀娜妖嬈，腳下蓮步凌波，飄逸而柔美。揮舞的雙袖靈動異
　　　常，輕如雪花飄搖，又像蓬草迎風轉舞。她本來就身材苗條，長袖
　　　窄襟的長綾衣更顯纖細窈條。尤其在燈燭的輝映下，綾衣灩灩閃動，

藍中泛綠，炫出一種奇特的華麗效果，仿若盈盈碧波盪漾眼前，別具幽芳冷豔之致，充滿令人欲罷不能的誘惑。（第四卷〈血水西瓜〉，頁91）

舞姿婆娑中，鼓聲忽然加快，變得清脆響亮。王屋山的舞姿也隨節拍急遽變快，滿堂翔舞，洽如一隻蝴蝶，忽低忽昂地飛來飛去，輕盈之極，娟秀之極，典雅之極。羅袖漫舞翻飛，凌雲縱橫，空靈剔透，每每揚起之際，更有陣陣冷香激盪飄出，令人聞之欲醉。原來她早已在雙袖中暗藏香粉，只須大力揮袖，香粉隨之灑出。眾人驚嘆於眼前女子舞態飄逸敏捷，宛如鴻鳥驚飛，眼花繚亂之際，更兼異香撲鼻，無不心醉神迷。（第四卷〈血水西瓜〉，頁91～92）

雖「綠腰」舞已成絕響，但作者憑著想像，並透過〈韓熙載夜宴圖〉的王屋山身段，描寫出如在面前的舞蹈場面，可以想見，身材愈是曼妙輕盈，舞姿愈是婀娜妖冶，正如李群玉〈長沙九日登東樓觀舞二首之一〉寫道：「南國有佳人，輕盈綠腰舞。華筵九秋暮，飛袂拂雲雨。翩如蘭苕翠，婉如游龍舉。越豔罷前溪，吳姬停白紵。」便將綠腰舞的輕巧、靈活，寫得活靈活現，躍然紙上。最後，以像李雲如、王屋山、秦蒻蘭如此才貌雙全的奇女子，竟無法侍奉於帝王之宇，而只是藏嬌於韓熙載的府中，雖然驚訝，卻也諷刺。在歷史詮釋上，更點出南唐君臣的習性幾乎如此，上行下效，風靡一時，奢華一時，然後亡國也一時。

而以上這段描述，尚且只是王屋山外出時的樣子，真正的重頭戲，當還是要在夜宴之時，小說形容：

（王屋山）她已經換了一襲天藍色窄袖長綾衣，這是特意從廣陵訂做的「江南春」，取自白居易詩——「織為雲外秋雁行，染作江南春水色」，時為天下聞名的染練，也是她今晚賴以大出風頭的舞服。銅鏡中的她淡掃娥眉、薄施脂粉，宛若精緻的工筆仕女，早已裝扮得無懈可擊。要知道，她可是自看完狀元遊街回到寶聚山後，便一直忙著梳妝打扮呢。為了今晚的夜宴，她早已下足功夫。（卷三〈不請自來〉，頁62）

一個愛美如天性的女子，外出一套裝扮，居家一套裝扮，參加宴會又是另一套裝扮，那是再正常不過的事。小說完全掐準了王屋山這樣的心理，為她再更一次衣裳，扮一回妝，她要自己是夜宴當中最引人注目的一個，特別是要

得到韓熙載的全神關注，但此處則又提及另外一點，即是她上街去看狀元遊街，且目的無他，一意在狀元郎郎粲身上：

> ……卻見馬匹上的新科狀元郎粲正得志意滿地朝她（王屋山）這邊揮手，不少圍觀的人也喜悅地揮手致意。她立時綻放了如花的笑靨，心中充滿無限得意與驕傲。眼前圍觀的人，還以為狀元郎是在向他們探望招手，只有她知道，他探望的其實是自己，於潮水般的人群中，他揮手示意的只有她一人。（卷一〈有美一人〉，頁 15）

這段文字，將兩人的關係曖昧地描述出來，讀者一目了然，兩人之間必有情愫。

狀元郎粲（生卒不詳），他的舉進士及第，記載出處如王屋山一樣，來自於畫末的小傳。小說中，吳蔚描述郎粲「才二十出頭，是今科進士中最年輕的一位；面白鬚淨，穿一身專為狀元郎準備的大紅長袍，胯下一批棗紅的高頭大馬，越發顯得英姿瀟灑」（卷一〈有美一人〉，頁 13），這是郎粲給人的第一印象，風姿不凡，且年紀輕輕就高中狀元，前途不可限量，但作者的筆鋒一轉，卻道：「相較於背後那些年紀比他大上不少、滿面紅光掩不住得意之色的進士，郎粲反倒顯出與年記不相配的老辣沉穩，不像其他人那般興奮，他只是四下環顧人群，似乎在尋找什麼人。」（卷一〈有美一人〉，頁 13）他要找的，自然是王屋山。此處另以「老辣沉穩」作為伏筆，用以比照後文，可以發現他並不是圖個新鮮才去參加韓府的夜宴，而是有所目的而為的，一則要見王屋山，二則要與韓熙載攀上交情，韓熙載身受李煜看重，若透過他的推薦，郎粲至少可少去幾年的歷仕，得以加快腳步進入朝廷核心。見王屋山容易，因為王屋山更想見到郎粲，與韓熙載攀交情，則需有些運氣，因韓熙載傲，即便是國老宋齊丘，他恐怕也不放在眼裡，何況是一個年紀輕輕的新科狀元，但運氣似乎關照著郎粲，因為在韓府作客，毋須按品位高低入座，又由於郎粲是新來乍到，於是眾人一勁將他推為上賓，與韓熙載並排而坐，這樣一來，接觸的機會多了，未來的仕途也將坦蕩了。

從郎粲的用心可以發現，他和王屋山的感情，只是寄託在一座薄木板所搭建的橋上，等到郎粲的目的達成了，過河拆橋是必然的結果。而王屋山出身教坊，是紅塵女子，又是韓熙載的姬妾之一，若真走到薄情寡義的地步上，也不會有多少人肯願意同情她。但以王屋山的角度來說，她跟郎粲也只是圖個好玩，她還年輕，她需要人家獻殷勤，但說到底她內心深處依然是向著韓

熙載，不論是與韓熙載共用的一對金杯，還是韓熙載親自爲她擊鼓，這些作爲，都能讓她感受到寵愛的滋味，所以當要她需要抉擇的時候，利用郎粲，自然是不二的決定，原因很簡單，郎粲雖給了韓熙載所不能給的，但韓熙載在她心目中的地位，卻是十個郎粲也無法相提並論的。

　　所以當王屋山知道李雲如懷有身孕時（她不知孩子並非韓熙載骨肉），害怕自己的地位不保，於是計畫在金杯落毒，企圖使李雲如流產，沒想李雲如卻意外死亡（她也不知道李雲如並不是自己殺的），並得知張士師請顧閎中、周文矩畫〈夜宴圖〉以利釐清眞兇時，讓她慌了陣腳，遂以公開私情爲由要脅郎粲設法燒掉〈夜宴圖〉，郎粲萬萬想不到，自己所利用的女子，竟會如此反咬他一口，他知道如果私情公布之後，韓熙載絕對有能耐凍止他的仕途，爲保前程，他只好妥協。可未經世故的他，三兩下便被張士師給緝拿住，供出了王屋山，使金杯毒酒順勢破案，雖然毒西瓜與李雲如之死，全不干郎粲與王屋山的事，然而王屋山巧妙的在自己金杯下藥，又大方遞給李雲如，使李雲如礙於場面，不得不接下毒酒的布局，卻也令人刮目相看，且大大影響了辦案的方向，讓眞兇周文矩、秦蒻蘭得以逍遙一時，是以作者又藉一向洞察世故耿先生之口說道：

> 王家娘子，你好聰明啊。這韓府裡面，沒有一個人是省油的燈，但
> 最聰明的人卻是你。老實說，貧道這輩子見過的聰明人不少，但像
> 你這樣心計如此深沉的女子，貧道還是第一次見，佩服，佩服。（卷
> 十〈日暮蒼山〉，頁 292）

心機深沉，總讓美人如蠍帶刺，王屋山在緊要關頭扎了郎粲一下，正昭示了這樣的律則，但更老練的還是讓王屋山想方設法只爲討其青睞的韓熙載，無論是其「眞風流」還是「假排場」，都無損其令多數女子爲之傾倒的名士魅力。

（三）贖得身猶不自由──李雲如與舒雅

　　李雲如，教坊副使李家明之妹，出處同樣來自畫末小傳的記載，唯名字雲如乃是小說所賦予，小說中相對於秦蒻蘭儼然第一女主角的存在，與極盡可能描寫王屋山的穿著和舞姿，有關李雲如才貌的內容則少了許多，除了上文介紹王屋山時所引用的一段，說其的琵琶演奏功力，還要勝過大周后之外，當張士師初初踏近韓府，便聽到：

> 從東岸一處亭榭中傳出了激昂的琵琶聲。音樂節奏極快，高跌低宕，
> 倏忽多變。張士師不懂音律，卻也能聽出這琵琶聲傳遞出的強烈敵

意和陣陣殺機，大有災難即至的壓迫感。尤其到了後來，音樂聲同音反覆，越來越緊密，如疾風驟雨般急促，金聲、鼓聲、劍弩聲、人馬辟易聲、刀劍搏殺聲交織起伏，聲動天地，聽得人頭皮直發麻，不由自主地屏住呼吸。張士師甚至感覺弦聲每迸起一下，他的眼皮便要跟著跳一次。只是眼前景致寧靜致遠，清幽如斯，突然飄出如此劇烈的琵琶聲，凌厲冰冷之氣呼之欲出，未免有些大殺風景。（卷二〈聚寶山中〉，頁52）

其實何止張士師不懂音律，大多數讀者亦是外行，但作者盡了努力將無形無色的音樂形像為文字，且在選曲方面用了大眾所熟悉的〈十面埋伏〉，一方面方便作者自己將琵琶聲化為文字描述，一方面則在情節中，透露彈奏這首曲子時的李雲如，心情多半不佳，剛好做到了推進故事的效果。而這一段的描述，多少也令人知道李雲如確實有本事，能進韓府，才華洋溢固然不在話下，又從王屋山要與李雲如搶奪韓府第二號女人頭銜，這般爭鋒吃醋的表現來看，李雲如的外貌必然也是出類拔萃，只是在張士師眼中，看過王屋山，又看過比王屋山更絕色的秦蒻蘭後，李雲如的樣貌竟讓他不大有印象。小說這樣的敘述，讓人窺出三人高下，秦蒻蘭樣貌第一，王屋山舞蹈第一、樣貌第二，李雲如琵琶第一、樣貌第三，而如果將其中樣貌代換為心機，則順序依然不變，這是一層巧妙的安排。

同時，她也是三人當中最無辜可憐的一位。吳蔚發揮在這本小說中的一貫特色，就是每個情節都有存在的必要，且或多或少影響了以後的斷案過程，小說安排李雲如一開始便在秦淮河的橋上不小心跌入水中，但偏偏張士師目擊了整個過程，他誤判有人從後將她推入河中，欲致她於死地，因而當李雲如死於非命時，他便理所當然的聯想到兇手殺李雲如一次不成，才又在韓府中動手。

而李雲如的死，也是極為無辜的，只因她無意間瞥見周文矩要向韓熙載下手的一刻，而周文矩也剛好發現他被李雲如給看見了，於是只好放棄殺害韓熙載，但為了滅口，才又不得不對李雲如痛下殺手。情節演變到最後，小說才算抽絲剝繭完畢，秦蒻蘭要殺韓熙載，且有意波及所有參加夜宴的人，王屋山只想讓李雲如流產，周文矩則亦要殺韓熙載，所以說李雲如無辜，因為她同時面對了三個加害人，且成為整場夜宴的第一個犧牲者，更可憐的她懷有身孕，一屍兩命，教人痛惜。

　　至於李雲如腹中兒的父親，並非韓熙載，而是韓熙載最親近的門生：舒雅。舒雅（約 939〜1009），在韓熙載知貢舉那一年，榮登榜首狀元，但如前所述，因舒雅等五人與韓熙載有舊，經過重考後，紛紛被黜，但舒雅在歷史上或小說中，都未如樊若水那般憎恨韓熙載，反而與韓熙載十分親狎，如跟韓熙載一起打扮成乞丐在諸妓當中乞食為樂，這等荒唐行為全被野史給記錄、保留至現在。但自從宋朝平定江南，舒雅改到宋朝去當官後，竟完全判若兩人，充分展現其才華，擔任秘閣校理，從事校對經史的工作，〔註45〕如《史記》、兩《漢書》、《周禮》、《禮記》、《爾雅》等，並參與編纂《文苑英華》一書，成果斐然，而在文學創作上，則是西崑體創作者，作品亦收入《西崑酬唱集》中。以舒雅的在南唐與宋兩朝的矛盾作為，讓人不禁推斷，也許是韓熙載曾給了他一些建議，告訴他與其在南唐作亡國之官，不如到宋朝當歸化之臣，因而舒雅跟著韓熙載一起鎮日耽溺於酒色，卻也沒有將滿腹的才華給拋卻，因而也可以據此假設，如果韓熙載年輕幾歲，南唐早亡國幾年，那麼他的歷史定位，也許亦會像舒雅一樣，不可同日而語。

　　在小說裡頭，舒雅和李雲如雖不同秦蒻蘭與樊若水一樣，是同鄉的青梅竹馬，但李家明和李雲如過去曾寓居在舒雅的老家，兩人自那時起便情投意合，爾後李雲如嫁給韓熙載為姬妾，仍不忘情地向韓熙載推薦舒雅，故舒雅入金陵應試一舉掄元，一半來自實力，一半則因韓熙載為主考官，雖後來被免除了頭銜，但也從此跟著韓熙載，將其當作恩師對待，並從中得到與李雲如幽會的諸多機會，但心上人被一個年過半百的老頭子佔有，自己的功名也因其而化為烏有，舒雅卻能不帶恨意、無有殺念，這樣比較起來，舒雅若非是個城府比韓熙載深的人，便是一個道道地地的良善讀書人，心中只有愛與感恩，沒有被醜陋的仇恨所糾結，像前面兩對男女一樣，死活掙脫不開。

　　李雲如的悲劇，或者說這三對男女的悲劇，雖然在情節上，導致判案的撲朔迷離，但在人情義理上，卻較少呈現突出的教化功能，多角的畸戀，近乎病態，如李雲如若真心愛著舒雅，又何必與王屋山爭寵？王屋山若欣賞郎粲，何必要在韓府證明自己的地位？而秦蒻蘭的地位，自由出入韓府也無人聞問，隨時可以跟樊若水遠走高飛，為何選擇留下？這些問號，雖如事後諸葛，人心難測，亦不可一概論之，但當將所有環環相扣的情節一一解開獨看

〔註45〕《宋史‧文苑三》卷四四一，頁 13041。

時，又會覺得沒必要如此，比如周文矩，爲其妹周小蘭之死，而欲殺韓熙載，其實是多餘的一環，只是作者想讓讀者感到意外罷了，這雖是偵探懸疑小說的慣例，但以歷史爲經、〈韓熙載夜宴圖〉爲緯的這本小說，應該有更符合材料表現方式的選擇，作者在當中陷入了事件安排的邏輯因果的窠臼中，難免就疏忽了他自己所要求的：「歷史可以作爲今日的借鑒，不管身處在哪個時代」，故若能更爲聚焦在韓熙載的心理層次，如他爲何蓄妓，又爲何冷落姬妾這一點，就值得深入去挖掘歷史所沒發現的，那個孤獨的韓熙載。

三、探案四人組

　　《韓熙載夜宴》是一部懸疑偵探長篇小說，有人殺人、有人被殺，有人幫兇、有人嫌疑、有人無辜，自然也有人辦案，這個責任，落到故事主角張士師身上，另外透過張士師，請得其父張泌，其父之友耿先生，以及上司陳繼善等三人的明幫暗助，其中，除了張士師是虛構角色之外，張泌、耿先生、陳繼善均可在史料中，或多或少查看到他們的蹤跡。

（一）熱血偵探 ── 張士師

　　小說中，張士師辦案，看似可靠，卻總令人捏把冷汗，要說破案所以延宕，他的不明就裡，還得負一部分的責任。張士師在設定中，二十六歲，是江寧府江寧縣典獄，掌管的便是江寧縣的牢獄，這份差事又稱「士師」，孟子所謂「管夷吾舉於士」的士，指的就是監牢。這樣一個縣吏，並非朝廷大臣、也非韓熙載親舊，何德何能可以進入韓熙載的別墅？原因很簡單，就跟大多數想進入和已經進入過韓府的男人一樣，好美色。而他比別人更幸運的是，他不用進入韓府，就在一天之內，看遍了韓熙載姬妾中最出色、出名的三個，一是在狀元遊街中撞見王屋山，二是在酒樓喝酒時，從窗外看見秦蒻蘭買魚，以及李雲如落水，他如果能不爲秦蒻蘭的美色所惑，仔細思考三件事和命案的關聯性，也許小說的「篇幅」可以減少許多，可他是一個凡人，儘管吃的公飯、管的是地牢，必須鐵面無私，但就跟平常人不會特意去連結自己的所見所聞，張士師一開始也沒有想這麼多。他唯一的念頭，就是找法子再見到秦蒻蘭一面。

　　而當張士師藉運送西瓜爲由，終於進入韓府，並因發現可疑人物而好意提醒秦蒻蘭，至於再一親秦蒻蘭芳澤時，秦蒻蘭對他的態度卻是：

> 她（秦蒻蘭）天生貌美，平生遇見無數想方設法以各種手段接近她、
> 與她搭訕的男子，對男人實在有先入爲主的不良印象，便以爲張士

師也不過是其中有意無事生非的一人。（卷三〈不請自來〉，頁79）

其實秦蒻蘭的懷疑有一半是正確的，張士師確實藉故親近她，但有鬼鬼祟祟的其他人偷窺卻也是事實，由於夜宴召開在即，秦蒻蘭根本沒空理會張士師，但也沒請他出門，就任由他在府內東晃西逛，扮起探案角色，到處追查可疑蹤跡，這部分小說借由張士師的角度，觀察到許多細節，如朱銑滿頭大汗、陳致雍與人密談、韓曜潛形入府等，但其實都是作者的故布疑陣，與主線並無多大影響。

張士師這麼東拖西延，一直到切開有毒的血水西瓜時，因一直無故逗留在韓府，首先就被當成了嫌疑犯，為了辯解，於是將前頭所見的疑點一一拿出來說，好不容易獲得眾人稍稍的信任，因為曾跟隨父親辦過案，也審問過犯人，遂當起臨時的狄仁傑，然後首先排除了王屋山是毒西瓜兇手的嫌疑，李雲如卻中毒倒地，因誤判她中的是砒霜，信誓旦旦調製祖傳解毒的老方子時，人已魂歸離恨天，此次命案，又懷疑起完全不可能是兇手的韓熙載之子韓曜，接著一心認定是舒雅，再者，雖拿銀針試毒，但方法卻是謬誤的，銀針試毒水，針若發黑未必有毒，以布擦過若仍泛黑，才是真毒，總總荒腔走板的斷案能力，若非眾人還信得過他，無奈之下於大半夜還請不到真正的仵作，只得先讓他權充一回，否則真不該讓毫無經驗的他如此臨陣磨槍。而當晚唯一做對的事，便是請賓客們寫自白書，交代案發前後人在做什麼，這份記錄，多少幫助了案情的破獲。再後來就是請顧閎中與周文矩畫〈夜宴圖〉，以利現場重建。再後就是懷疑德明和尚和漁夫，又果在廟的香爐中找到砒霜，最後則證實是樊若水給棄置在裡頭的。

總體而言，張士師好色有餘、經驗不足，處處留心懷疑卻又沒有好的理解分析能力將疑點解開，所以他不免就會有如果父親張泌在此就好的念頭，這是典型辦事能力不足，但美人當前，顧及顏面，又不得不硬著頭皮上的男人。若非後來有張泌、耿先生、陳繼善的幫助點醒，他還真成不了大器，正如張泌對他的評價：「我倒不怕別的，就怕他喜出風頭，好管閒事。他自小不好讀書，做事全憑一股熱氣和機靈勁，又好任意行事，京畿之地盤根錯節，搞不好要吃大虧。」（卷六〈不按君臣〉，頁160）張泌不愧是親生父親，張士師不忍看著秦蒻蘭憂心如焚時，就心想：「就算是為了她，我也要盡全力破這毒瓜案。」哪知秦蒻蘭憂心的是她的毒西瓜沒毒死半個人，反而是李雲如意外死亡，也擔心自己有被揪出的一天，兩人的兩般心思，細細品味，真是天意弄人。

（二）江湖老手——張泌

　　張泌在歷史上，真有其人，考《花間集》附錄的〈詞家小傳〉中所載：「張泌，字子澄，淮南人，初官句容尉，上書陳治道，後主徵為監察禦史，歷考功員外郎，進中書舍人，後歸宋。」〔註46〕而吳蔚在小說中則如此介紹：

> 張泌年近六十，鬚髮全白，但紅光滿面，精神矍鑠。他的容貌服飾均極為平常，走在大街上就是一個普通得不能再普通的江東老漢，在人群中毫不起眼。唯有當他那雙總是瞇縫起的眼睛突然睜大時，才能看出此老的不凡之處——目光如鷹隼般犀利，帶著可怕的穿透力，被他盯緊的人常感到被洞穿的陣陣寒意。他原本是個老公門，因屢破奇案，名震江南，被破格任命為句容縣縣尉，不過他看不慣官場的種種作為，提早致仕退休，現在更是閒雲野鶴，四處遊歷。（卷一〈有美一人〉，頁33～34）

在背景方面，歷史上的張泌除了當縣尉之外，還受後主拔擢自內廷服務，小說則已經退休，過著閒散人的生活，並與道士耿先生交情甚篤，在辦案過程中，兩人更同心協力，勘破張士師所沒注意到的盲點。

　　重新出山的第一件事，就是先到早先李雲如落水時的橋上察視，釐清究竟有沒有人意圖加害李雲如不成，才要到韓府下毒，結果在張士師眼前發生的事，張士師卻不明就裡，而張泌則憑張士師的口述與現場的勘驗，斷明李雲如是踩著青苔不小心滑下去的。接著，在毒西瓜案上，猜測兇手可能是用細管注毒入瓜，再以軟蠟封上外皮，這點猜想與陳繼善的臆測吻合，最後也證明是如此。接著，則透過命案現場重建，指出周文矩是兇手，順利破解李雲如命案。即便是樊若水被張士師揪住尾巴後，張泌也還沒鬆懈，因為他雙眼正緊盯著樊若水背後的主謀，秦蒻蘭。父子兩個經驗差距，在此便顯露無遺。

（三）洞察機微——耿先生

　　耿先生於歷史中真有其人，先看小說中對她的描述：

> 那耿先生約摸（莫）四十來歲，頭挽高髻，寬大的灰色道袍越發顯得她的身形清瘦苗條，看上去頗具仙風道骨，只是面色蒼白如紙，慘澹無半分血色，一雙手更是枯瘦之極，形如鳥爪。她俗姓耿，道

〔註46〕後蜀·趙崇祚編，蕭繼宗評點校注：《花間集》（臺北：臺灣學生，1987年10月），頁211。

名就叫先生，原是金陵城中大大有名的人物，傳說練氣有成，道術
高深，聰慧異於常人，更兼博覽群書，熟知朝野各種掌故，……湊
巧後來張士師由句容調來江寧縣史，他在金陵的住處恰好位於東
城，毗鄰耿先生的道觀，因而時有來往。（第一卷〈有美一人〉，頁
34）

在外貌上，「鳥爪玉貌」、「有道術」等取材自《南唐近事》、〔註47〕《江淮異
人錄》〔註48〕等野史記載，原本受元宗寵幸，自因故離開宮中後（小說中為
發生一離奇懸案，由張泌所破獲，但詳情如何，小說並未講明）〔註49〕，便
與張泌有所往來，一個閒人、一個散人，相處無憂無慮，不必如官場內廷般
勾心鬥角，時時猜疑。

　　當張士師請求張泌協助時，耿先生也在場聽聞事件始末，說到毒西瓜的
下毒方式，耿先生很快便以荊軻刺秦，以匕首餵毒的方式來提示張士師，可
張士師竟一時會意不過來，還賴張泌點破說西瓜無毒，有毒的是切西瓜的刀。
隨後又最先想到種瓜老圃也值得懷疑，是以夥同張泌前往，又意外挖出一具
屍體，並發現老圃手中有一塊和韓熙載一模一樣的玉墜子，而接著懷疑到總
理庶務的秦蒻蘭會否拿玉墜子來買西瓜，想法雖然天真，卻也不是沒有收穫，
先是將西瓜為何有血水的疑雲給解開。後來又懷疑李家明是兇手（因所站位
置容易下手，動機則是要殺王屋山，因王屋山不理會他），並假意逮捕李家明，

〔註47〕女冠耿先生，鳥爪玉貌，甚有道術。獲寵於元宗，將誕前三日，謂左右曰：「我
　　　　子非常，產之夕當有異。」及他夕，果震雷繞室，大雨河傾，半夜雷止，耿
　　　　身不復孕，左右莫知，所產將子亦隨失矣。《南唐近事》卷二，頁5085。
〔註48〕耿先生者，江表將校耿謙之女也。少而明慧，有姿色，頗好書，稍為詩句，
　　　　往往有嘉旨。而明於道術，能拘制鬼魅，通於黃白之術，變怪之事，奇偉恍
　　　　惚，莫知其何從得也。……保大中，江淮富盛，上好文，雅悅奇異之事，召
　　　　之入宮，益觀其術，不以貫魚之列待，特處之別院，號曰先生。先生常被碧
　　　　霞帔，見上多持簡，精彩卓逸，言詞朗暢。手如鳥爪，不便於用飲食，皆仰
　　　　於人，復不喜行宮中，常使人抱持之。及江南平，在京師，嘗詣徐率更遊，
　　　　遊即義祖之孫也，宮中之事，悉能知之，因就質其事，備為余言。《江淮異人
　　　　錄》（清·馬俊良輯：《龍威秘書》第一集第一冊，大酉山房，乾隆五十九年
　　　　（1794）），頁8～11。
〔註49〕此案件蓋參考《南唐書》所載：（耿先生）送得幸於元宗，……久之，宮中忽
　　　　失元敬宋太后所在，耿亦隱去。幾月餘，中外大駭。有告者云，在都城外二
　　　　十里方山寶華宮。元宗亟命齊王景遂往迎太后，見與數道士方酣飲，乃迎還
　　　　宮，道士皆誅死。耿亦不復得入宮中，猶然往來江淮，後不知所終。宋·陸
　　　　游《南唐書》卷十七，頁5601。

好讓真正的兇手鬆懈，最後因此抓到郎粲受王屋山之託要毀〈夜宴圖〉，才成功牽引出王屋山這個意圖使李雲如流產的主謀，毒酒杯才正式破案。

與其說是協助辦案，耿先生精闢的見解，每每洞燭機先，才是幫助案情推展的一大主力。

（四）難得糊塗 —— 陳繼善

陳繼善，小說這麼形容他：

> 現任江寧府尹陳繼善是南唐官僚中著名的異類，他也算是兩朝老臣，中主李璟在位時很受信任，他出身富貴，家中資產數千萬，別墅林池多不勝數。說他異類，只因與其他男人好權勢、好財富、好美酒、好女色、好享樂全然不同，他平生只有兩大癖好 —— 一是珍珠，二是種菜。為了同時滿足這兩大愛好，他親自開墾了一小塊菜地，將收集的千餘顆珍珠當作蔬菜般種在地裡，種完了又揀，揀完了又種，如此周而復始，時人傳為笑柄，他卻絲毫不以為意。（卷六〈不按君臣〉，頁 161）

這部分的描述，完全參考自《南唐近事》，〔註50〕難得糊塗，說得是聰明的人，偶爾才犯一下傻。但身為江寧府府尹的陳繼善不同，他是極聰明的人，所以一直裝傻，又靠特殊的嗜好避開了不必要的應酬，直有「他人笑我太癡顛，我笑他人不知」。小說中他第一回出場，是在宿醉中被叫醒，聽說韓府發生命案，還以為是韓熙載的官邸，於是要人到所屬衙門江寧縣去報案，那邊人一聽是聚寶山，屬於上元縣，又將報案人給請回去，好不容易又睡下的陳繼善再度被吵醒，竟生氣的也不管所屬為何，直接以上級長官的身份命令江寧縣處理！這一個安排有兩層作用，一自然是顯示陳繼善的糊塗，讓人已為他昏庸、不明是非，二是張士師屬江寧縣，作者如此是順理成章要讓江寧縣審理。

陳繼善的不可理喻、脾氣暴躁，這只是故意形塑出來的反差效果，一般會以為這命案大概也不甘他的事了，但劇情往後發展，這只有在最後才到現場押解犯人的府尹，卻畫龍點睛似的，每每提出關鍵的突破點。

首先是提點張士師請其父張泌出馬襄助，並派一名差役跟隨幫忙，這樣的舉動，讓張士師以為：「人人都說府尹糊塗，原來並非如此，府尹慮事也甚

〔註50〕陳繼善自江寧尹拜少傅致仕，富於資產，性鄙屑，別墅林池，未嘗暫適。既不嗜學，又杜絕賓客，惟自荷一鋤，理小圃成畦，以真珠千餘顆若種蔬狀，布土壤之間，記顆俯拾，周而復始，以此為樂焉。《南唐近事》卷二，頁 5085。

周全。」（卷六〈不按君臣〉，頁167）接著，當西瓜案因玉刀無毒，其他西瓜也無毒，僅只專送給韓府的兩只大西瓜有毒而陷入膠著時，陳繼善來到韓府關心辦案進度，聽完癥結後，隨即沒來由的吟詠「在天願作比翼鳥，在地願爲連理枝」，張士師以爲他只是感性而發，沒想卻另有深意，可是張士師無法理解，陳繼善只好再故意派跟隨張士師的差役去處理「續木」的事，這回張士師總算明白，陳繼善要提醒他的是「木連理」，指的是當兩枝木幹彼此摩擦而損傷，經過一定時間後，會自動癒合並從此連結在一起，於是便想到是在西瓜還在長成階段時，便以開孔注了毒，隨著時間過去，開口也癒合了，自然找不到破綻。

　　毒西瓜、毒酒、李雲如之死，總計三件案子，在張士師手上，辦得差強人意，從陳繼善提點張士師請託張泌幫忙，到張泌和耿先生聯手致勝的過程中，張士師只有學習再學習、思考再思考、領悟再領悟，由此可證明，紮實的訓練固然必須，但實戰的經驗，才是最寶貴，也是能令實力加速進步的最佳捷徑。辦案四人組，張士師雖無法獨立作戰，但漸入佳境，陳繼善又太過高玄，卻可算是甘草人物，耿先生的適時點明與張泌的老謀深算，都爲《韓熙載夜宴》添加不少可讀性，也是作者立足歷史與畫軸，而以懸疑偵探爲主題的發想，不可或缺的四個角色。

第四節　由圖畫的傳播到小說創作的開展性

　　吳蔚小說《韓熙載夜宴》中的人物及其背景，除自創虛構的部分，大多來自史料的記載，但要說創作這部小說的眞正源頭，仍是〈韓熙載夜宴圖〉。這幅傳爲南唐顧閎中所作的中國傳世十大名畫，雖無法知道韓熙載夜宴舉辦的何年何月何日，除了韓熙載、狀元郎粲、教坊副使李家明、紫薇郎朱銑、韓熙載門生舒雅、太常博士陳致雍，以及兩位妓女：王屋山和李家明之妹有記載在畫軸末的小傳當中之外，確實參與過的人也無從考證，而整幅畫聽樂、觀舞、歇息、清吹、送別共五個場景中，最易辨認的角色有五人，一爲主人韓熙載。二爲穿紅衣的狀元郎粲。三爲和尚，或暫且稱呼他爲德明。〔註51〕

〔註51〕案：史料所載中，唯一與韓熙載有過互動，關係親密的和尚，僅只德明一人。據《千百年眼》所記：「五代之末，知趙點檢不可測者，韓熙載耳。眾人固貿貿也。熙載又知唐之將覆，而恥爲之相，故以聲色晦之。嘗語僧德明云：『吾爲此行，正欲避國家入相之命。』僧問：『何故避之？』曰：『中原常虎視於

四爲有玉帶環腰的「六么」舞者王屋山。五則是「按胡琴」的李家明之妹，亦即小說中的李雲如。其餘的賓客皆爲清一色的圓領長衫黑靴服裝，縱使容貌有別，卻無法辨認該人爲誰，雖其中可以猜測在聽樂場景中手握，與在〈觀舞〉中敲奏拍板的人，應是男賓中最精通音律的李家明，但也無法肯定，至於女妓在辨識度上，則更爲困難。

而小說在處理上，除上述的人之外，還加入了畫院待詔顧閎中和周文矩，〔註52〕若再將虛構人物張士師算進去，夜宴的男賓將達九人，因此在與畫的對照時，比較無法達到一致性，但作者在小說中已爲此解釋：

〔註52〕 此，一旦眞主出，江南棄甲不暇，吾不能爲千古笑端。』噫，卓矣！」頁96。
案：顧閎中受命畫夜宴圖，前文論述已有提及。周文矩畫〈韓熙載夜宴圖〉的記載，則是元・湯垕所曰：「李後主命周文矩、顧閎中圖韓熙載夜宴圖，予見周畫二本：至京師見閎中筆，與周事蹟稍異。」《畫鑒》（景印文淵閣《四庫全書・子部・藝術類》814），頁425。

　　兩幅成為破案關鍵的〈夜宴圖〉則被收入宮中，在南唐滅亡前被國
　　主李煜刻意派人付之一炬。宋朝有位名畫師聽說之後，有意再現聚
　　寶山夜宴的豪華盛景，便以驚人的想像力畫出了聽樂、觀舞、歇息、
　　清吹和宴散五幅圖，並詭稱為顧閎中原作，這便是流傳後世的傑作
　　〈韓熙載夜宴圖〉。（〈尾聲〉，頁 316）

說顧閎中與周文矩的〈夜宴圖〉已在南唐滅國後，付之一炬，現流傳至今的
名畫，乃是宋人的憑想之作。如此算為自己的情節解套，因若在命案後還有
散宴的話，便不合邏輯。

（〈聽樂〉）

（〈觀舞〉）

（〈歇息〉）

（〈清吹〉）

　　儘管如此，吳蔚還是明顯採用了〈韓熙載夜宴圖〉中的前三個場景，即聽樂、觀舞和休息，以及一部分的清吹（如上所列圖），而在休息時，發生血水毒西瓜和李雲如命案，夜宴便被迫中止。而在真正描述夜宴場面時，小說還對場地「花廳」的布置做了一番介紹：

> 花廳裡遍燃燈燭，亮如白晝。堂上爽朗空闊，東西兩旁一色烏木桌
> 椅，線條纖細，簡潔中不失典雅。椅子的靠背、椅面還套上了淺綠
> 色的織棉絲墊。（卷三〈不請自來〉，頁 66）

此處介紹夜宴場地寬敞明亮，雖畫裡不分東西南北，但依照各場景如聽樂和歇息兩場景，都出現床和可臥可坐的三屏風榻，擺放位子不一樣、款式也有

差異，可知是不同的位置，加上還有擺放得下巨大的花盆鼓的空地，以及特別要注意到聽樂場景中圖上方的屏風處，也擺了幾面那樣體積的花盆鼓，故可知此廳的規模。而椅子的描述，則完全依照畫中的款式，此可一目了然。接著小說又道：

> 北面上首的主人席則非普通的桌椅，而是擺了一張碩大的三屏風榻，
> 煞是引人注目。這種榻在當地俗稱羅漢床，大小近乎床榻，可坐可臥，
> 三面裝有半丈高的圍子，圍子內還裝飾著繪滿山水畫的心板，既自然
> 又古樸，即所謂的「三屏風」。（卷三〈不請自來〉，頁 67）

則是鉅細靡遺的將畫中三屏風榻的特色，給具體地描畫出來，一經對照，即可心領神會。

　　場地布置介紹完後，開始換人物的描述，首先是主人韓熙載：

> 韓熙載已經脫掉鞋子，席坐到榻上，坐姿頗為古怪。（卷三〈不請自
> 來〉，頁 67）

所謂坐姿頗為古怪，其實就是聽樂場景所畫的，盤腿坐著椅子上，這算是十分倨傲的姿勢。接著是整個聽樂的場面，作者透過秦蒻蘭的視野，用了六百多字來描述，全文如下：

> 韓熙載盤膝坐在三屏風榻上，如同僧人打坐般，正襟危坐，一臉肅色，
> 渾然不似他平時風流名士的做派；榻上右首另有一位紅衣白面公子，
> 當是新科狀元郎粲，他亦盤膝坐著，但神態要輕鬆得多，大概是聽得
> 入神，身子不自覺地前探，以右手撐住身體，左手則隨意地搭在左膝
> 蓋上；伴樂用的黃色節鼓已搬取出來，放在榻的東首，斜置在木製三
> 角架上。樂伎曼雲正站在節鼓旁，不時望一望右首的韓熙載，看上去
> 似有什麼急不可待的是想稟告，卻又不敢輕易打擾他聽樂；榻前連擺
> 著兩張肴桌，西首坐著畫院待詔周文矩，他雙手交叉抱在胸前，一副
> 心事很重的樣子，也不像其他人那樣目光在李雲如身上，而是側向顧
> 閎中，仿若在向對方示意什麼；肴桌東首則坐著另一位畫院待詔顧閎
> 中，他背對窗戶而坐，僅微側著臉，看不清神態；太常博士陳致雍則
> 坐在顧閎中左首，正緊盯著南首的李雲如，左腿微微顫動，有節奏地
> 合著拍子；李雲如懷抱琵琶，坐在南首的屏風前，正對著三屏風榻，
> 全神貫注地撫彈琵琶；朱銑則坐在她面前的小肴桌旁，扭轉過頭觀她
> 彈奏；小肴桌的西首是王屋山，她正以一種奇怪的目光瞪著李雲如，

> 心思顯然不在聲樂上；王屋山背後站著四人——侍女吳歌不無忌妒
> 與羨慕地望著李雲如；舒雅手拿牙板，聚精會神地為琵琶和聲伴奏。
> 其實這曲〈潯陽夜月〉以鼓聲伴奏效果更佳，不過舒雅不擅擊鼓，便
> 只能退而求其次；李家明站在吳歌身旁，奇怪的是，他並未關注自己
> 妹妹彈奏，而將目光投向榻上的韓熙載，大概也察覺到主人今晚不同
> 尋常；樂伎丹珠憑立在屏風邊上，露出了大半邊臉，正朝韓熙載身旁
> 的曼雲抬頭。（卷四〈血水西瓜〉，頁 82）

與〈韓熙載夜宴圖〉聽樂場景中一主、六賓、五妓比較之下，小說多了一個
坐在圖下方男賓（即顧閎中）左邊的陳致雍，以及站在王屋山背後拿著牙板
的舒雅，在畫中應該是拿著管竹樂器一類的物品，除了兩處不一樣之外，其
餘則依照圖上所畫，如實呈現，如物品兩張小肴桌、節鼓與鼓架、屏風等等，
而畫中每個人的動作，則依作者的想像賦予了屬於小說中角色的生命力。

開場聽樂奏罷，來到了重頭戲觀舞，小說照樣將觀舞場景的情形，化作
文字呈現出來：

> 秦蒻蘭忙帶領侍女們上前將南首桌椅盡數撤去，肴桌的剩餘酒菜等
> 先暫且挪到三屏風榻前的肴桌上。很快地，南首騰出了一大塊空地，
> 又在東面擺了五個圓凳，供伴奏的樂伎們就坐。李家明則從屏風後
> 推出一面紅色的花盆鼓，預備親自為王屋山的軟舞伴奏。人群中看
> 起來最期待的人是郎粲，他飛快地離開臥榻，坐到花盆鼓旁的椅子
> 上，那裡離場中心更近。（卷四〈血水西瓜〉，頁 89～90）

透過描述，可以想像到〈韓熙載夜宴圖〉聽樂場景中左邊的屏風與小肴桌被
撤掉，因此在觀舞場景時，背景才會顯得空空如也，而郎粲的位子，亦與畫
中如出一轍，這點在加上小說中的感情關係：李家明和郎粲對王屋山有意，
從中便可以推測出李家明和郎粲如此殷勤的原因。但圖還未完全被演繹出
來，還得等打鼓的人換成韓熙載：

> 眾人聽聞主人要親自下場為愛姬擊鼓伴舞，頓時興致大增。德明特
> 意站到韓熙載身旁，真切察看。（卷四〈血水西瓜〉，頁 90）

加上德明站在韓熙載旁邊，觀舞場景算是近乎完成，唯這次小說的場面中少了
一個為王屋山擊掌的女妓、一個執牙板打節奏的男賓、和一個站在韓熙載旁邊
鼓掌的男賓。而增加的五個圓凳，則取自畫中的清吹場景，顯然作者在文字處
理上，已經突破了〈韓熙載夜宴圖〉的局限，發展出屬於自己的故事脈絡。

　　最後稍微提及的，只有「韓熙載剛在侍女端上來的銅盆中洗完手」（卷四〈血水西瓜〉，頁 97），參考了〈歇息〉圖的場景，但圖中端水的人是王屋山，在小說裡則因不適合王屋山的個性和地位，於是改爲一般的侍女。

　　除以上所述的夜宴場景，小說後來依情節需要，亦或多或少有所提及，但畫面是靜止的，小說中人物卻是活的，無法爲了配合畫而呆立不動，因而大多爲走動的描述，至於顧閎中與周文矩所畫的圖，文字如此說：

> 第一幅琵琶圖中，王屋山身穿天藍色舞衣，坐在李雲如面前小有桌的西首，雙手攏在袖中，瞪視李雲如的目光極爲怪異；第二幅綠腰圖中，她表情含蓄嫵媚，從右肩上側過半個臉來，微傾頭，稍低眉，回望椅中的郎粲，雙臂背在背後，手腕微翹，露出光潔如玉的手指來。（卷八〈畫外之音〉，頁 288）

很明顯的，小說兩幅圖中的王屋山，其實就是〈聽樂〉、〈觀舞〉中的王屋山，只是幫王屋山添加心思與表情的文字敘述，讓圖更爲靈動。

　　小說除了化用圖中場景來描述情節，也會反過來用小說話語來稱讚圖，如：

> （顧閎中所畫）這圖共分兩幅，分別爲琵琶圖與綠腰圖，描繪了夜宴開場李雲如彈奏琵琶及第二場王屋山跳舞的情形，人物纖毫畢現，古樸傳神。（卷八〈畫外之音〉，頁 282）

而耿先生用來稱讚小說中顧閎中所畫〈夜宴圖〉的一番話，實也可以當作今日所見這幅〈韓熙載夜宴圖〉的讚賞，她說：

> 沒有任何燈燭的佈景，卻能透過人物的手勢、眼神等動作，讓人感受到宴樂是在夜晚的室內進行，當眞是又簡練又高明。（卷八〈畫外之音〉，頁 282）

雖話語簡單，卻字字到位，將〈韓熙載夜宴圖〉給人直觀後的第一感覺，說得貼切且實在。

結　語

　　吳蔚在小說後記中有言：「這本小說中，沒有絕對的主角人物，眞正的核心角色只是「韓熙載夜宴」。一場夜宴，一家興衰，一朝更替。」《韓熙載夜宴》是參考韓熙載的相關史料與〈韓熙載夜宴圖〉而創作的小說，作者仔細

地參考了畫作，賦予書中人物姓名與性格。後記中亦有言：「歷史人物是在眞實與虛妄之間，而人性還在最深處。」〔註53〕由書中的角色塑造便可看出作者對於人物性格的刻畫很是仔細，重要角色都具有相當鮮明的個性。

若單純從欣賞畫作的角度來看，最先注意到的是整個夜宴的表演活動以及神情和歡愉場景格格不入的韓熙載，並不會揣測畫中出現的賓客和家伎們掩藏在外表下的思緒和性情，但吳蔚筆下的《韓熙載夜宴》卻賦予畫中人物相當鮮明的個性，這是單除欣賞畫作時所無法衍生聯想到的。

小說三要素包含了人物、情節、場景，吳蔚在《韓熙載夜宴》中的人物塑造相當成功，藉由圓形人物和扁型人物的穿插，勾勒出瀰漫在南唐時光中的懸疑場景。也可看出他刻意以偵探小說的手法處理《韓熙載夜宴圖》，雖然情節上產生前後矛盾情形，毒殺案件的發生順序在上前後文混淆，是偵探小說中邏輯方面的敗筆，造成讀者閱讀上的不痛快。

總言之，圖畫和文字，雖都有寫意傳神的功用，但發揮的結果卻大不相同，圖畫可以給與人想像的空間，文字則在一定程度上（除非刻意留白）必須清楚交代，藉由〈韓熙載夜宴圖〉，吳蔚的小說成功以自己的想像詮釋了一場爾虞我詐、各懷鬼胎的夜宴，這是屬於小說《韓熙載夜宴》的文字描述，自成一格，且無法以這樣的情節，再度回套到〈韓熙載夜宴圖〉的畫中。相反的，〈韓熙載夜宴〉則仍然存有許多的聯想，可以供後人發揮、再造。

書中認爲王屋山在聽樂場景中的眼神是怪異的，瞪視著彈奏琵琶的李雲如，但這眼神的解讀在筆者看來卻不具怪異瞪視的味道，反而多了些欣賞愉悅的情緒在內。相信十個小說家來寫，必然會有十種不同的故事，這便是畫最引人入勝的地方。而現階段吳蔚的《韓熙載夜宴》但仍可算是以中國傳世名畫爲題材來創作的成功案例。

〔註53〕吳蔚：《韓熙載夜宴》，（台北，好讀，2011 年 7 月），頁 349。

第五章　樂舞之衍生
——漢唐樂府《韓熙載夜宴圖》論析

第一節　南管樂、梨園戲與「漢唐樂府」

　　南管，乃是以演奏、演唱、戲劇等表演形式所組成的一種表演形式，主要流傳的地區是福建省以閩南語區爲主的泉州和廈門，爾後，更隨著閩南人流傳到台灣和東南亞等地。而南管在文化史上的歷史意義，則在於它保存了許多古老傳統如「音樂哲理、使用樂器、樂律制度、演奏形態、樂曲內容以及社會功能等」，〔註1〕演奏方式，即保留了「唐代大曲坐部」的演奏制度，

〔註1〕楊淑娟研究發現，南管的 1. 音樂形式爲「先絲後竹」，源自唐樂；並擁有隋代「應聲」、宋代「勾字」的八音之樂、唐代「打撩」、宋代「倍六頭管」、「倍四管頭」的音律和「腔韻」結構手法。2. 演出形式有漢代「相和歌」的演唱演奏形式；六朝清商的「絲竹相和，執節者歌」的演出形式；「打撩」按拍之法脫胎於唐代羯鼓的演奏技巧；琵琶維持橫彈，以彈「相」爲主，指法板拙，拍板雙手捧擊，皆爲宋元以來的演奏方式；曾侯乙鐘的顧曾體系與福建南音唱腔旋法中的多重三大度並置原理相同。3. 樂器編制，琵琶、洞簫、二弦、五木拍板、響盞等樂器仍存唐宋舊制；橫抱琵琶與唐宋琵琶、二弦與悉琴、洞簫與尺八等樂器方面有其相似。4. 歌唱方是，「一聲四節」、「歌器相分」的歌唱方法襲自北曲。5. 曲調聲腔，曲牌中包含詞牌和宋元南戲曲牌，聲腔以南腔爲主，包括了明代許多流行的戲曲聲腔；指套和散曲保留不少明初傳奇的佚文隻曲；主腔多遍反覆之「滾遍」體與唐宋大曲之滾遍樂段音樂形式相似；兩腔迎互循環之「傳踏」體似宋代歌舞音樂中的「纏踏」；一段式的「曲牌」體；弦管散曲中曲調名稱與宋詞或南北曲同名，但其句法、拍法等唱詞格律皆不同；和張騫出使西域帶回來的古曲〈摩訶兜勒〉與福建南音中的「兜樂

於至今擁有「古老文士階層音樂的特色」,如「性格疏淡清雅、內斂含蓄」,因而被譽爲「一部活的音樂史」、「中國音樂的活化石」。〔註2〕

南管除了單純演奏與清唱之外,同時也是配合閩南地區「梨園戲」〔註3〕、「高甲戲」、「傀儡戲」、「布袋戲」等表演用的音樂。依樂曲種類,可分爲「指」、「曲」、「譜」三種:「指」乃是「指套」,指的是成套的曲子,有曲有譜、可歌可奏,其中保有琵琶彈奏的指法,並以之爲樂曲的節奏標準,是以稱之爲「指」。「曲」,則是單獨演唱的形式,但實際上大多數是由「指套」中擷取出來清唱的內容。相對於「曲」,「譜」乃是單純演奏的表演方式,故又稱「清奏譜」,又因每套「曲」由三至十一的樂章組成,所以也稱作「大譜」。〔註4〕其中最爲知名的〈四時景〉、〈梅花操〉、〈八駿馬〉(走馬)、〈百鳥歸巢〉合稱「四大名譜」(四梅走歸)。「漢唐樂府」在《韓熙載夜宴圖》中的樂曲,大部分亦使用此四譜。

吳捷秋《梨園戲藝術史論》中認爲梨園戲是經過漫長時間來孕育發展:「在近千年的文化積澱,以南音(又稱:南曲、南管、南樂、絃管)的傳入,奠定了地域聲腔的基調。結合了民間歌舞,萌生了稱爲『梨園』的土生土長戲劇演出,其後有外來同稱『梨園』的戲班及宗室、豪門的『梨園家班』流入社會,因之區分爲『下南』、『上路』二者爲『大梨園』;童伶的家班『七子班』爲『小梨園』,此爲同屬宋元南戲之源的三個流派。在泉州的土壤滋長,在人

聲」名稱相關;梨園戲音樂中有源自全國各地,乃至外國音樂品種和音樂之現象。6. 管門曲牌,從以管的不同孔序作爲管門命名方式,強調黃鐘、太簇、林鐘三個管門,其淵源最早可以追溯到漢的三統相和三調,魏晉清商三調。7. 記譜法,譜樂具有唐代大曲規模;其記譜法仍以琵琶指法爲骨幹,並融入「管色」觀念的固定調系統。以上共七個面向來肯定南管所保留的傳統、古老音樂特性。參見《南管與明初五大南戲文本之比較·南管與南戲之關係·南管音樂的淵源》(台北:國家,2011年1月),頁187～194。

〔註2〕曾永義、施德玉所著《地方戲曲概論》(下)認爲:「梨園戲簡直就是宋元戲文的活標本。」(台北:三民,2011年11月),頁1005。又張昊:「作爲宋元南戲遺響之「泉腔梨園戲」,有著近千年的文化積澱。它是福建泉州地區在南音傳入,奠定其地域聲腔的基調後,結合民間歌舞及家班府樂,萌生而成的戲劇演出。」見張昊:《緩聲慢舞凝絲竹——「梨園戲」舞蹈探究》(《北京舞蹈學院學報》2007年3期,北京:北京舞蹈學院,2007年),頁36～40。

〔註3〕曾永義、施德玉所著《地方戲曲概論》(下)認爲:泉州的「梨園戲」不知定名於何時,但由於民間崇尚古雅,遂取唐代「梨園」自名之。見頁993。

〔註4〕參林吳素霞:《南管音樂賞析(一)入門篇》,(彰化:彰化縣文化局,1999年4月),頁9。

民的哺育下，混一語言、聲腔，相互吸取而又保留各自的看家戲『十八棚頭』，三者匯流爲『泉腔』，故統稱曰『梨園戲』，而不以地域命名。此一獨特情況，是全國所有劇種在歷史的遞嬗、聲腔傳演與變化中所未見。」〔註5〕將梨園戲大至作了一番說明，書中對於〈韓熙載夜宴圖〉也有音樂上的相關論述：「我們觀〈韓熙載夜宴圖〉，往往只把樂伎橫抱琵琶，指認爲泉州南音現存的『南琶』。竊意南唐歌舞之在泉州……但其家伎的歌舞宴樂在〈夜宴圖〉之外，另有一幅化妝行乞圖，是我們未經見的，『絃琴』應該就是『南琶』或二絃；『板』無疑是南音的『拍』了。可知南音及其古樂，並不是後蜀孟昶時，才整套從四川跨越時空飛來泉州的。」〔註6〕

　　隨著南管音樂流傳到台灣，南管戲亦在台灣落地扎根，而以「梨園戲」、〔註7〕「高甲戲」爲代表。尤其梨園戲是現存閩南語戲劇中最古老的戲種，以

〔註5〕吳捷秋：《梨園戲藝術史論》，（臺北：施合鄭基金會，1994年5月），頁1。

〔註6〕吳捷秋：《梨園戲藝術史論》，（臺北：施合鄭基金會，1994年5月），頁81～82。

〔註7〕「梨園」原爲唐朝官方負責樂舞的機關之一，《資治通鑑・唐紀・玄宗開元二年》謂：「又選樂工數百人，自教法曲於梨園，謂之『皇帝梨園弟子』」，所謂法曲，乃是玄宗所特愛的曲調，以華夏清樂爲主，融合胡、俗、佛、道等各式音樂，如〈霓裳羽衣曲〉即是唐代知名的法曲。以上參考周淑茹：《唐詩中的樂舞及舞蹈表演書寫》（國立臺灣大學中文所碩士論文，指導教授：鄭毓瑜，2012年），頁25～27。至於「梨園戲」發展於閩的歷史淵源，則參考沈冬：《南管音樂體製及歷史初探・南管音樂歷史考述》（台北：國立台灣大學，1986年6月），頁162～209。其論述主要以五代以前爲南管音樂的奠基期，從永嘉之禍晉室南渡後，將中原雅樂帶入江左，連帶擴充了閩地的音樂素質，而唐玄宗建立梨園，規模最大可達二、三萬人，經歷安史之亂後，分分散離，一部分也進入了閩地，如李龜年便淪落至江南。之後，以宋元兩期爲成形期，此時地方戲劇已深入民間生活，且至今梨園戲劇目中如「張協狀元」便是南宋作品，其中的「福州歌」、「福清歌」更是閩地的民歌，到了元朝，北曲傳入南方，南管也吸收了其曲牌特色，唱歌技巧「一聲四節」也在此時發展圓熟，更重要的是南管主樂器中的「上四管」體制也在此聲打下基礎。最後是明清至今成熟期，南管在明代已成爲最受一般民眾所歡迎的音樂，而以南管音樂爲配樂的梨園戲，其中如「荔鏡記」以當地的民間故事——陳三五娘的戀愛事蹟爲底本，便是具有純正地方色彩的「梨園戲」，在當地以地方方言演出，膾炙人口，受到十分喜愛，降至清代，梨園戲受歡迎的程度仍然高昂，至光緒年間有戲班百餘團，至於台灣方面，據《臺灣通史・風俗志》所載，自光緒三十一年建省以來，南管和梨園戲也傳入了台灣，並受到喜愛。而曾永義、施德玉所著《地方戲曲概論》（上）則認爲：「南宋光宗紹熙間（1190～1194）在浙江形成的『溫州戲文』，『戲路隨商陸』傳入福建泉州。其流傳入泉州城中者，保持本來面目較多，稱爲『上路』（指來自上面的省分），劇

南管爲主要配樂,但在演唱時,比之南管戲的清唱較爲輕快,其角色分爲生、旦、淨、末、丑、貼、外,以前二者爲主,搬演才子佳人的戲碼。細分的話,又可分爲成人爲主大梨園,和童伶爲主的小梨園,其中小梨園的模仿汲取了提線傀儡的身段,如「精巧細緻的腳步手路、搖曳輕晃的頭手動作」等。「漢唐樂府」在《韓熙載夜宴圖》中的表演工架,則打破了大小梨園的差別,將傀儡戲的特色如頭部「斷線」、搖頭、碎步行走等動作。〔註8〕

　　1983年,陳美娥女士以「重建南管古樂於中國音樂史學術定位」爲宗旨,創辦了「漢唐樂府」,開始以南管音樂演奏爲表演形態,1995年擴編爲「漢唐樂府・梨園舞坊」,「首度結合南管樂音與梨園科步,更開拓了南管表演藝術的嶄新面貌」,〔註9〕並以此時爲「傳統再生」期,以「重建中國傳統樂舞精神爲宗旨」,「創造出細緻柔美的新古典舞姿」,藉以樹立「立足傳統,再造傳統」的最佳典範。〔註10〕「漢唐樂府」成立至今三十年,一方面嘗試爲「南管」追本溯源、著述立論,以保存南管樂這項歷史悠久的雅樂爲己任,爲日益消失的漢民族傳統文化,留下珍貴的資產,如1994年的「南管指譜大曲全集」計畫。一方面培養南管樂、梨園戲的演奏、演唱、演藝人才,並以「明確的學術目標、深邃的文化精神、民族的音樂特質,古典的藝術內涵、粹練的唱奏演技」爲期許,1983～1995年間,每年固定舉辦大型的南管音樂會,發揚南管音樂之美,爾後,爲了將南管音樂投入新的活力,將其傳統特有的「沉蘊優雅」的風格,配合梨園科步「典雅脫俗」的精髓。〔註11〕自1996

目多夫妻離合、忠孝節義,腔調多哀怨悲涼、古樸蒼勁……,其流傳入泉州農村者,與鄉土小戲結合,稱爲『下南』(因漳、泉二郡位於福建南部,又以其存土語土調爲多,又與『上路』同爲成人搬演,故稱『大梨園』),題材偏重生活情節、忠奸鬥爭,腔調豪邁粗獷、明快爽利……。另有一支與泉州傀儡戲中的『肉傀儡』結合,演員爲十五歲以下的孩童,稱爲『七子班』(以生旦貼丑淨外末七種爲主,又因傀儡爲『戲組』,地位較上述二派爲高,故獨以『七子』稱班,又稱『小梨園』),內容皆爲青年男女波瀾曲折的戀愛故事,腔調風格教爲纏綿悱惻而華麗。」頁452。

〔註8〕以上南管的資料參考自陳芳主編:《臺灣傳統戲曲・南管戲》(台北:臺灣學生,2004年9月),頁1～38。另外參考者,亦有附註如上。

〔註9〕見張瓊慧總編:《陳美娥與漢唐樂府》(台北:中國時報,2003年10月),頁21。

〔註10〕見張瓊慧總編:《陳美娥與漢唐樂府》,頁26。

〔註11〕陳美娥女士嘗試將梨園戲的戲曲資源抽離,又吸納台灣本土的舞蹈科班人才,設立「梨園舞坊」,並省略了「唱、念」,專注在「十八步科母」的科步

年起，以《豔歌行》、《儷人行》（1998）、《荔鏡奇緣》（1999）、《梨園幽夢》（2000）、《韓熙載夜宴圖》（2002）、《洛神賦》（2006）、〔註12〕《教坊記》（2009）、《武丁與婦好》（2010）、《盤之古 ── 南管鐘磬樂舞》（2011）等，成功將既有的傳統「梨園戲」表演形式，注入現代劇場的表演方式，融古於今，繹舊於新，帶上國際舞台，獲得國內外藝術表演界一致的讚賞。如 2000年參加「法國里昂雙年舞蹈節」，獲媒體評選為「最佳舞蹈評論獎」；2003 年在美國林肯中心戶外藝術節的演出，被「紐約時報」藝術休閒版評選為「全美年度風雲榜最佳舞作」的榜眼。「漢唐樂府」所創新的「梨園樂舞」，「實現了古典與前衛並俱『立足傳統、再造傳統』的文化理想，成功地塑造具有普世美學價值觀的表演藝術新典範。」〔註13〕其中 2002 年演出的《韓熙載夜宴圖》，即是以顧閎中〈韓熙載夜宴圖〉為藍本，衍生為六幕的梨園樂舞演出。

身段的訓練之中，再融合進古樸悠遠的南音管弦，於是，一種以南管古樂演繹傳統的雅韻清音，以綺羅慢舞重現唐宋盛世風情的表演形式呼之欲出。見張昊：《緩聲慢舞凝絲竹 ──「梨園戲」舞蹈探究》，頁 36～40。

〔註12〕 2002 年，陳美娥女士開始嘗試將中華古典詩畫名作以既成的梨園舞蹈和南管音樂的表演方式來呈現於舞臺。在其後的兩部力作《韓熙載夜宴圖》與《洛神賦》中，漢唐樂府對於梨園戲的舞蹈萃取更加成熟，不僅融入了生、淨的角色科步，更改編了諸如「彩球弄」之類原本在「下南梨園」的劇碼才中保留的閩南民間歌舞（《韓熙載夜宴圖》）……，這讓梨園舞蹈的內涵形式更加豐富。兩部作品同樣在南管古樂及梨園舞蹈之間，融入現代的劇場結構與舞美元素，在飾以古樸典雅卻簡潔如詩畫般的場景中，瀝瀝刻劃出五代南唐時期的豔麗悽愴以及曹植與洛神之間的悱惻纏綿。對於現代劇場或現代舞元素的融入，漢唐樂府在秉持梨園戲舞蹈本質的同時也很好的把握著兩者之間的分寸。法國著名戲劇大師盧卡斯在執導《洛神賦》時所說：「我並不想遠離傳統，現代的因素對於梨園舞蹈或南管來說，就像是烏龍茶裡的一滴乾邑酒，不改變茶香，卻使它更加的醇厚。」……就在福建泉州地區仍然維繫著「以歌舞演故事」的古老戲曲模式之時，「漢唐樂府」卻以自己的方式將「十八步科母」的細雅舞姿獨立而又完美的呈現於舞臺，並贏得了全世界的掌聲。我們從它對梨園戲舞蹈的復興中感受到古老而又唯美傳統文化在現代的視聽語境下保存、發展與傳播的可能。而這其中對於傳統戲曲中舞蹈文化的萃取模式更值得我們借鑒與學習，就像團長陳美娥女士所詮釋的那樣：「一切源自傳統；一切採自傳統，但又如此的別開生面；如此的與眾不同。」見張昊：《緩聲慢舞凝絲竹 ──「梨園戲」舞蹈探究》，頁 36～40。

〔註13〕 關於「漢唐樂府・梨園舞坊」，參考自漢唐樂府網站（http://www.hantang.com.tw/hthome.htm），檢索時間：2013 年 9 月 26 號。

第二節　以「梨園樂舞」詮釋的《韓熙載夜宴圖》

　　2002 年，表演藝術團體「漢唐樂府·梨園舞坊」，發表了《韓熙載夜宴圖》，有別於前幾部作品採取文本或傳統曲目爲本事，乃是採用傳爲南唐顧閎中所畫的〈韓熙載夜宴圖〉爲敘述主題，將原本長軸繪畫中「聽樂」、「觀舞」、「歇息」、「清吹」、「散宴」五個場面，切割重組「沉吟」、「清吹」、「聽樂」、「歇息」、「觀舞」、「散宴」六幕，以及當中所出現的人物如韓熙載、王屋山、李家明及其妹、陳致雍、郎燦、〔註 14〕朱銑、德明及諸妓等，生動的重現夜宴風華，與賓妓之間的曖昧，主人韓熙載的沉鬱等；並以傳統的南管樂器如「上四管」（琵琶、洞簫、三弦、二弦）、「下四管」（撩鐘、響盞、鮫叫、四塊）及樂曲如「四大名譜」（四梅走歸），梨園戲的「父母步」——十八科步（雙手隨行、按心行、指手、偏觸、提手、搭手、舉手、分手、拱手、毒錯、過眉、過場、相公摩、七步顛、雙頓蹄、牛車水、返頭轉角、走雲），再加上現代劇場的概念如舞台設計、燈光效果等，重新詮釋「韓熙載夜宴」的具體過程，使得原本屬於繪畫的平面呈現效果，得以活靈活現於世人眼前。「漢唐樂府」團長陳美娥說：「韓熙載夜宴圖可以說是當今，所有要研究中國的古代繪畫，傳統服飾或者民族音樂，以及古代人文生活藝術，都必須要去參考的一幅南唐明畫，它保存有相當多的音樂演奏形式，是可以跟南管音樂現在還保存著傳統制式來比擬印證的，比如說它有拍板，還有它的橫抱琵琶，還有它的六么舞蹈身段，是可以用南管音樂和舞蹈來表現的一個最佳傑作。」〔註 15〕因此，「漢唐樂府」這回除了選材的特殊開創性之外，還可以有幾項特色：

　　其一，演奏的契合性：南管樂號稱「中原古樂」，演奏者並有「御前清客」的雅名，〔註 16〕本亦是「華夏正聲」的代表，後來幾經波折播及南方，概有兩種傳播方式，一方面是由宮廷樂師傳入，一方面則由士大夫家族帶入。〔註 17〕

〔註 14〕原當爲郎粲，「漢唐樂府」命名爲郎燦。
〔註 15〕這段話收錄在《韓熙載夜宴圖》DVD 中，爲戲劇前的訪談所說。
〔註 16〕傳說清康熙皇帝六十大壽時，宰相李光地從南方找來博通音律、精通清唱的吳志、陳寧、博廷、洪松、李儀五人爲其祝壽，因而龍心大悅，加官晉爵，一再挽留五人於京城，有天五人合奏「歸巢」，示意回鄉，康熙不忍，於是封五人爲「御前清客」，並賜曲柄黃涼傘、金絲宮燈，爾後，這三樣成爲純正南管表演場合必擺設的物件（「御前清客」爲繡有四字的彩牌）。參林吳素霞：《南管音樂賞析（一）入門篇》，頁 15～16。
〔註 17〕參考沈冬：《南管音樂體製及歷史初探·南管音樂歷史考述》，頁 162～209。

韓熙載原為北人，後避難入江南，其所保有的士大夫氣息相當濃厚，起初雖
孑然一身，後來逐漸顯達，開始蓄妓達四十輩之多，所得俸祿悉為諸妓所分，
故其所有樂舞女妓，組一「家班」式的表演團體，亦不為過，每每開宴，則
可想像歌舞樂齊出，與賓同歡的盛況，而其演奏的音樂，則當以雅樂為主，
即是現在所通稱的「南管」。

　　其二，樂器的相似性：攤開〈韓熙夜宴圖〉，所出現的樂器有橫抱琵琶、
簫、笛等絲竹樂器，以及「拍板」等（如下所附圖）。〔註18〕不同的是畫中所
用琵琶為「唐制琵琶」，演奏方式需以撥子彈奏，南管的琵琶則純粹以手指撥
弄；〔註19〕至於拍板，

（琵琶）　　　　　　（簫、笛）　　　　　　（拍板）

（左：南管琵琶）

（中：南管洞簫）

（右：南管拍板）

〔註18〕　南管樂器圖片及文字描敘，參考、擷取自林吳素霞：《南管音樂賞析（一）入
　　　　門篇》，頁 19～58。

〔註19〕　曾永義、施德玉所著《地方戲曲概論》（上）亦提及：「梨園戲的古樂成分，
　　　　可以從其曲牌結構、套數組織、管門板眼、樂隊形製，以及劇目、腳色、身
　　　　段等很具體的看出來，即就其樂器而言，琵琶是橫彈的南琶，與唐制相仿；
　　　　二弦乃晉代惢琴遺製；洞簫即唐之尺八；打擊樂以南鼓（俗稱壓腳鼓）為主，
　　　　其打法獨特，在戲曲中絕無僅有。」頁 451～452。

　　在南管演奏當中，素有「樂正」的地位，負責居中控制節拍，而觀察〈韓熙載夜宴圖〉畫中的所出現的兩次場景，一是在「觀舞」、二是在「清吹」時，前者的舞蹈和擊鼓，是表演的主軸，加入音樂欣賞性不高的拍板，主要功能便是在調節舞與鼓的節奏；後者是簫笛等管樂器尚在調音的畫面，拍板此時的作用，也是在協調各吹奏者的音節頻率，使之達到一致。從樂器的使用方面來看，南管亦適合詮釋〈韓熙載夜宴圖〉，甚至可說是最適合的表演體制。

　　其三，時代的逆合性：韓熙載夜宴發生在五代時期的江南，南管樂的奠基亦在五代時期的江南，兩者有其歷史上的淵源，而到了 2002 年，「漢唐樂府‧梨園舞坊」以南管樂、梨園舞的方式，詮釋傳世名畫〈韓熙載夜宴圖〉，這不僅是藝術史上精采的一次對話，更是歷史上難得幾回的時空邂逅。

　　在上述的基礎下，以下將繼續探討「漢唐樂府」《韓熙載夜宴圖》如何藉由南管樂、梨園舞所結合的樂舞表演，詮釋傳世名畫〈韓熙載夜宴圖〉。

一、人物角色的形塑

　　《韓熙載夜宴圖》一劇當中，主要出現的人物共有一主、五賓、王屋山、李姬諸妓共十數人：〔註20〕

（一）沉鬱寡歡的主人——韓熙載

　　「韓熙載，後唐進士，學問淵博，文采可觀，首創香花合藝道，南唐典章制度多出於其手。」

〔註20〕另有負責吹奏樂器的角色，多隱於幕後。

「韓熙載整冠獨舞，感嘆時局，遭後主懲黜，憂國憂民，抑鬱不歡。」

韓熙載亮相之後，輔助的字幕出現上述兩段介紹，〔註21〕方便第一次聽到韓熙載的人，有初步概念的認識，除了參考歷史對韓熙載的描述之外，所謂「首創香花合藝道」這個名銜，實是虛構的，概是參考《清異錄・百花門》所記載曰：「對花焚香，有風味相和，其妙不可言者。木犀宜龍腦，酴醾宜沉水，蘭宜四絕，含笑宜麝，薔薇宜檀，韓熙載有五宜說。」〔註22〕而遭後主罷免官職的原因，此處亦沒有說明，乃是因韓熙載縱情逸樂，不預朝政國事之故，此處則有韓熙載忠貞爲國，但不受重用，反遭貶謫的意味，亦有意重塑韓熙載，使其擁有趨於正向的人物形象。

觀其扮相美髯玉面，黃衣紅帽，與畫中韓熙載比較的話，近似「觀舞」、「散宴」中的裝扮。畫中淡雅的黃色，有別於仕宦所著的綠色官服，代表賦閒在家，而劇裡選用前者，除了有閒適於居的意味之外，也由於要塑造「夜宴」效果之故。整場表演的燈光偏向冷暗，有時更爲了加強「正在詮釋故事」的那名人物，其餘腳色甚至是在近乎全暗的狀態下演出，故若選用烏綠色的服裝，韓熙載在戲劇裡將如隱身，表演效果將大打折扣。基於相同的考量，故亦拋開原畫黑色的紗帽，改採紅色的布帽。

在詮釋角色方面，「漢唐樂府」參考了韓熙載的歷史背景，將這場夜宴的時間點，設定在韓熙載被罷去兵部尚書一職的當晚，因此徹頭徹尾韓熙載的心情一直是抑鬱不堪的，雖然勉強擺開了夜宴（可以感覺到這場夜宴是早就安排好的），但韓熙載並不像其他賓客和妓女們一樣，基本上有樂在其中的樣子，因此在演繹時，韓熙載的就是苦悶、抑鬱、壓迫、煎熬而強爲歡笑的，是以內心惆悵的千迴百轉，與壓抑許久而後的一氣爆發，最後曲終人散的無奈等，都是韓熙載的演出重點，也是觀看韓熙載所需注意的地方。

（二）各懷心思的賓客——陳致雍、李家明、朱銑、郎粲、德明

關於這五名賓客，《韓熙載夜宴圖》劇中只有標示其身分及姓字，分別是「太常博士・陳致雍」、「教坊副使・李家明」、「紫薇郎・朱銑」、「狀元・郎粲」、「僧人・德明」，主要出處是〈韓熙載夜宴圖〉畫末所載錄的小傳曰：「……

〔註21〕《韓熙載夜宴圖》中除了二段唱曲之外，人物並沒有口白，必要時以字幕輔助說明。

〔註22〕宋・陶穀：《清異錄・百花門》冊二（《百部叢書集成》，台北：藝文，1969年），7左-7右。

常與太常博士陳致雍、門生舒雅、紫微朱銑、狀元郎粲、教坊副使李家明會飲。」而僧德明雖不載錄於其中，但據野史來看，他是與韓熙載關係較爲密切的釋教人物，曾問韓熙載爲何逸樂於酒色，韓熙載據實以告說南唐國祚將滅，不想變成亡國宰相，惹人笑話，可見二人私交甚篤。

（陳致雍）　（李家明）　（朱銑）　　（郎粲）　　（德明）

　　若以畫裡人物來對照劇中角色的話，最明顯不過的，當屬德明與郎粲二人，郎粲爲新科狀元，故著大紅色，德明則穿黃袍，顏色比還韓熙載稍深，皆是較忠於畫作的扮相。在人物詮釋方面，畫中的郎粲，都是採坐姿，且是十分不規矩的坐法，可見其疏狂不羈的人物性格，再者，他十分專注於表演者演出，一是彈琵琶琵的李姬，一則是跳六么舞的王屋山，在這層面上，劇作中的安排郎粲與李姬有所互動，這同時也反映了韓熙載的妓與賓雜處，甚至行苟且之事的野史記載。德明在畫中則相對比較隱匿，只露出大約三分之二的軀體，且專注的對象是正在打鼓的韓熙載，而到了劇中，則與王屋山有數次互動，甚至還與王屋山等五妓一起起舞弄花杵，表現可說是十分外放搶眼。

　　陳致雍，在畫中並無法確定是哪一位，但在劇中兩次負責彈拍板的人都是他，其中一幕是「觀舞」，而圖裡負責這項樂器的共有兩人，在「觀舞」裡負責的是較年輕的一位，與劇中陳致雍的扮相較爲相符，姑且便將其畫上等號。除了負責「樂正」拍板，居中扮演一名指揮節奏的要角之外，陳致雍也是賓客（亦爲男角）中唯一有唱詞的，再者，他是最先進場，也是最後退場的男賓，並在劇中迷戀王屋山，算是戲分較重、地位較高的角色。

　　李家明與朱銑則是五位男賓中，較少演出機會的兩人，尤其李家明的戲服屬於暗青色，和畫中諸多男賓客的服裝最爲相似，可以以其代表韓熙載夜宴中的大部分志在參加享樂的人。朱銑雖著橘紅色服裝，看起來較爲顯眼，但在郎粲那樣大紅色的對比下，相對亦薄弱起來。

　　總地而言，韓熙載的沉鬱苦悶、郎粲的大膽示愛、德明的玩世無忌、陳致雍的滿腔癡情，是《韓熙載夜宴圖》這部梨園樂舞劇中，男演員的重點表現部分，其中韓熙載貫串全場，其餘三人則各有擔綱。

（三）梨園樂舞的要角——王屋山、李姬等諸妓

　　韓熙載夜宴最引人注目的，還是他的家妓，無論舞妓、樂妓還是侍女，姿色一絕固不在話下，藝有專精，更勝乎容貌。

　　在〈韓熙載夜宴圖〉中，依藍裳、圍腰、玉帶銙的一貫服飾特色，可以發現王屋山共出現四次，分別擔任不一樣的角色，如坐於賓客旁待伺、搖扇、捧水、跳舞等，「漢唐樂府」以此為依據，王屋山自然是當之無愧的女主角。如第一幕「沉吟」，在韓熙載心情鬱悶難耐時，王屋山以善解人意來緩和其不悅，表情動作似在說明：「今宵良夜，何不痛快一宴？」在「歇息」中，王屋山亦一如畫中人，端水供諸位賓客淨手；「觀舞」一幕，以「綠腰」獨舞，展現婀娜典雅的身段與科步，舞來秀麗曼妙；在群妓當中，王屋山則參與「四塊舞」、「壓腳鼓」、「彩球群舞」等聯合演出，且是居中領舞與鼓，最為耀眼。而與男角的互動上，除了與主人韓熙載以外，德明主動與之戲耍，如走位時故意擋道，搶花杵加入群舞等，陳致雍則吟詩表露對她的情意，在散宴時，賓客、諸妓相繼離去，唯獨陳致雍留到最後，而王屋山亦留到最後，前者要王屋山與他一起走，後者則要陪著主人韓熙載。王屋山雖不肯與陳致雍離去，但當她退場時，仍曖昧的由幕後的紗簾探出頭來與陳致雍對望，這便留與人遐想的空間。整體來說，王屋山在戲舞樂三個層面，面面俱到，而能擔此重任，亦是因飾演王屋山的蕭賀文，乃是「漢唐樂府」的副團長兼排練指導，與團長陳美娥女士一樣，在梨園樂舞這塊領域中，不遺餘力的投注心血。

　　李姬的戲分約有兩場，主要是「聽樂」中彈奏南琵琶，並演唱〈醉桃源〉，以及在「歇息」中，後上方的小舞台中，與狀元郎粲的互動。畫中的李妹，只有在第一幅「聽樂」中出現，雖出場時間較少，但也十分重要，具有畫龍點睛之效。為忠實呈現畫中的場景，故「聽樂」中不能沒有李姬這一幕橫抱琵琶的演出；二則是她的演唱的〈醉桃源〉，引發了韓熙載的心有戚戚焉，側面成為了韓熙載的心情寫照，此部分後面會有敘述；三則是如上所述，在彈完琵琶，吸引郎粲向她示情時，開始雖矜持而有所迴避婉拒，但最後依然妥協，且是在眾目睽睽之下，韓熙載沒有表示，賓客也只是以動作表達「你這小子」、「沒拿你沒辦法」之類的意思，兩人便暫時下場。等到「歇息」時，李姬已經換了一套服裝，神情有些無奈沮喪，最後郎粲對他示以安慰，如表達「我以後會好好待妳」之類，所以退場的這段時間所發生的事，觀者大致上能有所會意，充分賦予李妹完整的形象，延續畫作中李妹的整體活動和心聲。

　　除了王屋山、李姬之外，諸妓的任務亦不單純，在樂器方面，她們負責了南管中的上、下「四管」。如上左圖，前排由左至右是三弦、南琵、洞簫，後排左邊是飾演李姬的女角，此圖雖看不清她手持的樂器，但她拿的是「樂正」拍板，如上所說，拍板負責指揮節奏，後排右方則是二弦。「南琵」在南管演奏或梨園戲曲中，是演奏、伴奏的主要樂器，居於樂隊總指揮的地位，與拍板一內一外，相互配合；「三弦」則與琵琶互為陰陽，相與調和；「洞簫」音色悠遠結實、講究抑揚頓挫，「二弦」則必須配合洞簫，「聲慢而收音順，是為上四管。上方右圖則是「下四管」的演奏，由左至右是：「鮫叫」、「撩鐘」、「四塊」、「響盞」。「撩鐘」，又稱「雙音」，形制類似銅鈴而無舌，演奏時如其名，以雙鐘輕撩碰撞為主，「響盞」則置一銅鑼於竹圈中，並以軟槌敲擊，乃南管演奏中唯一可與南琵撚指同時發音的金屬樂器，又與「鮫叫」搭配，製造輕快歡樂的氣氛；「鮫叫」又稱「叫鮫」，乃一「龍首魚身」的木魚與小銅鑼所組成的樂器，演奏方式則以梧桐木或竹片敲擊，鮫叫以木魚合拍、又

以小銅鑼和響盞相互呼應，但在南琵撚指時則必須停止；「四塊」又名「四寶」，由四塊竹片組成，故名，而在演奏中，四塊是隨著南琵的指法，以首尾兩端反覆交擊製造出音響節奏，是南管演奏中較富特色的節奏樂器。〔註23〕

　　《韓熙載夜宴圖》既是梨園樂舞，自是少不了上下「四管」這八種南管演奏的專門、獨特的樂器，且與一般梨園戲有所不同的是，「漢唐樂府」並不單純只讓樂器隱身幕後伴奏，而是將它們化作演出的一部分。

　　如第一幕「沉吟」，在後上方的小舞台上，明顯可以看見五個人在左方以上四管演奏，而韓熙載在右方打盹，詮釋著主人小憩而樂妓在旁演奏助眠的風雅場面；另者，在「清吹」一幕中，則有五名樂妓在後上方的小舞台上吹奏洞簫與橫笛，也是呈現了畫中「清吹」的場面，這時候，樂器與伴奏，並非是在後幫襯，而是直接呈現在舞台上，雖然抽掉了傳統南管演奏時，拍板居中後、南琵、洞簫分居拍板左右而稍前，三弦、二弦又分居琵琶、洞簫左右而最前的格局，或許會受到正統南管欣賞者的詬病，然而這種表演方式，也正映證了陳美娥女士「立足傳統，再造傳統」的理念，讓傳統藝術，以嶄新的局面呈現，一方面擔負了傳承，一方面也點燃了新的薪火，這樣的改變，自有其戲曲史的意義。

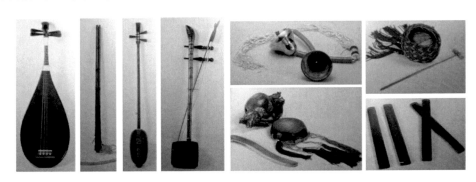

二、藉詩詞傳達情意

　　《韓熙載夜宴圖》整齣戲中，人物只有表情動作，並無對白，必要時會以字幕作為輔助，然而其中出現了兩段唱詞，一是李姬所唱的〈醉桃源〉，乃李後主所作；二是陳致雍所唱的〈賀聖朝〉，乃是馮延巳所作，以下逐一分析其作用。

─────────────

〔註23〕以上樂器介紹與圖片，參考、翻攝自林吳素霞：《南管音樂賞析（一）入門篇》，
　　　　頁 19～54。

（一）李姬所唱〈醉桃源〉

〈醉桃源〉這闋詞，乃是南唐宰相，五代著名詞家馮延巳所作，李姬在「聽樂」這一幕中所唱，字幕如下：

> 東風吹水日銜山，春來長是閑。落花狼籍酒闌珊，笙歌醉夢間。　珮聲悄（春睡覺），晚妝殘。隱（憑）誰整翠鬟？流（留）連光景惜朱顏，黃昏獨倚欄（闌）。〔註24〕

這闋詞是表達出一個女性人物，在春光晴好的日子裡，卻無人相伴的寂寞心情，每每只能藉著醉酒笙歌來麻痺自己，但當曲終人寥時，伊人歸來的音訊仍然無蹤，準備為他上的晚妝無論如何也畫不成模樣，一頭烏黑亮麗的髮絲無人在背後幫忙整理，要怎麼打扮好呢？最後思忖著，雖然自己也很想珍惜美好的時光，把握自己還青春的時候，與伊人共渡許多良宵，但黃昏時卻還是只有一人獨自倚著欄杆，盼望他的歸來，什麼事也做不了。

這闋詞可以從四個角度來詮釋，一者演唱者李姬本身，她選唱的原因，概是有所感、針對人而發，而對象即是她和眾妓的主人韓熙載。從歷史的記載來看，韓熙載蓄妓，只是掩人耳目的舉動，所以韓熙載厚愛於諸妓，不惜任其瓜分所得，乃至於別有寵幸，但並不會真心對待她們任何一人。但不可忽略的是，韓熙載是風流名士，擁有真才實學亦且姿容不凡，甚至曾以戴帽的特殊風格，風靡金陵，萬人爭相模仿，而佳人愛慕才子，尤其迷戀名士，且眾妓原是教坊中人，並不自由，韓熙載對她們而言，乃是賜與另一片天地的救贖者，得到她們的眷戀，合情合理。然而，韓熙載的有心無意，卻也相對令她們感到傷心，頓時會覺得自己又陷入另一個囹圄裡，美其名是自由的，但被束縛的心，卻更難堪。

二則是韓熙載，李姬在演唱這闋詞時，韓熙載聽了特別有感覺，先是拒絕了仕女奉上的酒，專注在聆聽上，接著心情十分激動的站了起來，面色凝重，若有所思。由於這闋詞屬於閨怨的內容，而就文人傳統的閨怨情結，若非真的替有這類經驗的婦人所發聲，便是婉轉以此抒發自己的遭遇，亦即將自己比喻作怨婦，而怨婦所等待盼望的伊人，則喻作君王。劇中的夜宴，是

〔註24〕　案：由於此詞傳為李煜作、又傳為歐陽修作，故在內容上，有些許的不一樣。參見劉慶雲譯註：《新譯南唐詞》（台北：三民，2010 年 10 月），頁 163。又，吳少靜在〈對南音樂舞創新表演形式的思考——以台灣南音樂舞《韓熙載夜宴圖》為例〉（《浙江藝術職業學院學報》10 卷 4 期，2012 年，頁 55～59。）一文中稱其為〈阮郎歸〉。

設定在韓熙載被免官後召開的，李姬當時也不知道韓熙載的遭遇，她唱的是自己的心情，但聽在韓熙載耳中，所感覺到的確是另一個層次，就是自己不被君王所信任重用，而詞裡的「落花狼藉酒闌珊，笙歌醉夢間」就真真切切的變成韓熙載當下的寫照了，所以他不得不激動，不得不有感而慨嘆。

第三是郎粲，狀元郎完全是基於著李姬的心情在聽這闋詞，也就是說，他是在場所有男人中，和李姬的心最貼近的那個人，所以心下捨不得，情心不禁便也如韓熙載一樣站了起來，而後他做了踰矩的大膽舉動，上前搭訕李姬，想要給予安慰，李姬原本是不理睬的，最後熬不過、避不掉，也就隱隱順從了。而其他賓客與韓熙載倒都不以為意，表達了他們對禮法的不以為意，與證明韓熙載確實不在乎這些女妓。

最後則是其他賓客的角度，他們只是抱著純欣賞的態度在享受而已，雖不確定是否有內心對郎粲搶先一步，而有所不甘的人。

（二）陳致雍所唱〈賀聖朝〉

〈賀聖朝〉亦為馮延巳所作：

> 金絲帳暖牙床穩，懷香方寸，輕顰輕笑。汗珠微透，柳沾花潤。　雲鬟斜墜，春應未已。不勝嬌困，半欹犀枕。亂纏珠被，轉羞人問。

這闋詞比之〈醉桃源〉，較為露骨豔情許多，主要描述在布置有金絲帳、象牙床、犀皮枕、珍珠被等名貴寢物的房間裡面，男女二人正懷偷香之意，女方皺眉淺笑，汗水在身體上，如柳條沾露花潤雨一般，美豔動人，髮絲已有些零亂，儘管美好的春宵應該尚未結束，但已經有些倦意，最後勉強撐著身子，斜靠著枕頭，把被子胡亂蓋在身上，羞於被人問到自己為什麼這麼累。

陳致雍演唱的場合，乃是「歇息」一幕中，王屋山正端水給眾位賓客淨手之時，示情之意表露無遺，兩人因此在舞台中央合舞一段，最後王屋山還曖昧的點水潑灑陳致雍，然而，依照最後王屋山放不下韓熙載又捨不得陳致雍的心態來判斷，王屋山此刻與陳致雍的互動多是逢場作戲，也不當真，只覺得陳致雍唐突，但一方面也因有人愛慕而感到心花怒放，不由得花枝招展，而陳致雍在最後又表達了一次愛慕之情，希望王屋山跟他離開，也許是因為這個癡情舉動，感動了王屋山。雖然陳致雍的詞在表達情感上，過於強烈且直白，但終場前的真情流露，可謂扭轉了前頭登徒子的形像，戲劇為兩人留下了曖昧的空間，留給觀眾去延伸，算是極為智慧的處理方式。

第三節　《韓熙載夜宴圖》音樂與舞蹈表現

漢唐樂府所表演的《韓熙載夜宴圖》，是以樂舞形式演出，而音樂和舞蹈是構成戲劇美學的主要因子，以下試就《韓熙載夜宴圖》中的音樂和舞蹈表現作一分析：

一、音樂表現

漢唐樂府秉著以承繼、發揚、創新南管樂、梨園戲的宗旨，在《韓熙載夜宴圖》一戲的配樂中，仍不失這項精神，接連將有南管「四大名譜」之稱的「四時景」、「梅花操」、「八駿馬」、「百鳥歸巢」等樂融入於樂舞表演呈現。此外，南管專用的樂器「上四管」（南琵、洞簫（又稱尺八）、二弦、三弦）、〔註25〕拍板（與「上四管」合稱「五音」）、「下四管」（響盞、叫鮫、四塊、撩鐘）、噯玉、橫笛等十一種樂器，也以或成為演出的主要道具，如「迎賓舞」、「四塊舞」和李姬的琵琶獨奏，以及陳致雍使用拍板敲打節奏等，或是隱於幕後演奏的方式，讓觀眾能完整感受到「南管樂」與「梨園戲」的典雅組合，誠如周暢在〈南音「譜」的審美價值與四大名譜〉一文中所表示的，因著擁有「古樸美」〔註26〕、

〔註25〕關於上四管的特色，前已有論及，另周暢在〈南音「譜」的審美價值與四大名譜〉中有言：「尺八和中國其他地方的簫又還有區別，尺八短而粗，簫身修長，故尺八的音比簫低，音質比簫渾厚、甘潤，但不及簫明亮，音色特異而優美。其樂亦靜亦動，幽靜處如夏夜風歇，瀟灑處如春燕騰空。尺八、二弦，樂音連貫，奏出優美的旋律，琵琶，三弦，樂音帶顆粒性，點出鮮明的節奏。線條與顆粒，斷連相繼，音色協調而豐富。」收入卓聖翔、林素梅編：《南管指譜詳析》（高雄：串音，2005年），頁5。又說：「尺八樂音柔和圓潤，長音可以吹得平靜如鏡，起伏音可以吹得柔軟無筋。二弦總是柔聲細語，沒有哪一種樂器比它更嫻靜。琵琶、三弦聲聲珠玉，精巧地點綴，並與尺八、二弦協調一致。『十音』中的『南噯』，音量稍為大一點，但音質柔潤，樂音婉轉如水。」收入卓聖翔、林素梅編：《南管指譜詳析》（高雄：串音，2005年），頁6。

〔註26〕周暢在〈南音「譜」的審美價值與四大名譜〉中言：「今天看來，南音是一種用古老的形式演奏的古老的音樂，可在它產生之時是一種用新的形式演奏的新音樂。沒有任何樂種採用和南音完全相同的演奏形式。這可以證明它的獨創性。它的節拍和節奏也很有特色。它的旋律，不乏生動的氣韻和情趣，但今人聽起來，感到它相當古樸。那慢悠悠的散板，久不久點一下的琵琶、三弦，那尺八、二弦演奏的幽雅旋律，都顯出一種古典和質樸的風格。南管不是那一個朝代一時的音樂現象，而是唐以來不斷形成的若干時期的若干音樂沖積層，有很深的音樂藝術的根底，可以使人感到中國古代音樂藝術的芳香和光輝。它相當文雅的音樂性便是明證。……所以，南音的古樸，並不只是作為一種歷史的陳跡，而實際是溶化了古代音樂的許多精華，是歷史價值與

「特色美」、「雅致美」、「精深美」等特質，南音是以有「中國古代音樂的活化石」之稱。〔註27〕以下，將就《韓熙載夜宴圖》一劇中的配樂，作分析探討。

1. 沉吟：四時景（前四節）、起手引

《韓熙載夜宴圖》第一幕「沉吟」，以「四大名譜」之一的「四時景」為主要演奏樂曲，「四時景」，顧名思義，乃是以大自然的春夏秋冬四季為主題的一首南管「和譜」〔註28〕，其中又可以四季中的八個節氣為代表，分為八個段落，各有小標如：一、立春：新鶯出谷。二、春分：石上泉流。三、立夏：清風籟籟。四、夏至：梅雨濯枝。五、立秋：暮蟬清噪。六：秋分：零露飄玉。七：立冬：霜鐘逸響。八、冬至：急雪飛花。各節次的演奏長度不一，若光看曲目，可以想見是一首起落有致、節奏分明的曲子，而編作者在曲、劇的搭配上下過功夫，並且是以「音樂」為主軸，安排情節的轉換，是分析如下。

「沉吟」一幕中，最先映入眼簾的，是主角韓熙載坐於後上方小舞台的右方打盹，小舞台左方則有坐有五個樂妓，分別持南琶、尺八、二弦、三弦和拍板，即是傳統南管樂的標準「五音」演奏形式，並以南琶和尺八為主要演奏樂器，並以尺八的清脆簫聲象徵鶯啼，若依「四時景」八段命名的原意，此時「新鶯出谷」當是新春好時節，藉由鶯啼表現萬物應春甦醒的時刻，但因是新春方臨，故整體曲調和緩平順，悠悠的簫聲彷彿迴盪在山谷的鶯啼，而斷續絲連的琵琶聲同時令人感到「春眠不覺曉」的慵懶情趣，而在此幕之中，韓熙載沉思、沉眠的姿態，與「新鶯出谷」曲中悠緩的氣氛亦頗為貼和，但尾端卻有違和之處，即聖旨傳到，告知韓熙載遭貶的訊息（劇中雖沒有明講，但已歷史發展，和韓熙載以及散宴時眾賓客、女妓的反應，可以確定如此），這使得原本應代表欣欣向榮、草木生發的春之樂曲，變相而增添了一抹無法抹去的傷春之惆悵。

接著，韓熙載醒來，曲目也同時轉入「四時景」次節「春分：石上泉流」，樂器仍是以尺八的簫聲為主，琵琶和三弦則次為輔佐，當中可以感受到春後融雪為泉，注入乾涸的河流，流水淌過石頭，圓潤而小有激躍，此乃是承繼首節，進一步以原泉滾滾，表達萬物復甦乃至於生生不息的大自然生命的氣

<hr>

審美價值的統一。」收入卓聖翔、林素梅編：《南管指譜詳析》，頁5。

〔註27〕收入卓聖翔、林素梅編：《南管指譜詳析》，頁4。

〔註28〕南管樂的「譜」可分為「念譜」和「和譜」兩種，念譜指的是唱念，學習南管樂須先等背唱熟稔之後，才進入演奏，即是「和譜」的階段。參卓聖翔、林素梅編：《南管指譜詳析》，頁2。

息,是以音調較「新鶯出谷」爲高亢,因而在戲劇的演出上,此節讓韓熙載充分的「亮相」。

　　韓熙載「亮相」之後,「春分」已罷,第三節「立夏:清風籟籟」輕快地銜接而出,此時韓熙載再次坐回椅子上沉思,女主角王屋山則以清秀可人的姿態婉轉現身,亮相,此時曲風較之「春」之兩節,明顯輕暢許多,展現王屋山的活力,更適切地對比韓熙載的懶散,尾末,王屋山這陣「清風」吹向了韓熙載,喚醒了他。樂章也進入第四節「夏至:梅雨濯枝」。雨在自然意象中,是可以潤澤大地的,在劇中,王屋山似看出了韓熙載重重的心事如槁木,於是化身爲雨,爲他久旱的心田,降一場甘霖,這節以琵琶的彈撥,塑造雨滴之聲,點點滴滴彷彿落在韓熙載身上,帶給他一些活力——即是王屋山提醒韓熙載:今宵良辰,賓客將至,就讓夜宴的歡愉消除你的不快吧!另者,周暢在分析此節時曾言:「南音樂曲,往往在後段包含著前段的因素,這可叫做『新包舊』,……它(指『梅雨濯枝』)的後半段,便是『石上泉流』曲調在下屬調和原調上再現,當然,速度加快了些。雨和泉相類,這種再現,或者這種『新包舊』,就顯得自然了。」〔註29〕同樣的概念,其實也可以用在以「漢唐樂府」這樣的創新「梨園戲」,重新再包裝「南管樂」這種古典的音樂上。

　　同時,除了上述的「五音」,亦加入了「下四管」,不但曲風活潑了起來,也因除王屋山外其他四位主要樂妓,以及五位賓客的加入,使得場面頓時變得熱鬧繁盛,在原有「五音」的基礎下,響盞、叫鮫、四塊、撩鐘這四種專屬南管樂特色樂器的幫襯下,屬於宴會的愉快之情,自然而然流轉而出,其中叫鮫這項樂器,有兩種聲音,銅聲似銅鑼而小,木魚聲則如鼓亦輕,但所呈現的慶典般的哄抬氣氛,則有異曲同工之妙,由如訴說一夜的美好即將開始;撩鐘聲音清脆悅耳,彷彿賓客間的談笑風生;四塊則時而連拍,時而斷拍,如主人家的格格笑聲;響盞的聲音則是一彈一點,聲聲中節,聽之如見豐盛的酒食,凡此歡樂的樂章,都顯示夜宴的繁華。

2. 清吹:百鳥歸巢與壓腳鼓

　　第二幕「清吹」,主要配樂爲同是南管「四大名譜」的「百鳥歸巢」,「百鳥歸巢」乃是詠鳥的樂章,共分爲六節——首節:鳳翔阿圖、次節:喜鵲穿花(又稱「客鳥過枝」)、三節:鴛鴦戢翼(又稱「鴛鴦戲水」)、四節:紫燕

〔註29〕周暢:〈南音「譜」的審美價值與四大名譜〉,頁8。

唧泥、五節：流鶯爭樹、六節：群鴉投林。在此幕中，五名樂妓坐於後方小舞台之上，分別持尺八與橫笛，韓熙載、一干賓客及女妓則在主要舞台上聆聽、欣賞與互動。

　　前有述及，此幕樂妓所以只持尺八洞簫與橫笛，乃是因原畫作中的同一場景，即是持管樂器演奏，在此一前提之下，漢唐樂府選擇以這兩種樂器爲主要表現形式的「百鳥歸巢」，加上發揚南管之因素，確實是不二的考量，且亦是以舊裡開新的形式做開展。一般而言，南管樂的表演，基本的「五音」當不可或缺，而在此幕中，「拍板」由陳致雍掌用，餘二弦、三弦、南琵則捨卻之，這一做法，就正統而言，或許有失規矩，但就表演的成果而言，卻未必因此失色，首先此幕明確告知將演奏的樂曲爲「百鳥歸巢」，相較「沉吟」雖用「四時景」而不明言，已確實做到了南管樂宣傳之效果，再者，「百鳥歸巢」的意象是鳥，漢唐樂府選擇尺八和橫笛作爲鳥鳴的象徵，實爲最佳的選擇，由其橫笛的清脆、圓潤、婉轉等特色，將鳥的活潑、舞動、嘹亮的叫聲展露無遺，這便是漢唐樂府選擇曲目與樂器上的高妙之處。

　　「百鳥歸巢」整體而言透露出一股清新脫俗、鼓動人心的積極生命力，仔細聆聽曲中境界，彷彿眞實可見百鳥於枝頭、於水面、於草上、於花間飛騰、休憩、嬉耍的畫面。而它的另一個特色：重複與變奏，〔註30〕則令人感覺有樂此不疲、樂此不彼的歡樂之情，故周暢認爲「南音，又具有格外的幽雅委婉。不但它的旋律多是級進、小跳或回波型的，而且它的樂器能使幽雅委婉達於極致。」〔註31〕這樣一個樂章，用在夜宴的熱鬧開場，確實再貼切不過。另外諸妓還表演了梨園戲的另一項傳統樂器──壓腳鼓，表演時字幕亦有介紹：「足鼓，又稱壓腳鼓，利用足部對鼓面造成的壓力，敲擊鼓面時產生音色極音階變化，原只存在於梨園戲，司鼓爲梨園戲總指揮。此次將足鼓設計成舞台演出，亦爲首次。」由此可知，除了汲取梨園戲的科步之外，「漢

〔註30〕關於重複的部分，周暢言：「這個主題果眞也能起道提挈全曲的作用，這原因是它包含著一種高雅的素質，形神兼備，看上去簡單實際上又不簡單，它提挈全曲又使其成爲名曲，和其他古典名曲一樣，它包含著一種發人思考的道理，它包含著比較精深的藝術思維。」而關於變奏，周暢則曰：「這個主題自身，是以一個四音動機逐次成倍加密節奏組織而成的。透過多次重複和模仿，這個逐次成倍加密節奏變成爲一種變奏的方法。這種方法，有別於我們過去知道的我們民族樂曲中所採用的上下加花音的變奏方法，這又是一種手法。這種手法，在民族樂曲中不多見，但確實存在於《百鳥歸巢》中，我們應該非常重視其存在的意義。」以上參周暢：〈南音「譜」的審美價值與四大名譜〉，頁10～11。

〔註31〕周暢：〈南音「譜」的審美價值與四大名譜〉，頁5～6。

唐樂府」仍不忘多方嘗試各種可能，勇於創新，而又有歷史軌跡可循，非一味地改造和翻新，乃是背負著傳統再生的使命。

（壓腳鼓）

3. 聽樂、歇息：阮郎歸、賀聖朝

「聽樂」、「歇息」二幕，是整齣戲中較為沉靜的部分，前者是李姬橫抱琵琶哀怨獨奏獨唱〈阮郎歸〉；後者則是陳致雍深情演唱〈賀聖朝〉，並由一名女妓持三弦伴奏，這種以宋詞搭配南音的演出模式，正如吳少靜於〈對南音樂舞創新表演形式的思考〉一文中所說，乃是「既體現了創新南曲與南音樂舞的相結合，又不偏離南音的主要音樂元素」，〔註32〕南琵的沉鬱恰襯托出李姬內心幽微的寂寞，而三弦較為渾厚音質，亦足以表現陳致雍對王屋山的情深款款。而這兩幕在整齣劇的作用中，則又發揮了緩和前一幕「清吹」中壓腳鼓表演的波瀾情緒，以便沉澱之後，欣賞後一幕的壓軸演出——「觀舞」。

4. 觀舞：四時景（後四節）

「觀舞」是整齣《韓熙載宴夜圖》中最精彩熱鬧的部分，在配樂是，選用了「四時景」的後四節，即：五、立秋：暮蟬清噪。六：秋分：零露飄玉。七：立冬：霜鐘逸響。八、冬至：急雪飛花等四個部分，

先是王屋山獨舞，其一襲水藍色的舞袍，與秋霜的意象有其暗合之處，而「暮蟬清噪」較為和緩，正是秋高氣爽最宜休閒，但另一個含意而言，則亦宣示此時夜宴也即將進入尾聲，唯不可忽略的是，秋天是豐收的季節，

〔註32〕吳少靜：〈對南音樂舞創新表演形式的思考〉，頁56。

因而緊接著的「秋分：零露飄玉」、「立冬：霜鐘逸響」、「冬至：急雪飛花」
等六七八節，並沒有明顯的分界，樂曲十分緊湊，象徵歲末秋收冬藏後，
一片和樂融融，準備歡慶過年的景象，故周暢說此處「色調豐富，雖然切
得多，音樂卻不零散，相反，愈切則愈連，它是一種生動的樂音韻動，融
合著明朗、愉快的情趣，繞有趣味」，〔註 33〕加上特殊的「踢球舞」，德明
與王屋山等五妓的互動場面，配合韓熙載的擊鼓助興，正一鼓作氣將夜宴
氣氛推上最高潮。

5. 散宴：四時景（前兩節）

　　戲劇發展至尾聲，所使用的配樂卻回到最初所演奏的「四時景」，而曲調
則更為悠緩，且因賓客和女妓得知韓熙載遭到免官，紛紛向韓熙載辭別，唯
獨王屋山對韓熙載還有所留戀，依依不捨的還有對王屋山深情著迷的陳致
雍，加上如第一幕般坐在位子上的韓熙載，這一幕給人個感覺，只有哀傷。
相較之下，第一幕雖然有些沉鬱，但給人的情緒卻是上揚的，此處則如水面
上最後的漣漪，一波慢似一波，儘管水面即將完全靜止，但引起漣漪的那顆
小石頭卻仍在下沉，故雖同樣屬於春天的樂章，此處卻是傷春的、了無生氣
的情境。

　　同樣的樂譜，同樣的樂器，卻因場景的轉換，牽引出截然不同的觀感，
這是屬於音樂的變易性，也是南管樂這樣的古典音樂所特有的深度，周暢即
言：「南音演奏上音色控制得相當細致，表情上『哀而不傷，樂而不淫』（南
音「譜」，大概因為是喜宴之樂，十三大套都沒有哀傷的情緒，因而只體現『樂
而不淫』這一方面，『指』與『曲』，則有許多離愁別緒，相思苦怨，更多體
現了『哀而不傷』那一方面），都很講究中和、適度之美。這本是大多數古代
作品的共同特徵，南音在這方面的特色集中了，因而體現得更加鮮明。這是
一種含蓄的美，幽雅精緻的美。……這種美的缺陷在於缺少奔放與陽剛，缺
少華麗，缺少使一般人一聽即愛的感染力與吸引力，缺少刺激，但它文明、
柔美、純淨、質樸，又可以使人賞心悅耳，心曠神怡，喜之愛之，得到很大
的滿足。」〔註34〕所論甚是。

　　整體而言，透過分析之後，可以發現，「漢唐樂府」所製作的這齣《韓熙
載夜宴圖》，實際上在整體演出中佔有主導地位的乃是「音樂」，並且在選曲

〔註33〕周暢：〈南音「譜」的審美價值與四大名譜〉，頁9。
〔註34〕周暢：〈南音「譜」的審美價值與四大名譜〉，頁6。

上，不避諱地運用南管中最著名的若干曲譜，尤其是位居「四大名譜」之首的「四時景」，它在最開始時出現，在最高潮時出現，也最落幕時出現，又因著「四時景」是以四季節氣為核心，因而從春夏到秋冬，表示事情的完滿，漢唐樂府將秋冬的部分，安排在戲劇中最熱烈的場面上，是其用心之處，而後時序再回到春天，卻已人事全非，頗有「人面不知何處去，桃花依舊笑春風」之情，更是其塑造成功的精妙之處。

也可以說，運用名譜是一項對傳統的繼承、創新與挑戰的艱新工作，由於熟悉南管音樂的人，必然對既有的名曲瞭如指掌，故而會有不可免的刻板印象，認為曲子所蘊含的情思，有其獨特的意義，但「漢唐樂府」既肩負發揚「南管」之理想，在演出中導入將最具代表性的曲樂，希望讓更多不曾欣賞過南管樂的觀眾，可以最直接的聆聽到南管樂中最值得一聽的名曲，故選擇不迴避，儘管知道會有反彈的聲浪，但從發揮戲劇情緒與魅力、輔助戲劇情節與張力這一點上來看，無疑「漢唐樂府」的選曲與編排是成功的，從中可以發現，南管樂的諸首名曲雖有其本來的文化意義，但經過詮釋《韓熙載夜宴圖》之後，它的曲風意義的可塑性與再造性，及延續其音樂生命力的韌性，並不在其故有的價值之下，甚至可以說 ，遠遠的超乎傳統南管樂的想像，這對傳承南管等這類傳統文化藝術的使命與意義，啟了一個很重要的里程碑，誠然，「文化保留」與「文化再造」是現代有志於「傳統文化」的工作者、愛好者、研究者等，不可避免的兩個重要命題，卻也是天秤兩端的兩難課題，而「漢唐樂府」則是在此折中上，做了一個良好的示範，他一方面使用傳統樂器演奏傳統樂曲，一方面又透過創新戲劇賦予創新意義，毫無疑問是對「南管樂」和「韓熙載夜宴圖」這兩個千年傳統文化的瑰寶，一次最佳的再造。

二、舞蹈表現

王克芬、蘇祖謙《中國舞蹈史》〔註35〕認為戲曲舞蹈在清代開始出現全面發展和高度綜合的局面，舞蹈藝術在與戲曲交融、結合中發揮不可或缺的重要作用。許多傳統舞蹈節目、表演方式和技術技巧，被融匯進戲曲藝術中，而廣泛流傳的民間歌舞形式，也逐漸發展成多樣貌的地方戲。結

〔註35〕王克芬、蘇祖謙：《中國舞蹈史》（台北：文津出版社，1996 年 2 月），頁 373 ～390。

合唱做念打諸般手段而成熟的戲曲藝術，成為最主要、最普遍也最受歡迎的表演藝術形式。在戲曲表演中，吸引觀眾目光的無疑包括精采絕妙的舞蹈成分，戲曲舞蹈的藝術魅力，在於它是唱念手段不足以表達的強烈感情體現。成熟時期的戲曲表演，舞蹈在其中已不只是點綴和陪襯，成為推進情節發展，激化矛盾衝突，塑造人物形象不可或缺的手段之一。戲曲舞蹈的藝術魅力還在於，它是人們對優美風姿、高難技藝、驚險、拼鬥等審美期待的一種滿足。因此，一個好的戲曲演員，在容貌、歌舞、體態上，必須是全面的。書中亦將戲曲舞蹈的藝術特徵，分為五點說明：

1. 真與假的統一

戲曲舞蹈講究生活內容的真與藝術形式美的高度統一。可用「有真有假，真假結合」來說明。「真」，指的是生活的情理，演員的感情。「假」，指的是以各種舞蹈身段和技巧等表現手段的藝術美化。

戲曲舞蹈這方面的實例很多，如刀、槍、劍、戟是假的，但通過演員的打鬥技藝所表現出來的戰場氣氛，卻顯得真實可信。漢唐樂府《韓熙載夜宴圖》一戲中在戲曲舞蹈的表現上亦可看見此一藝術特徵，如在「觀舞」一幕中，王屋山獨自舞花杵，隨後眾女上，花杵的道具身分立刻轉化為球，儘管有棒子相連，不是獨立完整的球，但藉由演員的舞蹈技藝，卻將踢球、傳球動作的趣味性做了相當真實的呈現。

2. 虛與實的巧妙結合

戲曲舞蹈中的身段動作、造型姿態，在接受傳統舞蹈和民間舞蹈技藝融合的同時，又有許多源自生活的新創造，是生活動作的提煉、加工、誇張、變形，並加以規範化、節奏化與美化。因此以虛代實和虛實結合，成為戲曲舞蹈表演上的獨特方法。戲曲舞蹈虛實結合的表現手法有物虛情實、大虛小實，以點代面，用局部表現整體、化虛為實等。

3. 摹形狀物的塑型美感

「走如龍，站如虎，輕如蝶，美如鳳」，不只是對戲曲身段動作的美的形容，也包括許多戲曲舞蹈的藝術法則。戲曲舞蹈中的摹形狀物，已超脫生活現象的簡單模仿，成為具民族特點的造型手法，根據自然界多樣事物的屬性與特徵，與人的特質（如體貌、動態、個性、品德等）暗合，發揮藝術想像力與創作力的結果。

4.「死學活用」的表演程式

程式性是戲曲舞蹈表現生活，塑造形象，展示劇情的重要手段。手眼身法步等基本動作的要求，起霸、走邊、趟馬等成段舞蹈套路的程序，跟頭、把子和打出手等武功技巧的組合連接，都有格式和規範須遵循，此即為程式。但在戲曲舞蹈實踐中，規範性和靈活性是相結合的，死學與活用是統一的，因此遵循傳統規範與對程式的不斷突破、創新和增刪亦同時進行。

5. 獨具特色的美學原則

（1）曲與圓。曲，迂迴曲折，非直來直往，非一覽無餘。圓，圓潤豐滿。

（2）動與靜。動與靜在戲曲舞蹈表演中是相互制約、相互依存的。

（3）剛與柔。戲曲舞蹈表演中特別強調不慍不火，最高的準則是「剛中寓柔，柔中有剛，剛柔相濟」，此特色可用「韌」來概括。

（4）對比、勻稱、襯托。傳統戲曲舞蹈的精神極講究整體美感。

（5）隨合、連貫、變化。因動作牽一動百，故身段應是一個整體，四肢軀幹相互協調配合，以腰做軸變化身法。

（6）變化。高低、強弱、快慢的不斷轉化，造成舞蹈動作的多樣，避免單調重複。

（7）節奏感。舞台上的行動，都一一定的節奏進行，節奏將手眼身法步串聯組起來，形成表達表達各種情感的動態語言。

（8）穩、準、有尺寸。此三者是緊密相連的，在激烈對陣的刀槍把子和翻滾跌撲等跟斗技巧中特別講究。

（9）精、氣、神。精：精神。氣：運氣的功夫。神：神情。

漢唐樂府的《韓熙載夜宴圖》，秉持提倡南管樂、梨園戲的傳統之精神，在其「舞蹈」、「動作」（科步）上，充分繼承、擷取了梨園戲的「十八科母」，既名為「母」，即是其科步基礎之意，據《南管戲》一書所載，〔註36〕其中可概略分為三類：〔註37〕

〔註36〕參辛晚教：《南管戲》（臺北：漢光文化，1998 年），頁 55。

〔註37〕僅案：關於「十八科母」的介紹，參考蘇彥碩於福建省梨園戲實驗劇團網站所整理的資料，不敢掠人之美，雖僅列網址供參考亦可，然又尋思文中無法詳細說明該「科」之確實特色與細節，故做一附錄參詳。http://www.liyuanopera.com/lyktview.aspx?id=117，檢索時間：2013 年 10 月 5 日。

1. 屬日常生活類之科母：（1）拱手。（2）指手。（3）偏觸。（4）提手。
（5）分手。（6）舉手。（7）搭手。

（韓熙載、王屋山：舉手）

2. 屬表現內心情緒之科母：（8）毒錯。（9）過眉。（10）相公磨（仿
提線傀儡戲相公爺踏棚中舞磨動作）。（11）七步顛。（12）雙頓提。

（韓熙載、王屋山：相公磨）

（王屋山亮相：以雙手插腰的姿態表現「垂手行」）

（王屋山與韓熙載：七步顛）

（王屋山「垂手行」，手勢：薑母手）

3. 屬上下場及台位調度行動類之科母：（13）垂手行（又稱雙手隨行小旦尚下場用）。（14）按心行（生、旦上下場用）。（15）過場（雙人表演橫向調度用）。（16）牛車水（雙人表演縱向調度用）。（17）返頭越角（四角轉身用）。（18）走雲（又名走碎步，圓場用）。

（韓熙載與王屋山：牛車水，縱向調度）

（王屋山的鷹爪手（圖右）與螃蟹手（圖左））

（王屋山、陳致雍：過場）

（韓熙載：按心行）

　　但必須釐清的是，在南管戲當中，對於「十八科母」的具體名目，並無統一的規定，蓋是因「以戲教戲的口傳身授」所致，各家派之間，有其不同的說法。〔註38〕

　　另又有「三節手」、「糕人身」、「蹽腳」、「四顧眼」、「進三步」、「退三步」、「三步到台前」等須注意的身段，再者，手勢亦有其奧妙之處，如生常用的「尊佛手」、「玄壇公手」，且所用的「螃蟹手」、「薑母手」等，又是建立在模仿雕像和動植物的形態上所得的動作，〔註39〕蘇彥碩曾對梨園科步的特徵有

〔註38〕參見吳捷秋：《梨園戲藝術史論》（臺北：施合鄭基金會，1993年），頁452。
　　　　僅案：此書雖有提及「十八科母」及其相關動作，但整體而言，仍以蘇彥碩所整理之說較爲清楚明確，故從其說。
〔註39〕蘇彥碩言：從現有表演程式的名稱和它的姿態，可以看出它是來自生活的各方面，其中的手姿大部份來自宗教的雕塑及繪畫等造型藝術。如旦角的基本手姿，用食指與拇指勾成圓形，其餘三指直伸，叫「螃蟹手」（取其狀似螃蟹的足形），這一手姿可見諸敦煌276、397窯隋代壁畫的佛像上。還有「薑母手」與敦煌249窯西魏壁畫的手姿相似，「尊佛手」與敦煌401窯隋代壁畫手姿和

一段精闢的介紹：

> 梨園戲手姿的表演特別豐富多姿，動作要求嚴格，如「舉手到目眉，分手到肚臍，拱手到下顎，毒錯到腹臍。」和「指手對鼻，偏觸對耳，提手對乳」等規範。戲曲表演程式是綜合手、眼、身、步、法等表演形態的，梨園戲的「科」（即每一單個的表演程式）對手、眼（含頭部）、身、步、法（動作規範）都有著嚴格的要求，比如「糕人身」（「糕人身」，身正，右腳伸出左腳前方如 g，下肢約向左前方斜向 15°角，上身擺正，眼視正前方，整體成 S 形的曲線狀。）、「三節手」（「三節手」，手的上胳、下胳和掌三部份要成～或√的三節形狀，一般都不直伸手臂，每節角度大小，要根據不同動作而定。這與提線木偶的形狀差不多。）、「四顧眼」（「四顧眼」，就是眼睛要靈活，要觀顧四方，但主要的是眼隨手動，在動作定形時，一般要注視出手的那一隻手的手指尖。）和在動作的運行中講究弧線、圓、先收後伸等等。由於有這些規範化的程式，故歷經幾百年代代口傳身授而能永保其藝術風貌，為今天研究古南戲提供形象化的資料，成為我國戲曲的活化石。〔註 40〕

正是這樣的多元豐富性，塑造出梨園戲能流傳不墜的堅實基礎，而漢唐樂府在這樣的基礎上，有所變通與創新，使其所編創的樂舞能有舊裡開新，卻又不失傳統韻味的梨園戲藝術史意義。

《韓熙載夜宴圖》一戲中，有人物的動作舉止，無不由傳統「梨園戲」的科步而來，特別在舞蹈方面，除了對「梨園科步」的汲取、創造之外，更結合了「樂器」、古舞、以及仿造知名劇作之場景等，以下即針對「迎賓舞」、「四塊舞」、「六么舞」、「踢球舞」四場主要舞蹈表演述評之。

---

209 窯元代壁畫手姿相似，「玄壇公手「與敦煌 420 窯隋代壁畫手姿相似，還有「觀音手」、「讚美手」、「圈圈」、「分手」等手姿都可在那裡找到相似的姿態。再有如「觀音疊座」、「魁星踢鬥」、「十八羅漢科」等等都是從佛像雕塑或繪畫吸取來的，如「蘭花手」、「薑母手」、「鷹爪手」、「貓洗面」、「猴照鏡」、「加令跳」、「牛車水」、「雙頓蹄」、「虎仔探井」等。有模仿提線木偶的表演如「相公摩」、「嘉禮落線」、「按身行」、「過場」等。還有就是直接來自生活的，如「拱手」、「按心」等等。戲曲表演講究神似、傳神，上述的動作並不是生活的再現，而是美的再創造。摘自福建省梨園戲實驗劇團：http://www.liyuanopera.com/lyktview.aspx?id=117，檢索時間：2013 年 10 月 5 日。

〔註 40〕摘自福建省梨園戲實驗劇團：
http://www.liyuanopera.com/lyktview.aspx?id=117，檢索時間：2013 年 10 月 5 日。

1. 迎賓舞

「迎賓舞」安排在第一幕「沉吟」的後半段，專門設計屬於「下四管」融合「梨園科步」的樂舞表演，因而可以發現，比之「上四管」多隱於幕後，「下四管」的演出則更為醒目，在此場面上，四個妓分別拿響盞、撩鐘、四塊、叫鮫其中一種樂器，與陳致雍、李家明、郎粲、朱銑四位男賓配合，演出了一段熱鬧的迎賓舞。

（下四管：左起分別為響盞、撩鐘、四塊、叫鮫）

（男賓以「按心行」登場）

（男賓以「相公磨」亮相）

（男賓以「走雲」過場）

（迎賓舞）

　　從上面的圖片中可以看到，主舞台上五位男賓與四位女妓共九名腳色，

場面極為熱鬧，並且透過一對一的共舞方式，一一讓男賓有獨立表演的機會，而更主要的則應當是讓觀眾對「下四管」四種樂器有一個基本的包含其形狀、聲音等的特質的認識。

2. 四塊舞

「四塊舞」安排在第二幕「聽樂」的後半段，顧名思義，乃是以「四塊」為主的舞蹈表演，並以王屋山為首的五名樂妓同時演出，演出時，字幕作了一番介紹：「四塊，南管下四管樂器之一，屬於音樂形態的呈現形式，此次演出將四塊與梨園科步結合，成為創新的四塊舞，使四塊這種傳統打擊樂器，有更生動活潑的表演形式及趣味。」秉持傳統再創新的精神，在此處可見一斑。

（四塊舞）

（男賓加入共舞）

上圖所見，除了一般「梨園科步」之外，亦結合「千手觀音」舞蹈的形態，典雅靜美的舞姿，加上時而緊湊有節，時而喀然一響的四塊打擊聲，給予人嶄新不不失古樸韻味的視聽享受。

3. 六么舞

第五幕「觀舞」是整齣戲的最高潮，其中包含「六么」、「踢球」兩段舞蹈表演，細究之可將之分為靜與動、美與力的不同表現。

「六么」為王屋山之獨舞，其中居多結合了「梨園科步」，但更重要的是表現出舞蹈中陰柔、婉約的一面，其具體表情似含情脈脈、欲語還休，又偶然會有熱情洋溢在肢體之上。

（王屋山舞「六么」）

這一段是整齣戲中唯一的女角獨舞，但看起來卻一點也不單調，因為豐富多變、婀娜曼妙的舞蹈姿態，塑造出也別於群舞的另一種精彩。

4. 踢球舞

《韓熙載夜宴圖》中，最後一次樂鬧的場面，乃是「觀舞」的最高潮——王屋山揮耍花杵，率女眾群舞踢球，並安排了僧人德明搶花杵（球）加入群舞，這段「踢球舞」大有來頭，乃是取自「梨園戲」的知名劇作《鄭元和與李亞仙》中的「亞仙踢球」一折。若是內行的「梨園戲迷」一眼便能看出端倪，詩人鄭愁予在其〈雨夜驚見泉州梨園《陳三五娘》〉一文中亦言：「……『李亞仙』中的『踢球』，約十位演員以踢球動作交疊舞出，其移位動作極具變化，喜劇娛樂性頗高。被人稱做是『閩中三絕』。」〔註41〕可知其對此段表演的高度讚賞，漢唐樂府巧妙的移花接木，在《韓熙載夜宴圖》中大膽而精彩的演出「踢球」，此亦是其一貫的以傳承、創新、發揚梨園戲為宗旨的精神。

（踢球）

〔註41〕人民網：http://unn.people.com.cn/BIG5/22220/60205/60213/4240335.html，2006年 03 月 27 日 10:34 刊載。

　　另者，王屋山在此段舞蹈中，鬆開了原本捲在手腕上的「水袖」，爲此段充滿力道的演出增添一股柔美之感，知名舞蹈家蕭靜美在其《中國舞蹈審美》一書中有言：「『虛實』的表現是中國舞蹈藝術創作一種要的內涵。水袖即是中國（舞蹈）常運用表現的形態之一，因中國的藝術表現本身就蘊含詩意，水袖的表現特徵是較具『寫意性』的，水袖的流暢、飄逸、柔美、灑脫的特性，非常適合表現舞蹈藝術的意境和詩性之美。水袖的柔、軟、飄、韌的『寫意』特性，善於表現舞蹈藝術的『抒情性』，如哀怨之美，激昂之美。」〔註42〕是以當韓熙載把免官聖旨公開，眾賓諸妓隨之散盡，也道出了人情的冷暖與勢利，此時王屋山以「水袖」掩面而泣，其淒美之感，頓時呈現出來，較之前段的舞蹈動感，確實多了「哀怨之美」。

（王屋山掩面泣）

　　漢唐樂府所表演的《韓熙載夜宴圖》無論是在音樂或在舞蹈上，都相當細膩精彩，雖是由畫作〈韓熙載夜宴圖〉來改編，但藉由戲劇表現，其內容的廣度和深度又更加擴大。在《韓熙載夜宴圖》中王屋山的舞蹈表演上，可

<hr />

〔註42〕蕭君玲：《中國舞蹈審美》（臺北：文史哲，1997 年），頁 29。

明顯看出唐代軟舞所特有的柔曼婉暢，和濃鬱的抒情色彩，而男性角色則不脫剛勁、矯健美，在真假虛實結合的戲曲舞蹈表演中，將人物的形象與心理狀態刻畫得十分真實。

第四節　由圖畫到戲曲的沿襲與創造

「漢唐樂府」的《韓熙載夜宴圖》，如前所述，乃是參考傳南唐顧閎中所繪的〈韓熙載夜宴圖〉，因而在人物的設定、劇情的推演、場景的安排上，主要參考了畫中所提供的訊息，亦說到樂舞將原本長軸繪畫中「聽樂」、「觀舞」、「歇息」、「清吹」、「送別」五個場面，切割分成「沉吟」、「清吹」、「聽樂」、「歇息」、「觀舞」、「散宴」六幕，因此「畫」與「樂舞」的逸離與交會，是個很值得探討的論點。

一、場景再造

單從場景分設來看，可見增加了沉吟一幕，而「清吹」調到了「聽樂」之前，「歇息」也調到了「觀舞」之前，且雖是分成六幕，實際上從整體而言，「沉吟」之後的「迎賓」亦當算是一幕。

會如此做分場設定，首要考量便是戲劇所較注重的高潮迭起，若依照畫中原本形制的切割場次，「聽樂」到「觀舞」便以將夜宴推至最熱鬧的程度，隨後的「歇息」雖成功做到收束，但接著而來的「清吹」無法再讓劇情高張，也就顯現不出「散宴」的惆悵，但舞後歇息，在現實生活中較合理。

反觀「漢唐樂府」的鋪排，一開始的「沉吟」，先設置伏筆，並醞釀情緒，透過後上方小舞台中，「上四管」的演奏與韓熙載、王屋山的表情動作，引領觀眾去領會這齣戲的主角「為什麼沉吟苦悶？」「為什麼要開夜宴？」等，而下方大舞台的左右兩側，各有一名侍女，分別插花與焚香，暗合字幕所說的「韓熙載首創香花合藝道」，也顯示了韓熙載風雅的生活情貌。接著賓客抵達，並以「下四管」為主，男女合演了一場熱鬧的「迎賓」，觀眾置身其中，彷彿也成了到場的賓客。接著畫面一暗，進入「清吹」，舞台上的角色，對著後上方小舞台的五名樂妓，頻頻展現讚賞的動作，也因為燈光集中在吹奏的女妓上，觀眾的目光也自然被引導到彼處，這便是希望人可以欣賞音樂，像舞台上的人一樣，比出讚美，甚至交頭接耳發出讚賞。

而抱持「樂」、「舞」一體的「漢唐樂府」，這一幕若只是單純的聆聽吹奏，便頗為遜色，於是在中間加入「四塊舞」，並讓男賓也加入共舞，製造小高潮，最後則以「壓腳鼓」的演出，以變換有序的鼓聲，逐漸緩和觀眾的情緒，然後是「聽樂」。

「聽樂」是李姬的獨唱，悠悠而寡歡的嗓音，道出女子寂寞的心聲，配合琵琶疏離清寒的弦音，再再扣人心弦，惹人哀憐，且亦同時雙關性地唱出了韓熙載的心聲，並觸動郎粲大膽示愛，將三方複雜的情緒柔和在一曲之中，此時觀眾的聯想將不只三種心思，而是多方的揣想，因每個人看到的重點都會不一樣，本來沒有口白是個小缺點，觀眾一時難以融入劇情當中，但在此情形上，卻變成了絕佳的好處，一切雖在不言中，一切卻又毋須言語來表述。隨著李姬與郎粲下場，劇情進入「歇息」，王屋山端水伺候諸位男賓，而陳致雍藉此時唱詞表達愛慕，將上一場壓低的情緒稍稍提高，也為終場設下伏筆，但緊接著畫面一暗，舞台又分成上下兩部分，大舞台有三個侍女在沖茶，後上方小舞台則是郎粲與李姬，如「清吹」一樣，善於運用上、下舞台，此時下舞台在沉澱觀眾，上舞台則在吸引觀眾，由於劇情常常透過這種矛盾的場合，一抓一放之間，稍稍改進了一般觀眾在觀賞南管時都會有的沉悶不耐。

壓抑之後，「觀舞」的高亢，將更顯得熱烈，但一開始也是慢慢的發酵，燈光微暗，王屋山水藍色的舞衣若隱若現，玲瓏有緻的背影在帷幕之後，成功聚焦觀眾的視線。燈光漸亮，鼓聲漸隆，六么軟舞雖非熱舞，但以其曼妙，以其多姿，將觀眾的心收束在當下的氛圍裡，隨著王屋山接過花杵，群妓和德明的加入，整場夜宴的最高潮於焉展開，而在群舞進入尾聲之際，燈光又慢慢暗了下來，視覺不見，聽覺便靈活起來，此時要觀眾注意的是韓熙載的鼓，有些激動，似壓抑已久的情緒將要爆發，燈光轉而凝聚在韓熙載身上，這燈光的轉換，便象徵「散宴」一幕開始，只看見他忘我的擊鼓、憤慨的擊鼓，陶然而執著，要將滿腔的不快宣洩一空，此時觀眾會如在舞台上的賓客一樣感到「怎麼了？」但除了韓熙載自己，沒有人知道怎麼回事，直到身疲力盡，陳致雍上前慰問，韓熙載才拿出聖旨，眾人驚訝的發現韓熙載免官失勢的事實，諸妓因而散離，眾賓於是退去，陳致雍與王屋山最後也離開，只剩韓熙載一人，無語相留，亦挽留不住。「散宴」在此，便有了三層含意，一是指這場夜宴的結束；二是夜宴從此結束，不會

再開；三是這齣戲到此結束。

　　「漢唐樂府」對〈韓熙載夜宴圖〉五個場景的延伸再造，有忠於原畫之處，如「聽樂」、「觀舞」、「歇息」、「清吹」、「送別」等，都有描述；有彌補不足之處，如「迎賓」；有發揮巧思之處，如將順序做了調整，使之更合乎戲劇觀賞的需要，且透過表情、動作便表達出人物的情緒轉折，沒有對白，就如繪畫也沒有文字敘述，卻也寫出了夜宴的榮華與散宴的寂寥一樣，這點亦可謂有異曲同工之妙，編導的用心，在在可見。

二、畫境重現

　　《韓熙載夜宴圖》一劇在忠於原畫而有所創新的基礎上，有意思的在幾個場面中，直接依照畫的布局安排人物和場景，雖因舞台的關係，必須有些微的更動，但仍能看出與畫的一致性。

（一）以畫作為分場圖

　　《韓熙載夜宴圖》在 DVD 的編輯中，巧妙的將畫作為分場圖，其選用的場景如下：

第一幕：沉吟，取自畫中「清吹」。

第三幕：聽樂，取自畫中「聽樂」。

第四幕：歇息，取自畫中「歇息」。

第五幕：觀舞，取自畫中「觀舞」。

收幕：散宴，取自畫中「送別」。

此五幕分場圖，全挪用自〈韓熙載夜宴圖〉中的五個場景，除了順序有

些微更動如上所述之外,「聽樂」、「觀舞」、「歇息」、「散宴」基本上符合畫中所示,如畫中是聽樂,那場戲的主題便是聽樂,依此類推,當看到這樣的分場圖時,大概便可猜想接下來的一幕,場面會是如何。唯獨第一幕「沉吟」與所用畫作「清吹」有所差異。畫中「清吹」是指演奏管樂,且可以從韓熙載並未仔細聆聽,而類似正與面前的女妓談話,手持洞簫、橫笛的樂妓們也是正在調音準備一樣,是屬於演奏前的畫面。而劇中的沉吟,則是韓熙載在椅上打盹小憩,一旁樂妓們以「上四管」演奏樂曲助眠,而真正的「清吹」,則在劇中的第二幕「清吹」才演出來,這樣的挪移,雖達到了善盡利用〈韓熙載夜宴圖〉的目的,但事實上,第一幕「沉吟」與畫中「清吹」的吻合度並不高,若將之安排如同其他幕有所對照,效果應該會更好。

(二)以演出重現畫中場景

《韓熙載夜宴圖》一劇中,有許多場合跟畫中的場景幾乎可以重疊來看,今一一羅列如下:

樂妓清吹

　　畫面雖然較爲黯淡，但猶可見有五名持管樂器的女妓，兩名持簫，三名持笛，坐於後上方的小舞台偏左處，而畫中的樂妓也是五名，亦是二簫三笛，坐在該幅的左處。另者，南管樂器中有管樂器，但橫笛並非如洞簫一樣是主要樂器，一般會用的另一種管樂器是「玉噯」，乃是南管小嗩吶，聲音雖不如常見嗩吶般高亢，但較爲柔美，〔註 43〕此處選用與畫中一樣的樂器，則是有意的模擬。

宴會場地

　　「漢唐樂府」在夜宴場地的安排上，盡可能的參考了畫作中的場景，由上圖可以看得出來，外圍採用國畫屏風，而酒席則分成兩邊，左邊小桌與椅子，右邊則是韓熙載和郎粲坐的三屏風榻，小桌左右則各有椅子，對於場景

────────────

〔註43〕參林吳素霞：《南管音樂賞析（一）入門篇》，頁 55。

的重現，以及人物的坐位都有意思的模擬畫作，可謂十分講究。

韓、郎的坐姿

　　韓熙載和郎粲的坐姿，在〈韓熙載夜宴圖〉中是最為獨特的。韓熙載盤坐於三屏風榻上，郎粲則較無拘束的坐在韓熙載旁邊，這可以表現出兩人心

境上的不同，基本上韓熙載較爲嚴肅，郎粲則樂於其中。

聽　樂

「聽樂」的場景幾乎如出一轍，只是舞台在編排上將空間橫向拉長了，且當中並無德明和尙，不過主要角色韓熙載、郎粲和李姬都安排在與畫中相同的位子上。

從另一個角度看之，由於燈光效果使然，韓熙載與郎粲那邊看起來就像真的「人物畫」一樣，而李姬則維持具體正常的模樣，剎時形成了實虛交錯的畫面。

歇　息

　　右圖是擷取劇中「歇息」的畫面，韓熙載此時仍坐在舞台右方的三屏風上，而「歇息」畫中的韓熙載，則是在左邊，這是因為舞台無法兼顧到左右都是三屏風，故有所取捨，然而韓熙載與諸妓同坐，王屋山端水給他淨手等細節，則一五一十的呈現出來。

觀　舞

　　「觀舞」同「聽樂」一樣，是舞劇與畫作中的兩個大場面，也是這場夜宴的重頭戲。在畫作中，韓熙載打鼓、郎粲坐著，有一人持拍板，德明則站在持拍板者的後方，王屋山跳六么舞，另有欣賞的賓客，以及擊掌打拍的賓客和女妓。在舞劇表演上，一樣韓熙載打鼓、郎粲坐著，打拍板者是陳致雍，德明站在陳致雍的後方，而在韓熙載右邊的是朱銑，郎粲左邊的是李家明，如此可見六個男角皆對應畫中所站的位子；王屋山居中跳六么不變，諸妓在

右一左四立於兩旁。

　　再者，王屋山的舞步顯然是經過精心設計的，「六么」本是唐代著名的舞蹈，但據今應已經失傳，而「漢唐樂府」的排練指導蕭賀文，則依據畫中唯一可見的舞蹈姿勢，融合梨園科步而創新了「觀舞」一幕中整段的六么舞蹈。

送　別

　　《韓熙載夜宴圖》的最後一幕，是韓熙載獨自面對空曠黑暗的夜宴會場，右手持鼓棒，左手舉起，似要阻擋什麼、挽留什麼、抗拒什麼、抓住什麼……，這個動作雖然費解，但仔細思量韓熙載於整場夜宴的態度，大概可以體會他當時的心情，是滿腔無奈、悲傷而帶有憤慨的。除了動作的一致，還有一點可以補充，前頭有介紹韓熙載的服裝，其帽子是紅色的，但從「觀舞」開始，已經換成黑色的，這部分的回歸畫作，亦可說明舞劇與畫作的相仿。

　　最後，在 DVD 中，還經過後製，在韓熙載站定位時，全然黑色的畫面，慢慢浮現畫作「散宴」的景像，除了顯示舞與畫的交會，還可透過畫中人物的浮現，表現原本夜宴熱鬧的場景，但諷刺的是，這樣的合成，還可帶有另一個含意，即是畫中的賓與妓皆呈現愉快較交談的互動，對比出韓熙載的孤寂，相當具有張力，也顯示了當諸妓盡散、賓客俱離之後，雙方可能繼續到別處過著歡愉的日子，而韓熙載仍是孤獨一個人。

　　以上七個場景，是舞劇與畫作的交會相似之處，透過劇中畫面與畫中場景的並列對看，可以發現戲劇在編排上，有意的參考、模仿了顧閎中〈韓熙載夜宴圖〉，這種跨越千年、跨越圖畫與戲曲的交會與延襲，展現在現代劇場上的演出，為文創產業提供了一個頗為成功的案例。

結　語

　　如果是曾經細細欣賞過〈韓熙載夜宴圖〉的人，再來看「漢唐樂府」的演出，起初會覺得似曾相似，而後會認為倍感親切，最後則認同其創新與再造，甚至若撇開名物考察、舞蹈樂器、音樂等面向，亦會覺得一千多年前的「韓熙載夜宴」，應當也不過如是，在那當下，「漢唐樂府」演員所在的舞台

是韓府，而觀眾都成了顧閎中這個夜宴的窺視者。

　　《韓熙載夜宴圖》導演蔣維國表示：「實際上這個戲是想辦法把畫、人、音樂、場景、歌舞表演，這些東西統一在一起，它必須有很濃厚的古典味道，只有這樣的話，我們南管音樂，我們梨園戲的傳統，才能夠有它用武之地，而這幅古畫也才能夠用最適當的方式表現出來。我們無意把它變成現代化，可是因為我們是在現代做，我們觀眾是現代的人，而有些處理上，就會漸漸地離開一點傳統與平板的狀態。」〔註44〕將〈韓熙載夜宴圖〉具現化，在融入南管樂、梨園戲之後，又能兼顧到將畫中場景盡可能的如實呈現，這是「漢唐樂府」所努力的目標，而結果也算是成功的一場演出，它帶領觀眾重臨五代，將當時江南滅國前最後繁華，展現得淋漓盡致，粲然可觀。

　　藉由汲取古典文化中的元素，將之改變轉化成適合現代人接受的新型式，屬於文化創意產業。臺灣的金光布袋戲與霹靂布袋戲，在角色人物、時空場景、故事情節、服飾裝扮配件上，常可看見中國古典文化的元素在內。例如今日金光布袋戲裡仍然存在的男主角—史艷文，便是黃海岱由清代夏敬渠長篇章回小說《野叟曝言》改編而來。《野叟曝言》是以明朝名將文素臣為主角，黃海岱在布袋戲劇本中將其改為儒俠史炎雲，後再易名為史艷文。有關現代戲劇的文創研究數量很少，目前學術界尚無《野叟曝言》與史艷文的文創研究，研究現代偶戲中化用古典文化而成的相關論文，目前僅有黃敬欽先生所撰寫的〈唐代小說故事衍生的文創產業——以現代霹靂布袋戲為例〉〔註45〕一文，是由現代戲劇表演中去找尋與古典元素的關聯。現代戲劇除了布袋戲以外，還有許多劇種的表演是由古典文化中化用而來，由此可看出古典文化對現代文創產業的影響很是深遠。

　　經過分析漢唐樂府所演出的《韓熙載夜宴圖》，便可清楚看出千年前的古畫和現代藝術表演的跨領域傳承，藉由樂舞形式的表演，使〈韓熙載夜宴圖〉的豐富內涵不再只局限於平面繪畫上，反而能從平面過渡到立體，從定格轉靈動，從靜默轉歡欣。

〔註44〕 這段話收錄在《韓熙載夜宴圖》DVD中，為戲劇前的訪談所說。
〔註45〕 黃敬欽：〈唐代小說故事衍生的文創產業——以現代霹靂布袋戲為例〉第25期《逢甲人文社會學報》（2012年12月），頁13～55。

第六章　結　論

　　本文由北京故宮博物院所藏的〈韓熙載夜宴圖〉為研究底本，從三個面向來做研究切入點，一為史籍中的韓熙載的人物形象，二為〈韓熙載夜宴圖〉中的韓熙載人物形象，三為〈韓熙載夜宴圖〉在後世文化產業所產生的影響。

　　第二章「文字書寫所映現的韓熙載」，是藉由分析史籍裡文記載的韓熙載，來探討史家、民間與韓熙載自我認知中的韓熙載人物形象。史籍中對韓熙載的人物形象記載甚詳，除籍貫、身家背景、政治仕途、才華才氣、性格興趣等都有一一記載，韓熙載的人物形象在史籍中相當鮮活。

　　馬令《南唐書》和陸游《南唐書》上忠實地記錄韓熙載因力勸皇帝秉持公道來處分失職官員，而遭受宋齊丘等人誣陷的罪名——醉酒披猖、酒狂。馬令與陸游在文中也特別說明了韓熙載其實並不能飲，顯示出韓熙載在政局上是受了不白之冤。史書中對於韓熙載的才華、才能很是肯定，但對於韓熙載晚年放蕩不羈、狎妓宴飲的活動亦有記錄，但也用側寫的方式呈現韓熙載是為了避免被拜相而使出的自汙行為。徐鉉奉旨替韓熙載撰寫的墓誌銘，也歷歷記載韓熙載的個人事蹟，從文中亦可看出韓熙載的人物形象相當正直，政途雖不甚順暢，但頗得皇帝信任，還予以賜緋衣、紫衣。筆記小說中的韓熙載，大多描寫他的交遊關係，入南唐前與李穀的一番對話，呈現出他早年雄才大略的志向，也寫出他到南唐後不受重用的落寞心情。與陶穀的故事，則表現出韓熙載相當具有識人的能力，能夠辨別忠奸。筆記中對於韓熙載的家伎們亦有許多描述，大多是行為不檢束的女伎形象，韓熙載與家伎相處時亦顯得放蕩不羈，身著破衣，挨戶去假扮乞丐乞食。這部分呈現了韓熙載與一般文人官員完全不同的形象，整個將自尊拋棄，只為玩樂。從韓熙載流傳

至今的詩文作品中，則可窺見韓熙載最真實的自我感，從〈上睿帝行止狀〉一文中，可看出他有意輔佐君王、一展才能，對國家人民很是關心，從他的詩作中則可看出他的漂泊感，韓熙載為北人入南唐任官，南唐非他故土，他心中的故土只有原先生活的北方，待他有機會回到北方，卻又發現故土早已不是他記憶中的模樣，產生疏離感，他任官的南唐雖不是他的故鄉，但知道他、認識他的人都只在南唐了，心情很是蕭瑟荒涼。

歷來對韓熙載的人物形象約有兩個說法，一是認為他是真的放蕩自頹於酒歡女色的宴飲中，對國家政事已毫不關心。二則認為韓熙載酒歡女色、狎妓的行為只是作戲的自汙行為。從文獻記載中，可看出有為數不少的人，認為韓熙載放蕩不羈的行為應是出於刻意的作戲，以自汙以求自保，但其內心對於國事政事仍是十分關心，但也因韓熙載具有洞察時事的觀察力，知道當下安逸的南唐只是暫時的偏安，大宋奪下南唐之是遲早會發生，然而韓熙載晚年時，所屬的官階並不高，對於國事也已無力改變。而陸游《南唐書》中言韓熙載本人是為了避免被拜相才耽溺於酒歡女色中，這也呈現出當時國君李煜有想要重用韓熙載，然而韓熙載初入南唐時年輕氣盛，對政治改革充滿熱情，但卻屢屢不受中用，心中定是會有些受傷灰心，李煜想以韓熙載為相時，韓熙載卻年事已高，對國事政事雖仍關心，但似乎不若早年對政治改革充滿熱情，許是應知南唐氣數已盡，而自己年事已高，來日無多，故不願再度出任，顯出了明哲保身、韜光養晦的人生哲學。

第三章「一幅圖畫的故事 ── 顧閎中〈韓熙載夜宴圖〉論析」，是以〈韓熙載夜宴圖〉為分析對象，此圖將夜宴的活動作了仔細地描寫，將聽樂、觀舞、歇息、清吹、送別五個場景依時間順序依序畫出，共繪了二十名男性、二十六名女性，人物神情的刻畫很是精細，在每個場景中皆可看見韓熙載的人像在內。細看畫中的韓熙載，在每個場景中都帶著一股憂鬱的表情，儘管場面很是歡樂，但絲毫沒有感染到他，呈現一種對周遭事物麻痺無感、身在心不在的氛圍。由這幅千年前的古畫，可看出韓熙載參與夜宴時的感受，畫中的韓熙載似乎透露出對於夜宴並無太大的興趣，對於家伎與賓客相好，他似乎也不在意，在畫中的韓熙載，雖然面對酒歡女色的場景，但並不投入於其中，只是以主人的身分出席在夜宴中。在歡樂的夜宴場合中，總是神態憂鬱、面懷心事，因此可推斷韓熙載心中所思考的事絕非普通生活瑣事，他所思考的事定是非常沉重，無法藉由眼前的美女酒宴來分開思緒，也許是擔心

大宋的進犯，但無任何文獻資料可證實韓熙載的當下思緒，只能以歷史背景做為推測。

　　結合史籍中文字敘述中描述的韓熙載人物形象，與古畫中用細筆勾勒出的韓熙載人物形象做結合後，可以提出一個結論：韓熙載並非真的耽溺於狎妓宴飲的夜宴活動中，此行為應是出於自汙的心態。從史籍中的文字可看出韓熙載對國家人民的關心，以及他自汙以求自保的心態。從畫中則可看見夜宴場合中，心事重重面帶憂鬱的韓熙載，酒歡女色的夜宴場合並無法使韓熙載拋卻煩惱，盡情享樂，故不可能耽溺於其中，因此作戲以自汙的可能性便提高了。

　　〈〈韓熙載夜宴圖〉雖是千年前的古畫，但即便到了千年後的今日，其魅力依然不減。本文第四章「小說之衍生 —— 吳蔚《韓熙載夜宴》論析」，是以吳蔚所撰寫的《韓熙載夜宴》小說，與北京故宮所藏的〈韓熙載夜宴圖〉作一比較分析，欲從中了解本事與創作的關係問題。繪畫作品與文學作品的傳遞媒介不同，繪畫是以圖像作為傳播，文學作品則是以文字作為傳播媒介，將圖像轉變為文字，定是經過一番吸收與轉化。由吳蔚的小說中，可看出他對於有關南唐政事、時勢、地理環境以及韓熙載的交遊等資料收集十分詳盡，並利用這些資料架構了一個發生殺人案件的南唐時空背景。由〈韓熙載夜宴圖〉轉化而成的部份則成為小說中對夜宴活動的描寫，傢俱、樂器、參與者等等皆有，小說也將圖中所出現的人物分別塑造性格，因此讀小說時更能感受到該人物的個別性。

　　繪畫表現了生活的瞬間與人物活動的定格，〈韓熙載夜宴圖〉雖是一幅平面古畫，因是以活動順序依序畫出，使畫作有連環畫的特性，連環畫汲取了時間的流動因素，故〈韓熙載夜宴圖〉中可看見具有敘事和故事的成分在內。而吳蔚《韓熙載夜宴》是以文字創作的文學作品，其夜宴活動的情節描寫，有相當大的部分是取材自〈韓熙載夜宴圖〉，利用文字描寫將圖像作轉換，儘管不一定與南唐時空和畫作內容吻合，但藉由轉換卻可符合小說文體的特性。

　　第五章「樂舞之衍生 —— 漢唐樂府《韓熙載夜宴圖》論析」，是以漢唐樂府演出的《韓熙載夜宴圖》，與北京故宮所藏的〈韓熙載夜宴圖〉作一比較分析，以從中了解本事與創作的關係問題。〈韓熙載夜宴圖〉以靜止的畫面提供了瞬時空間的造型，但畫中的五個場景則具有時空的流動性，由畫中場景的變換、情節的變化和發展，呈現出敘事性與故事性。漢唐樂府《韓熙載夜宴》

便是以〈韓熙載夜宴圖〉中所具有的這些特性來作轉換，以符合舞劇的演出。由〈韓熙載夜宴圖〉中可看出有音樂和舞蹈活動，所展示的演奏樂器和舞姿有具象性，因此畫中音樂演奏的形式、樂器的種類、舞蹈的造型等，皆可供參考。音樂、舞蹈的表演元素，在舞劇中佔了極大分量，從漢唐樂府的《韓熙載夜宴圖》便可看出其表演內容有許多元素是由古畫〈韓熙載夜宴圖〉化用而來。儘管舞劇有些表演形式與內容和畫作略有差異，但這些差異點卻可視爲以〈韓熙載夜宴圖〉爲出發點而衍生出的文化創意部分。

南唐時期的名相韓熙載，其個人事蹟保留在史籍中的文字間，生活場景與樣貌則定格於古畫〈韓熙載夜宴圖〉中，這兩者所保留的韓熙載，在時間上是最接近韓熙載所生存的南唐，故保留了最精確的韓熙載人物形象。而吳蔚與漢唐樂府所創作出來的韓熙載，則是較爲現代感的韓熙載。由一幅古畫而衍生出的故事與傳播自然不只本文所述的資料，古典小說與繪畫中即可看見化用此畫的文創作品，現代則是以偵探小說與舞劇作爲表現，跨文類地重新詮釋與塑造。由此可看出〈韓熙載夜宴圖〉所蘊含的信息量很大，除了在繪畫上有成就外，還有許多潛藏的文化價值，如文學、音樂、戲劇、樂器、文物、傢俱、服飾等價值，其巨大的文化價值，相當值得深入發掘。對於現代文化產業，要從古代優秀文化中找尋文化資源，繼承傳統，進而在傳統的基礎上創新，是相當有意義並值得期待的。

徵引書目

一、古　籍

1. 漢・司馬遷撰，南朝劉宋・裴駰集解，唐・司馬貞索隱，唐・張守節正義：《史記三家注》，台北：鼎文，1981 年。

2. 東漢・班固撰，唐・顏師古注：《漢書》，台北：鼎文，1986 年。

3. 唐・張彥遠撰，日・岡村繁譯註，俞慰剛譯：《歷代名畫記譯註》，上海：上海古籍，2002 年 10 月。

4. 唐・張泌：《妝樓記》，清・馬俊良輯：《龍威秘書》第四集第六冊，大酉山房，乾隆五十九年（1794）。

5. 唐・馬縞：《中華古今注》，嚴一萍輯：《百部叢刊集成》，台北：藝文，1971 年。

6. 唐・徐堅等著：《初學記》，北京：中華書局，1962 年。

7. 後蜀・趙崇祚編，蕭繼宗評點校注：《花間集》，台北：台灣學生，1987 年 10 月。

8. 南唐・徐鉉：《騎省集》，景印《文淵閣四庫全書・集部 24・別集》1085 冊，台北：台灣商務，1986。

9. 宋・薛居正：《舊五代史》，北京：中華，1976 年 5 月。

10. 宋・歐陽修撰，宋・徐無黨註：《新五代史》，臺北：鼎文書局，1980 年。

11. 宋・馬令：《南唐書》，傅璇琮、徐海榮、徐吉軍主編：《五代史書彙編》，杭州：杭州出版社，2004 年 5 月。

12. 宋・不著人撰：《宣和畫譜》，嚴一萍輯：《百部叢刊集成》，台北：藝文，1971 年。

13. 宋・陸游：《南唐書・列傳》，傅璇琮、徐海榮、徐吉軍主編：《五代史書彙編》，杭州：杭州出版社，2004 年 5 月。

14. 宋・史溫：《釣磯立談》，傅璇琮、徐海榮、徐吉軍主編：《五代史書彙編》玖，杭州：杭州出版社，2004 年 5 月。

15. 宋・文瑩撰，鄭世剛、楊立揚點校：《湘山野錄》，《唐宋史料筆記叢刊》，北京：中華，1984 年 7 月。

16. 宋・文瑩撰，楊立揚校點：《玉壺清話》卷四，北京：中華，1997 年。

17. 宋・文瑩撰：《玉壺野史》，清華大學圖書館藏影印清・張海鵬編：《墨海金壺》本，上海博古齋，1921 年。

18. 宋・龍袞《江南野史》，傅璇琮、徐海榮、徐吉軍主編：《五代史書彙編》，杭州：杭州出版社，2004 年 5 月。

19. 宋・鄭文寶：《江表志》，傅璇琮、徐海榮、徐吉軍主編：《五代史書彙編》，杭州：杭州出版社，2004 年 5 月。

20. 宋・鄭文寶撰，張劍光校點：《南唐近事》，傅璇琮、徐海榮、徐吉軍主編：《五代史書彙編》，杭州：杭州出版社，2004 年 5 月。

21. 宋・周密撰，吳企明點校：《癸辛雜識》，《唐宋史料筆記叢刊》，北京：中華，1988 年 1 月。

22. 宋・歐陽修、宋祈：《新唐書》，北京：中華，1975 年。

23. 宋・司馬光：《資治通鑑》，北京：中華，1956 年。

24. 宋・江少虞輯：《宋朝事實類苑》，上海：上海古籍，1981 年。

25. 宋・邵博撰，劉德權、李劍雄點校：《邵氏見聞後錄》，《唐宋史料筆記叢刊》，北京：中華，1983 年 8 月。

26. 宋・沈括撰，張富祥譯註：《夢溪筆談》，北京：中華，2009 年 10 月。

27. 宋・郭若虛《圖畫見聞誌》，景印《文淵閣四庫全書・子部 8・藝術類》812 冊，台北：台灣商務，1986。

28. 宋・陶穀：《清異錄》，《百部叢書集成》，台北：藝文，1969 年。

29. 宋・吳淑：《江淮異人錄》，清・馬俊良輯：《龍威秘書》第四集第六冊，大酉山房，乾隆五十九年（1794）。

30. 元・脫脫《宋史》，北京：中華，1977 年 11 月。

31. 元・戴善夫：《陶學士醉寫風光好》，《續修四庫全書・集部・戲劇類》1761，上海：上海古籍，2002 年 3 月。

32. 明・朱國禎：《湧幢小品》，北京：中華，1959 年 11 月。

33. 明・李時珍：《本草綱目》，北京:人民衛生出版社，1975 年。

34. 明・徐樹丕《識小錄》，《筆記小說大觀》3，台北：新興，1990 年。

35. 明・陳邦瞻：《宋史紀事本末》，北京：中華，1977 年。

36. 明・張燧：《千百年眼》，上海：廣益，1935 年 3 月。

37. 清‧毛先舒撰，傅璇琮校點：《南唐拾遺記》，傅璇琮、徐海榮、徐吉軍主編：《五代史書彙編》，杭州：杭州出版社，2004 年 5 月。

38. 清‧吳任臣：《十國春秋》，景印《文淵閣四庫全書‧史部 223》465 冊，台北：台灣商務，1986。

39. 清‧李調元輯：《全五代詩》，嚴一萍輯：《百部叢刊集成》，台北：藝文，1971 年。

40. 清‧王謨輯：《釋名》，台北：大化書局，1979 年。

41. 清‧金埴撰，王華點校：《不下代編》，《清代史料筆記叢刊》，北京：中華，1982 年 9 月。

42. 曾昭岷等輯：《全唐五代詞》，北京：中華，1999 年 2 月。

43. 周紹良編：《全唐文新編》，吉林：吉林文史，2000 年。

二、今人著作

1. 王克芬、蘇祖謙：《中國舞蹈史》，台北：文津出版社，1996 年 2 月。

2. 王宗英：《中國仕女畫藝術史》，江蘇：東南大學，2009 年 12 月。

3. 王定理：《中國畫顏色的運用與製作》，台北：藝術家出版社，1993 年 12 月。

4. 阮長江：《中國歷代家具圖錄大全》，台北：南天書局，1992 年 3 月。

5. 辛晚教：《南管戲》，臺北：漢光文化，1998 年。

6. 余輝：《畫史解疑》，台北：東大圖書，2000 年 11 月。

7. 吳蔚：《韓熙載夜宴》，台北：好讀，2011 年 7 月。

8. 李應強：《中國服裝色彩史論》，台北：南天書局，1993 年 9 月。

9. 沈冬：《南管音樂體製及歷史初探》，台北：國立台灣大學，1986 年 6 月。

10. 沈從文：《中國古代服飾研究》，太原，北岳文藝社，2002 年 11 月。

11. 周汛、高春明：《中國歷代婦女裝飾》，台北：南天書局，1988 年 7 月。

12. 周汛、高春明：《中國古代平民服裝》，台北：台灣商務印書館，1998 年 11 月。

13. 林吳素霞：《南管音樂賞析（一）入門篇》，彰化：張化縣文化局，1999 年 4 月。

14. 卓聖翔、林素梅編：《南管指譜詳析》，高雄：串音，2005 年。

15. 周錫保：《中國古代服飾史》，台北：丹青，1986 年。

16. 修君、鑒今：《中國樂妓秘史》，山西：中國文聯出版公司，1993 年 9 月。

17. 胡德生：《中國古代家具》，台北：台灣商務印書館，1998 年 11 月。

18. 俞劍方：《中國繪畫史》，台北：台灣商務印書館，1965 年 6 月。

19. 高洪興：《纏足史》，上海：上海文藝出版社，1995 年 12 月。

20. 張目寒：《雪盦隨筆》，台北：暢流半月刊社，1956 年。

21. 崔詠雪：《中國家具史──坐具篇》，台北：明文書局，1986 年 8 月。

22. 吳捷秋：《梨園戲藝術史論》，臺北：施合鄭基金會，1994 年 5 月。

23. 張瓊慧總編：《陳美娥與漢唐樂府》，台北：中國時報，2003 年 10 月。

24. 曾永義、施德玉所著：《地方戲曲概論》台北：三民，2011 年 11 月。

25. 傅抱石：《中國繪畫變遷史綱（附：中國美術年表)》，上海古籍出版社，
    1998 年。

26. 黃永林：《中西通俗小說比較研究》台北：文津出版社，1995 年 10 月。

27. 黃岩柏：《公案小說史話》遼寧：遼寧教育出版社，2000 年 12 月。

28. 黃能馥、陳娟娟：《中國服飾史》，上海：世紀出版集團，2004 年 9 月。

29. 詹姆絲 P. D. James：《推理小說這樣讀》台北：聯經出版公司，2011 年 6
    月

30. 華賓：《中國宮廷繪畫史》，遼寧：遼寧美術出版社，2003 年 12 月。

31. 楊淑娟：《南管與明初五大南戲文本之比較》，台北：國家，2011 年 1 月。

32. 潘天壽：《潘天壽畫論》，河南：河南人民出版社，1999 年 7 月。

33. 蕭君玲：《中國舞蹈審美》，台北：文史哲出版社，1998 年 5 月。

34. 廖美雲：《唐伎研究》，台北：學生書局，1995 年 9 月。

35. 臺靜農：《龍坡雜文》，台北：洪範書局，1988 年 7 月。

三、期刊論文

1. 于德山：〈《韓熙載夜宴圖》的敘事傳播〉《江西社會科學》2007 年 9 期，
   2007 年，18～21。

2. 王玲：〈西方音樂圖像研究者眼中的《韓熙載夜宴圖》〉《民族藝術研究》
   2005 年 5 期，2005 年 5 月，頁 4～11。

3. 田俐力：〈《韓熙載夜宴圖》中舞者王屋山服式考〉《藝術探索》23 卷 5 期，
   2009 年 10 月，頁 15～16+28。

4. 任祥：〈中國偵探小說的發生及意義〉（北京：中國社會科學，2011 年 04
   期），頁 207～222+226。

5. 李文儒、陳美娥、林洲民：〈兩個《韓熙載夜宴圖》〉《紫禁城》2007 年 10
   期），頁 18～25。

6. 李合民：〈傳神寫真之傑作──淺談《韓熙載夜宴圖》的藝術特色〉《美
   術大觀》2009 年 4 期，2009 年 7 月，頁 72。

7. 李成富：〈也談《韓熙載夜宴圖》的斷代問題──兼與余輝先生商榷〉《唐
   山學院學報》25 卷 4 期，2012 年 7 月，頁 63～65。

8. 宋莉莉：〈從服飾角度鑒定《韓熙載夜宴圖》〉《大眾文藝》2009 年 13 期，2009 年，頁 106。

9. 李琳：〈有關《韓熙載夜宴圖》的鑑定問題〉《文物世界》2012 年 4 期，2012 年，頁 61～62。

10. 李偉：〈《韓熙載夜宴圖》繪製年代研究綜述〉《藝術探索》26 卷 3 期，2012 年 6 月，頁 25～27。

11. 吳少靜：〈對南音樂舞創新表演形式的思考──以台灣南音樂舞《韓熙載夜宴圖》爲例〉《浙江藝術職業學院學報》10 卷 4 期，2012 年，頁 55～59。

12. 吳新哲：〈南唐畫院院外畫家考略〉《紫金歲月》1997 年 1 期，1997 年，頁 53～54。

13. 余輝：〈史彌遠與《韓熙載夜宴圖》〉《收藏家》1994 年 4 期，1994 年，頁 59～61。

14. 周安慶：〈承前啓后的南唐繪畫風格〉《收藏界》2009 年 2 期，2009 年，頁 87～90。

15. 林珀姬：〈古樸清韻──台灣的南管音樂〉《台北大學中文學報》2008 年第 5 期，2008 年，頁 295～328。

16. 邵曉峰：〈《韓熙載夜宴圖》斷代新解──中國繪畫斷代的視角轉換〉《南京藝術學院學報》，美術與設計版，2006 年 1 期，2006 年，頁 10～16。

17. 施建中：〈南唐畫院考辨〉《當代中國畫》2007 年 1 期，2007 年，頁 81～86。

18. 施建中：〈南唐繪畫的文人化傾向及文人畫「五代萌生說」初探〉《東南文化》2011 年 4 期，2011 年，頁 123～125。

19. 段煒：〈肆情坦率 傷時憂國──由《韓熙載夜宴圖》引發的對韓熙載個人命運的分析〉《科技訊息》2009 年 17 期，2009 年 7 月，頁 27。

20. 徐小兵、溫建嬌：〈《韓熙載夜宴圖》中的衣冠服飾考〉《藝術探索》23 卷 2 期，2009 年 4 月，頁 31～33。

21. 高峰：〈南唐黨爭與文人心態〉《南京師范大學文學院學報》2010 年 4 期，2006 年，頁 15～18。

22. 馬震：〈《韓熙載夜宴圖》中屏風的多重價值初探〉《才智》2011 年 17 期，吉林：才智，2011 年，頁 207。

23. 黃敬欽：〈唐代小說故事衍生的文創產業──以現代霹靂布袋戲爲例〉第 25 期《逢甲人文社會學報》（2012 年 12 月），頁 13～55。

24. 張凡：〈用「六法」的標準品評《韓熙載夜宴圖》〉《東南傳播》2007 年 9 期，2007 年 7 月，頁 166～167。

25. 張立川：〈從《韓熙載夜宴圖》看五代服飾〉《裝飾》168 期，2007 年 4 月，

頁 37～39。

26. 張朋川：〈《韓熙載夜宴圖》系列圖本的圖像比較〉《南京藝術學院學報》2010 年 3 期，2010 年，頁 17～30。

27. 張朋川：〈中國古代山水畫構圖模式的發展演變——續議《韓熙載夜宴圖》制作年代〉《南京藝術學院學報》，美術與設計版），2008 年 2 期，2008 年，頁 8～16。

28. 張朋川：〈中國古代花鳥畫構圖模式的發展演變——再議《韓熙載夜宴圖》制作年代〉《南京藝術學院學報》，美術與設計版），2008 年 6 期，2008 年，頁 34～42。

29. 張朋川：〈晉唐粉本宋人妝——四議《韓熙載夜宴圖》圖像〉《南京藝術學院學報》，美術與設計版，2009 年 2 期，2009 年，頁 41～52。

30. 張朋川：〈《韓熙載夜宴圖》反映的室內陳設的發展變化〉《南京藝術學院學報》，美術與設計版，2010 年 6 期，2010 年），頁 1～16。

31. 張朋川：〈漢晉唐宋美術作品中人物造型的演變——兼談《韓熙載夜宴圖》的人物造型〉《南京藝術學院學報》，美術與設計版，2011 年 4 期，2011 年，頁 1～17。

32. 張朋川：〈《韓熙載夜宴圖》系列圖本的圖像比較〉《南京藝術學院學報》2010 年 3 期，2010 年，頁 17～30。

33. 張治彬：〈中國古代繪畫中的「蒙太奇」思維——以《韓熙載夜宴圖》為例〉《現代裝飾理論》2012 年 9 期，2012 年 9 月，頁 195。

34. 張昊：〈緩聲慢舞凝絲竹——「梨園戲」舞蹈探究〉，《北京舞蹈學院學報》2007 年 3 期，北京：北京舞蹈學院，2007 年，頁 36～40。

35. 陳劍鋒：〈從山水之變考《韓熙載夜宴圖》年代〉《藝術探索》22 卷 4 期，2008 年 8 月，頁 45～46。

36. 陳葆眞：〈南唐中主的政績與文化建設〉《國立臺灣大學美術史研究集刊》，1996 年 3 月，頁 41～93。

37. 陳葆眞：〈從南唐到北宋——期間江南和四川地區繪畫勢力的發展〉《國立臺灣大學美術史研究集刊》，2005 年 3 月，頁 155～208+234。

38. 盛亞軍：〈淺評《韓熙載夜宴圖》〉《青年文學家》2011 年 14 期，2011 年，頁 115。

39. 梁爽：〈論《韓熙載夜宴圖》對時間的展開和凝聚〉《青年文學家》2010 年 5 期，2010 年，頁 137～138。

40. 郭靜：〈五代人物畫的特點〉《劍南文學》2012 年 4 期，2012 年，頁 154.156。

41. 李裕民：〈南唐畫院新考〉《廣西藝術學院學報》20 卷 3 期，2006 年），頁 13～14。

42. 傅玉蘭：〈南唐飲宴文化繁榮原因淺探〉《東南文化》2008 年 5 期，2008 年），頁 38～42。

43. 黃玉清：〈父權制度下的特殊的「看」——《韓熙載夜宴圖》中男性對女性凝視〉《藝術探索》19 卷 3 期，2005 年 8 月，頁 46～47。

44. 楊娟娟：〈南唐黨爭中的文人心態轉變論略〉《漳州師範學院學報》（哲學社會科學版）2006 年 4 期，2006 年），頁 51～56。

45. 靳青方：〈從《韓熙載夜宴圖》看我國青白瓷的史燒年代〉《漢中師範學院學報》72，2002 年，頁 92～94。

46. 劉心：〈論韓熙載的形象演繹——從《江北行止》談起〉《常州大學學報》13 卷 4 期，2012 年 10 月，頁 84～88。

47. 蔣高君：〈初探南唐繪畫盛況的成因〉《電影評介》2008 年 20 期，2008 年），頁 86。

48. 霞光：〈南唐畫院及繪畫成就〉《江蘇地方志》2002 年 5 期，2002 年，頁 43～44。

49. 韓剛：〈南唐畫院有無考辨〉《藝術探索》2005 年 4 期，2005 年，頁 5～12。

50. 韓剛：〈南唐畫院有無考〉《美術觀察》2006 年 1 期，2006 年，頁 93～98。

51. 韓剛：〈南唐畫院有無再考辨〉《藝術探索》2006 年 4 期，2006 年，頁 15～19。

四、學位論文

1. 周淑茹：《唐詩中的樂舞及舞蹈表演書寫》，國立臺灣大學中文所碩士論文，指導教授：鄭毓瑜，2012 年。

2. 屈玫均：《關於《韓熙載夜宴圖》繪畫寫實性的研究運用》，湖北：湖北美術學院碩士論文，陳運權指導，2010 年。

3. 范艷芬：《從《韓熙載夜宴圖》談傳統繪畫中色彩的意象性》，河北：河北師範大學碩士論文，朱興華指導，2009 年。

4. 郭靜：《五代人物畫研究》，山西：山西師範大學碩士論文，李曉庵指導，2012 年。

5. 趙耀：《從《韓熙載夜宴圖》到中國屏風畫》，陝西：西安美術學院碩士論文，張小琴指導，2009 年。

6. 謝小萍：《中國偵探小說研究：以 1896～1949 年上海爲例》，國立東華大學中文所碩士論文，指導教授：李依倩，2005 年。

7. 謝雅卉：《衝擊與變革——異質空間的山水遊走》，國立臺灣藝術大學美術學系碩士論文，蘇憲法、李錫佳指導，2011 年。

五、網路資料

1. 北京故宮博物院，http://www.dpm.org.cn/shtml/117/@/8126.html，檢索時間：2013 年 9 月 15 日。

2. 漢唐樂府，http://www.hantang.com.tw/hthome.htm，檢索時間：2013 年 9 月 26 日。

3. 姚瑞中個人網站，
   http://www.yaojuichung.com/htdocs/?page=artworks&artworks_id=29 檢索時間 2013 年 11 月 10 日。

4. 福建省梨園戲實驗劇團網站，
   http://www.liyuanopera.com/lyktview.asp×?id=117，檢索時間：2013 年 10 月 5 日。

5. 人民網，http://unn.people.com.cn/BIG5/22220/60205/60213/4240335.html，2006 年 03 月 27 日 10:34 刊載。檢索時間：2013 年 10 月 5 日。

6. 劉凌滄個人網站，http://yishujia.findart.com.cn/183324-rwopus.html 檢索時間：2014 年 1 月 30 日。

六、數位資料

漢唐樂府：《韓熙載夜宴圖》DVD，台北：公共電視，2005 年。

附 錄

　　「十八科母」介紹，參考福建省梨園戲實驗劇團網站：

　　1.拱手：拱手到下顎。動作規範：旦角。身正，眼平視，右手用鷹爪手，左手用螃蟹手，向上舉起至下顎止，以右手中指貼住左手食指，手心向外。生角。身正，眼平視，八字腳，左手用四指手，右手用半拳手，向上舉至下顎止，右手貼住左手心。情緒表現：待人禮儀或對上輩尊稱時用此科。說明：上路老戲的旦行右手用半拳手，左手用蘭花手，舉至下顎時，左手拇指和中指包住右手作拱手科。生科中還有貼手拱、企腳拱等姿態。

　　2.指手：指手對鼻。動作規範：旦角。頭正，糕人身，闢腳，眼視指尖，右手拇指扣住中指尖，食指向上伸直，指尖對鼻頭，無名指與尾指併攏，無名指略高中指，尾指略高無名指，手心向外，手背與小臂成一直角，上臂向外弧曲，用手腕著力向外指，左手貼背與上身成三角形。生角。頭正，胸挺，眼視指尖，丁字腳，右手用貝殼手插腰，左手以玄壇公手向前舉起。對鼻頭，用手腕著力由內向外指（即先收後伸），手掌、上、下肢成三節手。情緒表現：指手是生、旦科基本動作，一般用於指示一切事物。說明：指手科在表演中應用較廣。除上述外還有坐姿指手、舉手指、撥手指和雙指手。三指手等大梨園老貼指手時，食指微曲。

　　3. 偏觸：偏觸對耳。動作規範：旦角。頭正，闢右腳消右腰，手指定向後眼隨之一瞥後轉視前方，左手貼背，右手以觀音手從前方由下向上舉至右胸側，手心向內，然後向外偏指對耳。生角。身正，丁字腳，左手插腰，右手以玄壇公手偏指右側，對耳，定向時指尖向右稍傾斜，眼同時隨之一瞥後轉視前方。表現情緒：一般指不在場的人或物。範例：如說某人在書房，用

偏觸。說明：偏觸分左右偏觸（即左手或右手），動作要領相同。

4.提手：提手對乳。動作規範：旦角。糕人身（S 形），眼平視，闖腳，雙手以鷹爪手由下而上自胸前舉起，與乳齊止，然後雙手從兩側放下，轉螃蟹手，垂直。生角。身正，眼平視，丁字腳，雙手用玄壇公手由下而上自胸前舉起，指尖與乳齊止，然後雙手從兩側放下，轉四指手，垂直。情緒表現：是一種過渡性的動作，沒有表達具體情緒，但在表示「看一下」也可用這動作。說明：提手科是生、旦科基本動作，在表演上應用較廣，如演員在轉彎拐角時都要用提手然後放手轉彎。生、旦上棚也要先提手，兩手掌一抖，叫「測」手，然後整冠或摸頭髻，這是上棚時特定的表演程式。提手與放手是一整套程式，但放手是每個科的還原動作。

5. 分手：分手到肚臍。動作規範：旦角。糕人身，闖腳，雙手垂直作鷹爪手由兩旁舉至肚臍，手心向上，手指作螃蟹手，眼隨手動，分開後平視。生角。丁字腳，雙手用四指手從兩旁舉起至肚臍分開，手心向上，同時左腳稍彎坐身，眼隨手動，分開後平視。情緒表現：一般用在表現「沒了」或「怎麼辦」的意思。說明：生、旦在運用這一動作時要嚴格地按規範做科，其他行當動作的幅度就可以大些。

6 舉手：舉手到眉毛。動作規範：旦角。糕人身，闖左腳，右手以螃蟹手從身右前側成弧線舉起，中指尖與眉齊。左手指平伸手背貼臀部，肩平，眼隨手動定神於食指尖。生角。除丁字腳，手指用四指手外，餘均與旦角同。表現情緒：一般用於背著同台人物的獨白。應用較多的是和其他科步結合起來，以表現各種不同的情緒，如舉手指、舉手毒錯等。說明：這是生、旦基本動作，應用較廣。

7.搭手：旦角。糕人身，闖腳，眼在雙手合拍時觀手掌後平視。兩手平舉至胸前，右手用螃蟹手分開至肚臍放手，垂直。生角。身正，頭隨手左右輕擺，丁字腳，兩手以四指手由下向上舉，手背向外至胸前手腕由外向內翻，如卷手，雙手手心相向，以手指頭作拍手狀。表現情緒：一般用於喜悅、高興或贊許。說明：搭手有三種姿態，上面說的叫圈圈搭手，還有一種是翻手搭，兩手至胸前手掌心相向，左右翻轉對拍，這是表示特別興奮的動作。另一種叫三下搭，左手稍屈按右腰，右手輕輕拍下腹部，上身隨之偏右一下擺正，雙手向前合拍，然後分手。這是應用於怨憤或分離或為他人強行拆散等情緒，如「拆分開」、「因何同你兒拆分開」等。

8. 毒錯：毒錯到腹臍。動作規範：旦角。糕人身，闢右腳，右手用觀音手由腹前舉起，至腹部手腕用內向外翻轉，手背向上，左手拉右袖口，右手用食指尖向前一指，高度至臍心，同時左腳後跟用力輕輕一頓，眼怒視指尖，稍揚眉，咬唇。生角。除手用玄壇公手外，餘同。情緒表現：一般用於對某一事物或人的憤怒表情。說明：如所指對方同時在臺上，則手指尖可指向對方眼部，如對方不在場則用舉手毒錯。

9. 過眉：旦角。糕人身，闢右腳，左手貼背，右手用觀音手舉起與眉齊，手心向外，然後由右向左移，至左眉角，再回至右眉角，用螃蟹手放手。手在移動時，上身、頭、眼向相反方向同一節奏擺動。生角。右手用玄壇公手，左手四指手插腰，丁字腳，餘同。情緒表現：可用於女子畫眉，也可用於讚美或示意。說明：過眉科分左右過眉（即左右手），如手中拿扇子，也可以拿扇過眉，但扇的頂端須與眉齊。

10. 相公磨：旦角。身正，螃蟹手垂直，右足踏前一步，右手蘭花手從右前側舉起，至腰間作提角帶手勢，左手抬高，手心反轉向左側，由胸前向下放手，左腳闢腳提起，右腳跟向上蹬，左腳離地，左手同時向下一按，右手向上一提，頭部同時由右向左轉，眼視左前方。生角。除右手用四指手，八字腳左腳自然提起，足背稍偏外，作闢腳外，餘均同。情緒表現：在歡快手舞足蹈時用，或名標金榜、升官等也用這一科步程式，但有時在表現怒氣也用這一科步程式。說明：官生、大旦在運用這一動作時也可用手袖作撥手動作。

11. 七步顛：旦角。糕人身，闢右腳，膝蓋微曲，雙手蘭花手上舉至小腹交叉，右腳用後跟頓足，雙手上舉，手心向上作「納鞋開線」分開，手心向下退步，擔手，頭略後仰，指頭與眉對齊，再退腳（共退四步）退腳時兩手隨之左右擺動，眼隨手動，然後再以一倍的節奏退三步，身手動作不變，最後脫腳，圈身，放手，身略前傾，雙手至膝蓋處，忑忑，還原。生角：除手用四指手外，餘同。表現情緒：精神恍惚、腳酸手軟等。說明：七步顛，即前四步慢步，後三步快步，最後脫腳。

12. 雙頓提：旦角。闢腳，糕人身，左手蘭花手貼背後，右手先以鷹爪手至腹前改螃蟹手，手心向上，同時退左腳。再出左手，動作與右手同，至腹前雙手分手，企腳尖，進前四慢步，再三快步。雙手手心向下手掌由左向右擺一圓圈，圈身，左腳跟頓足，放手。眼隨手動，最後平視。表現情緒：一般用於憤慨、悲傷或痛恨至極。

13. 垂手行：隨行兩步半。動作規範：身正，雙手垂直。雙手用鷹爪手，手心向內，手臂呈三節手狀，上臂直、下肋略向上曲，手腕上翹，雙手手腕向左右擺動；先出左腳進前一步，腳跟著地，再進右腳一步，然後左腳出半步（或進一步，退半步）；頭部隨之左右擺動，眼平視。表現情緒：興奮、活躍、輕快。

14. 按心行：旦角。右手垂直，左手螃蟹手從前側舉起按在胸前，切忌手腕貼胸，手肘不要展高或貼身，肘與腰間斜線距離約 30 公分，娘行出步，頭正，眼平視。生角。右手垂直（或提角帶、按身）左手四指手（上路用玄壇公手，小梨園也有用五指手）從前側舉起按心。（要求與旦角同），丁字腳出場。上身端正，眼平視。情緒表現：生、旦出場時用，或作為行進時的姿態。

15. 過場：旦角。雙手蘭花手舉起至胸前，卷手，右手插腰，左手觀音手上舉，食指尖對準鼻頭，左手隨節奏左右擺動，用螃蟹手放手。生角。除手姿用玄壇公手外，餘同。情緒表現：這個科步主要是示意，如表明行雲流水，同時較多地運用于舞臺調度。說明：分左、右過場和雙過場，旦角雙手都以觀音手上舉。（生角玄壇公手），橫行步伐沒有固定，以曲子的節拍為准。另外還有固定的前慢後快的步伐節奏。

16. 牛車水：旦角。糕人身，闖腳，雙手垂直，卷手，退右腳，左手舉起，右手鷹爪手拉住對方左手，兩人對視，手拉向前進一步，拖後退半步，第三下擲手分開，同時轉身，還原。生角：同。情緒表現：表示歡樂或著急情緒。說明：牛車水只在雙人對唱、對白時應用，最早的牛車水是兩人相向雙手相牽，這種動作在上路老戲的表演中尚可看到。牽手時如生旦同台，則生在上，旦在下，如大小旦同台，則大旦在上，小旦在下。

17. 返頭越角：旦角。提手，闖右腳放左手屈向背，用左腳跟轉身，右手螃蟹手，放手，隨行，眼隨手動。生角。除手用玄壇公手外，餘同。情緒表現：舞臺調度用。說明：過去的演出舞臺只有一丈見方，所以這個科步就很重要了，凡在拐角處都要用這科步。

18. 走雲：旦角。左手插腰，右手鷹爪手，手臂放直，隨行，手腕、頭部隨步伐節奏左右擺動。生角。雙手四指叉在腰部（以左手按右手），丁字腳，上身直，眼視前方，小步前進，這也叫按身行。情緒表現：生、旦行進時的基本步法。說明：走雲就是走碎步。主要是足部，上身手姿可隨意變換。旦角步伐要細，膝蓋處要靠緊。